53년 엄마의 일기

어머니의 불

어머니의 불

초판 1쇄 인쇄 | 2021년 06월 30일
초판 2쇄 인세 | 2021년 12월 31일
지은이 | 민혜(본명:신혜숙 안나)
펴낸이 | 이재욱(필명:이승훈)
펴낸곳 | 해드림출판사
주 소 | 서울 영등포구 경인로82길 3-4(문래동1가 39)
            센터플러스빌딩 1004호(07371)
전 화 | 02-2612-5552
팩 스 | 02-2688-5568
E-mail | jlee5059@hanmail.net

등록번호   제2013-000076
등록일자   2008년 9월 29일

ISBN   979-11-5634-460-5

작가의 말

서른일곱부터 53년 동안 쓴 엄마의 일기
숨기고 싶은 내용들로 점철되어 있지만…

 삶이란 일개인이 살아온 것을 너머 현재 그 사람이 기억하고 있는 것이며, 그 기억을 어떻게 해석하느냐의 문제라고 한다.
 이 책은 나의 친정 엄마가 갓 서른 일곱이던 1962년 1월 1일부터 53년간 썼던 일기를 토대로 했다. 막간에 내 단상을 넣어 두 모녀의 모놀로그로 직조한 글이다. 한데 책을 내야겠다고 마음을 먹은 이후 나는 하루에도 수차례씩 자문자답을 해야만 했다. 대체 왜 출간하려는 지에 대한 근원적 질문이 나를 물고 늘어졌다. 친정어머니가 남다른 인물이기 때문인가? 내 집안이 자랑스러워서 인가?
 아니, 그건 결코 아니다. 엄마의 일기는 숨기고 싶은 내용들로 점철되어 있었으며 비루하고 침울한 삶의 기록이라서 드러내기엔 너무나도 부끄러운 가족사였다. 친정 부모님은 결함도 많고 자식을 화풀이 대상으로 삼았으며 훌륭하지도 않았다. 하기에 하루돌이로 손바닥 뒤집듯 내 마음이 뒤바뀌고 흔들렸다. 그러기를 수개월, 그러다 마침내 결심을 굳힌 것은 어머니가 기록해온 흔적들이 비록 개인사이긴 해도 그 시대 공유의 풍경을 담고 있다는 결론 때문이었다. 그러니까 우리만 그런 일을 겪은 게 아니라 당대를 대변하는 이야기가 담겨 있다는 것이 내 마음을 움직였다.

여권(女權)이란 개념조차 존재하지 않던 시대, 가난이 일상이던 남루한 시대를 살아온 힘없는 서민들과 바닥 인생들이 유사하게 겪어내야 했던 시대적 아픔과 공통분모가 담겨 있다는 생각이 들자 조금 용기가 났다. 용기를 내고 보니 비로소 나의 친정엄마만이 지녔던 미덕들이 보이기 시작했다. 배움이 많지 않은 평범한 가정주부가 반세기가 넘는 세월의 기록을 남겼다는 것도 그러했고, 문학을 전혀 배우지 못한 엄마의 글월에서 이따금 번쩍이는 문장이 그러했고, 주변의 가난한 자들에 대한 엄마의 따뜻한 시선도 내 가슴을 훈훈하게 적셔왔다. 천양희 시인은 '절망도 절창하면 희망이 된다'고 읊었는데 엄마의 마음이 나에겐 절창으로 다가왔다.

내가 엄마의 일기를 책으로 엮게 된 또 하나의 이유는 당시 우리 가족이 처했던 상황과 오늘날의 어려운 민생들이 오버랩 되었기 때문이지 싶다. 우리 엄마와 우리 가족이 살아왔던 지난 이야기를 그들과 나누고 싶어진 것이다. 고난은 고난끼리, 슬픔은 슬픔끼리 연대할 때 서로를 보듬을 수 있는 걸 테니 말이다. 인간은 누구나 소설책 몇 권 분량의 이야기를 담고 있다고 한다. 그 서사의 상당 부분엔 삶의 난관이 따르기에 대단한 삶을 살았든 소소한 삶을 살았든 우린 모두가 자기 생의 전사(戰士)였다. 하지만 문자로 기록되지 않을 때엔 100년 인생도 단 몇 줄로 요약되고 그 행간에 숨은 역사는 지워지며 뇌리에 저장된 기억은 뒤엉키거나 왜곡되게 마련이다. 일기란, 특히 범부의 일기란 누구에게 보이기 위한 글이 아니기에 한 자연인이 쓸 수 있는 가장 진실한 민낯일 터다.

배움에의 열망과 달리 뜻을 꺾어야 했던 엄마의 일기 한 구석엔 작가가 되고 싶은 소망을 짧게 피력한 대목도 실려 있었다. 이제 그녀의 딸인 내가 책을 통해 엄마와 듀엣을 부르게 되었으니 그녀의 작은 소망을 그런대로 이루어드린 거라고 여겨도 될 것인가.

'어머니의 불'이란 표제는 내 동생이 보내주었다. 동생은 막내로 태어났지만 아버지의 별세 후 우리 집안을 일으켰고 어머니에겐 극진한 효자였으며 누나인 나와 언니에게도 오빠 같이 따뜻하고 고마운 존재였다. 하기에 분량 상 이 책에는 미처 다 담지 못한 부분에 대해 누이로서 진한 아쉬움을 느낀다. 동생은 표제에 대한 의미를 전하면서, 어머니는 열정이 많고 화끈한 성품에 결단력 있고 맺고 끊는 게 분명한 분이었으니 '불'이요, 우리 세 남매를 위해 평생을 희생하며 불살랐으니 그렇다고 했다. 젊은 시절 두 동생들을 위해 헌신해준 나의 언니와 '어머니의 불'이란 표제를 보내준 동생에게 감사하며 이 책을 금년 3월에 하늘나라로 떠나가신 어머니 영전에 받친다. 그리고 세상의 어머니들께도.

2021년 6월에 민 혜

추천사

담대한 용기

　가족 관계를 탐구하는 정신분석의 개념은 비정한 느낌이 들게 한다. 모자 사이에선 '살부친모(殺父親母)'의 공식을, 부녀간에는 '살모친부(殺母親父)'를 말하는데, 모녀의 관계는 현실에서는 다정해도 무의식 속에서는 경쟁관계라는 것이다. 민혜 작가가 엄마를 기리고 엄마의 고통을 승화시킨 작업을 무의식으로 이해하자면 경쟁적 적개심의 승리라고 봐도 될까? 정답은 없겠지만 상식적으로 말해서 엄마와 딸이 앙숙같이 싸우면서도 친밀하고 다정한 관계는 싸움의 장면만을 말하면 경쟁적 관계라고 하겠으나 다정한 국면에서는 죄의식의 승화로 양가성(兩價性)이라고 하겠다.
　흔히 사춘기 반항기에 모녀관계는 악화된다. 그런 과도기 후에는 소원하거나 효도(죄의식에서 벗어나는 충효)로 전환되어 자식 농사가 잘된 경우에는 좋은 관계를 유지하면서 노년을 맞지만, 사정이 나쁜 경우에는 형제간에 불화가 일면서 비극적으로 막을 내리는 일들이 적지 않다. 그러나 '관계를 떠날 수가 없는 게 삶의 도정'이니 어떤 갈등이라도 인과의 숙명적 결실이다.
　한(恨)도 눈물도 오래 살아보아야 말할 수 있기에 존재는 본질에 앞서는 것이다. 정신질환에서 회복되지 못한 이들은 노년기에도 삶의 한 맺힌 분풀이를 지겹도록 반복하여 넋두리한다. 그런데 53년의 갈등하는 모습(세상살이의 정신역동)을 이토록 진솔하고 선명하게 들여다볼 수 있도록 자료를 펼쳐놓았으니, 영민한 사람들에게는 엄청난 삶의 통찰력을 제공하는 자극제가 될 것이다. 이 책의 가치는 그런 면에서 담대한 용기의 산물이 아닐 수가 없다.

나는 지난 30여 년을 자살예방운동에 종사한 일이 있는데 무력감의 정체를 터득하였다. 어린 민혜는 엄마가 준 선물의 한 마디를 되돌려줌으로써 엄마에게 힘을 넣어주었고 그들은 함께 살아남았을 수 있었다. 이 책을 지어 세상에 내놓을 때 작가는 이미 치유의 힘을 얻은 후였을 것이다. 아플 때는 말할 수 없기에. 보통 사람들은 삶이 어려워질수록 마음의 옷을 두껍게 싸매는데 이 책은 거꾸로 벗어던졌다. 절망 속에 죽음을 준비하던 사람들에게 놀라움과 경탄을 일으키기에 충분한 간접체험 자료가 된다는 말이다. 실제로 그 용기는 수많은 밤의 고뇌가 선행되지 않고서는 탄생되기 어려운 일이다. 삶이 하도 다양하기에 보편성을 말하기 쉽지 않지만, 공감의 보편성이 발견되는 순간은 가능하다. 이 글을 읽으면서 신선한 충격이나 동일화의 눈물을 흘리는 마음이 얼마나 발생할까? 한 마디로 충격적 감화를 불러일으킬 것으로 기대된다. 살아남는 자가 가장 강한 자라고 하지 않던가. 작가는 버티고 살아남아서 자신은 물론 어머니까지 빛나게 만드는 역작을 탄생시켰다. 어머니의 음덕을 입었다. 세상 어떤 것이 이런 모녀의 사랑

보다 장할 수 있을까.

　인간을 정신분석이라는 현미경 아래 넣으면 진정 동등한 자리로 환원된다. 고귀하거나 비열하거나 인물의 미추는 사라지고 세속의 차이는 소멸된다. 본과 2년 시절 조직학 실습시간에 느꼈던 이 묘한 발견이 평생 머릿속에 남았다. 분명 아름다운 살결이었음에도 현미경 시야에는 그저 미추가 삭제된 세포의 배열, 염색된 붉은 세포들이다. 이런 현상은 세련되고 멋진 자태의 자동차를 분해하여 놓은 모습과 다르지 않다. 뼈대만 앙상한 쇠붙이, 거기서 미학을 찾을 수 있을까? 예술이라는 것은 그런 분석의 결과로 판단되는 것이 아니지 않는가. 나는 이 글을 쓰다가 분석이라는 건 문학을 파멸시키는 수단이 아닌가 싶었다. 이 기분은 마치 장미 가시에 찔려서 죽었다고 알려진 시인 릴케가 애인이 정신분석 공부를 하려고 하자 말렸다는 그것과 유사하였다. 공감, 감동, 그런 순간의 평화로운 열정을 어찌 분석의 용어로 분해한단 말인가. 비평을 사랑하는 작가가 없듯이 인간을 말할 때 분석을 응용하며 표현하는 글재간은 무조건 덮어야 하겠다는 생각마저 들었다. 그런 용어보다는 작가가 이 책의 원고를 써 나가며 "어린 나를 끌어안고 싶더라." 했던 구절이 주는 감동에 오래 머물고 싶었다.

김종길

(수필가, 정신건강의학과 전문의, 대한신경정신의학회장, 2010)

목차

작가의 말 | 3
추천사 | 6
프롤로그 | 10
에필로그 | 317

1. 유머레스크를 불렀다 | 19
2. 남폿불 아래서 | 75
3. 이통훈 외과 원장님 | 125
4. 가뭄과 대홍수 | 177
5. 어머니, 왜 나를 살리셨나요? | 223
6. 그래도 해피엔딩 | 273

프롤로그

    일제 강점기와 한국전쟁을 거쳐 온 나의 친정어머니는 험난한 인생 여정을 헤쳐 오셨다. 이는 현대를 살고 있는 우리의 부모님과 조상님들의 흔적이기도 할 것이다.
    나의 어머니는 국문을 깨우친 정도의 학력이지만 자신이 겪었던 삶의 고비와 자취들을 1962년 1월 1일부터 2015년 6월 22일까지 일기로 쓰셨다. 거기엔 당시의 처절했던 심경과 생활상이 섬세하고도 상세하게 기록돼 있었다.

    1960년대 무렵. 명동에서 전화상회를 하던 우리 아버지는 많은 빚을 지고 어느 날 말도 없이 종적을 감춰버렸다. 그것도 한 여인과 함께였기에 가족의 충격과 아픔은 단순한 물질 고(苦) 그 이상이었다. 서른 중반의 젊은 어머니는 삼남매를 거느리고 허구한 날 빚쟁이들로부터의 시달림과 식량조차 떨어진 생활고 속에서 삶을 헤쳐 나가야 했다.

일기의 첫 페이지는 설날 장면이다. 막내인 남동생이 떡국을 먹지 못해 질질 눈물을 짜는 모습이 그려져 있다. 이웃집 개도 떡국을 먹는데 우린 왜 떡국이 없느냐며 막무가내로 조르는 것이다. 이렇듯 어두운 정경과 함께 이어지는 일기는 지옥 같은 생활고의 연속극이다. 그러던 어느 날, 어머니는 암울한 현실에 백기를 들며 자식들과 동반 자살을 계획한다. 극약을 사들고 와서 당신 세 자녀에게 이런 말을 한다. 우리 함께 이 약을 먹고 죽자고. 그러자 동생은 엄마와 죽겠다고 하는데 나는 울먹이며 다음과 같은 말로 제동을 걸었다고 쓰여 있었다.

"엄마, 자살은 하느님께 죄가 되는 거예요."

당시 나는 초등학교를 졸업하고 중학교 입학을 앞두고 있었다. 그 시절엔 중 고등학교 진학도 입학시험을 치러야 했는데, 우리 남매들은 공부를 잘 해서 나도 언니가 다니던 E 여중에 응시했고 거뜬히 합격하여 입학식을 기다리던 참이었다. 빚쟁이들은 이 사실을 알아차리곤 입학금을 채가려고 내게 갖은 유도심문을 하곤 했었다. 나는 이 자살 위기 대목에서 잠깐 멈추며 옛 기억을 불러내려 눈을 감아 보았지만 생각나는 게 없었다. 사나운 빚쟁이들에 시달리고 끼니를 주리던 것들은 선명한데도 어머니가 자살 시도를 했던 일이며 내가 어머니에게 울면서 했다는 사연들은 남 얘기인 듯 생소했다.

나는 어머니 신앙으로 유아시절 명동성당에서 세례를 받았다. 어머니는 우리들의 신앙교육을 철저히 하셨기에 주일미사는 어떤 일이 있어도 빠지지 않았고 주일학교도 물론 열심히 다녔다. 그 덕에 첫영성체 교리를 받느라 달달 외워야 했던 천주교 요리 문답이며 계성 여 중고에서 매주 수녀님께 주일학교 교육을 받았던 내용들이 머릿속에 알뜰히 저장돼 있기는 했다. 자살이 대죄라는 것도 그 시간을 통해 뇌리에 새겨진 거였으리라. 그러니까 그렇게 받은 교육 내용이 그 날의 결정적 순간에 내 입을 통해 튀어나온 거고 어머니는 나로 인해 정신이 번쩍 들어 삶을 이어나간 셈이 되었던 것이다.

일기를 보니, 사는 일이 얼마나 힘들었으면 어머니는 이후에도 간간히 자살 유혹의 덫에 걸려든다. 어느 날인가는 언니와 내가 눈물로 어머니를 만류하는 사연이 담겨 있었다. 언니는 "엄마, 내가 이담에 돈 많이 벌게요." 하고, 나는 "엄마, 내가 공부 열심히 할게요." 하면서 엄마에게 자살을 말리는 광경이. 동생은 이때도 엄마 따라 죽겠다는 순종파로 등장한다. 죽고 싶다는 의지(어머니와 동생)와 죽지 않겠다는 의지(언니와 나)가 두 파로 나뉘어 팽팽히 맞서는 가운데 우리 가족의 삶은 또다시 아슬아슬하게 이어졌다.

나는 이 모습에서 신앙은 물론 가족의 소중함을 다시 한 번 확인할 수 있었다. 한자로 사람 人자는 두 획이 마주 받치고 있는 형태다. 인간이란 홀로 설 수 없는 존재임을 보여준다. 한편 가족이란 세상에서 둘도 없는 혈족끼리 구성되었기에 가장 사랑하는 이들의 공동체인 동시에 깊은 상처를 주고받는 관계이기도 하다. 서로의 치부를 속속들이 잘 알고 항상 피부로 접하는 사이기에 그렇다.

어머니와 우리 형제들의 관계도 그러했다. 집안의 몰락으로 우리는 서울 중구 남산동에서 변두리로 밀려났다. 어머닌 수도와 전기가 들어오지 않는 산동네로 이사 간 뒤 추우나 더우나 비가 오나 눈이 오나 매일 수차례씩 물 지게를 지고 힘겹게 고갯길을 오르내렸다. 때론 힘에 부쳐 물 지게와 함께 넘어지기도 하고 눈길에 미끄러져 몸을 다치기도 하였다. 그 동네엔 군데군데 주인 모를 무덤이 있었는데, 어머니 일기엔 무덤 속의 사람을 한없이 부러워하는 내용도 담겨 있다. 어머니의 물 지개는 커다란 바위 덩이를 매일같이 산 정상으로 올려놔야 하는 '시지포스의 바위'였다. 어머닌 빈 쌀독을 들여다보며, 이중 살림 하느라 가뭄에 콩 나듯 집을 찾아오는 남편을 기다리며, 그로 인한 울화를 당신 자식들에게 내 쏟곤 했다. 한창 예민할 사춘기를 겪고 있던 나는 이런 어머니에게 반항적이었다. 가난이 지긋지긋 했고 자주 신경질을 부리는 어머니도 보기 싫었다. 아버지에겐 아마도 신경을 끄고 살지 않았나 싶다. 가끔씩만 찾아오는 분인지라 마주칠 기회가 적어 상대적으로 갈등이 덜했을 터니 허구한 날 부딪치는 대상은 어머니일 수밖에 없었다.

그러던 어느 날, 나는 큰 사고를 치고 말았다. 고등학교 1학년 시절, 삶이란 과연 살아내야 할 가치가 있는 것인가를 두고 나는 깊이 고민했다. 아니라는 판단이 들었다. 인생은 고(苦)라 했으니 일찍 생을 포기하면 그만큼 쓴 맛도 덜 맛보게 될 게 아닌가. 나 하나 사라지면 우리 부모가 짊어질 생활비도 덜어주는 게 아닌가. 이유들은 끼리끼리 어깨동무를 하고 찾아왔고 나는 결론을 내렸다. 지구를 떠나버리자고. 이 쓰디 쓴 잔을 엎어버리자고. 나는 작정하고 죽음의 약을 사 모으기 시작했다.

약을 먹은 뒤 전개된 일들을 나는 알 수가 없다. 몽롱함에서 깨어나지 못한 채 식구들에 둘러 싸여 있다가 며칠 만에 정신이 들었을 때 부끄럽고 민망해서 아무에게도 그간의 경위를 묻지 못했다. 어머니의 일기엔 당시의 상황들이 적혀 있었다. 그 일로 나는 부모님의 가슴에 대못을 박았다. 당시 내가 헛소리를 많이 했다고 한다. 아버지에게 가정을 돌보시라고. 엄마가 불쌍하다고. 물론 나는 그 일도 기억에 없다. 사람이 살아온 기록을 남긴다는 게 어떤 의미가 있는 것인가를 새삼 알 수 있었다. 어머니의 자살을 우리 형제들이 막아주었다면 내 자살은 우리 가족들이 막아준 게 되었다.

이후로도 우리 식구의 삶은 해가 들지 않는 먹구름의 연속이었다. 어머니는 자식들이 교통비가 없어서 먼 길을 걸어오고, 등록금을 내지 못해 학교에도 가지 못하는 비루한 생활상을 적어나가며 하느님 원망도 적나라하게 펼쳐놓았다. 그러면서 그런 자신을 불쌍히 여겨달라는 기도도 끊이질 않았다. 제대로 먹이지 못해 누런 얼굴로 빈혈기를 드러내는 세 자녀를 보며, 자주 바닥을 드러내는 막막한 쌀독을 바라보며 하느님께 우리 쌀독 좀 채워달라고 기도하는가 하면 오기를 부리기도 했다. 나는 어머니의 이런 모습을 바라보다 박완서 소설가의 일기문 〈한 말씀만 하소서〉가 떠올랐다. 그녀는 가톨릭에 입교 후 사랑하는 남편과 젊은 아들을 잃었다. 그녀는 생떼 같은 자식을 앞세우고도 살겠다고 꾸역꾸역 음식을 처넣는 자신이 징그러워 토할 것만 같았다고 했고, 수만 수억의 기억의 가닥 중 아들을 기억하는 가닥을 찾아내어 끊어버리는 수술이 가능하다면 좋겠다고 했고, 사랑 자체라는 하느님이 그것밖에 안 되는 분이라면 차라리 없는 게 낫다고 울부짖었다.

  삶의 극점에서 만나는 통렬한 고통들은 내용은 서로 달라도 인간을 광란으로 몰아 자아 분열을 일으키며 오장을 끊는듯하다는 점에서 공통된다. 나의 어머니도 주님과 자문자답을 하며 1967년 9월 22일 일기 제목을 '죄인에게 말하소서'라고 달아놓았다. 읍소인 듯 으름장처럼도 와 닿았다. 그 날의 어머닌 자신의 신을 향해 사납게 포효했다. 당신이 그런다고 내가 당신을 버릴 줄 아느냐고, 어디 당신이 이기는지 내가 이기는지 두고 보자고. 작가 박완서가 그 참척의 아픔 속에서 수없이 대들고 원망할 수 있는 하느님이 있었던 게 오히려 하느님을 만나는 과정이 되었듯 어머니 또한 덤벼들 수 있는 하느님과 더불어 내밀한 심정을 가감 없이 토해 낼 일기가 있었기에 질식과도 같은 삶을 지탱할 수 있는 것 같았다.

코로나로 인한 칩거 기간은 내겐 '코로나 블루'를 모르는 화해와 감사의 시간이었다. 나는 53년에 걸친 일기를 읽어나가며 어머니와 얽혔던 지난날의 상처로부터 뒤늦게 해방될 수 있었다. 탑처럼 쌓인 일기를 발췌해 컴퓨터 자판을 두들기며 나는 미처 알지 못했던 어머니의 모든 것이 비로소 보이는 듯 했고 지난했던 삶의 숨결을 들을 수 있었다. 어머니의 짜증을 접할 때마다 이렇게 자식들을 고생 시킬 걸 뭐 하러 낳았냐고 철없이 덤볐던 일도 떠올랐다. 한편으론 가난과 역경, 아버지의 오랜 부재 가운데서도 엇나가지 않고 성장한 우리 형제들에게도 새삼 자긍심이 일었다. 부실한 끼니를 이어갔으면서도 무병하게 자라준 것에도 가슴이 저릿했다. 등잔을 켤 석유마저 떨어졌던 어느 날 밤 마루에서 우리 삼남매가 도란도란 얘기를 나누는 대목을 읽을 땐 가난 속의 그 훈감함이 왠지 숨 막히도록 아름다워 울컥했고, 불빛 없는 어둠 속에서 우리들의 눈동자가 서로를 향해 반짝였을 것을 상상하며 목이 메었다. 서글퍼서가 아니었다. 그건 아무리 남루하고 고달픈 삶일지언정 그 속에서도 사막의 샘 같은 감미와 위로가 깃들 수 있다는 걸 발견한 데서 오는 감회의 눈물이었다. 마지막을 감동적으로 마무리 해 좋은 기억을 남겨주신 아버지에게도 거듭 감사한 마음이 들었다.

태양 아래 새로운 게 없다는 말처럼 이 세상의 희로애락은 배경만 달리할 뿐 본질은 유사하게 반복된다. 세상의 고통은 비슷한 주제로 변주(變奏)되고 그 고초는 오늘날의 약자들에게도 그대로 이어지고 있다. 내가 살아낸 시절엔 먹을 것이 궁했고 겨울엔 영하 19도까지 내려가는가 하면 주거환경도 지금보다 허술해서 훨씬 추웠다. 그런 집에서 연탄이 떨어지면 추위를 온몸으로 견뎌야 했다. 요즘은 적어도 그런 고생은 덜할 것이나 물질적 풍요 속에서 빈부 격차가 더욱 심화되고 개천용의 판타지를 기대하기 어렵다는 게 전과 다른 시대적 아픔으로 다가오기도 한다.

 코로나 팬데믹 이후 얼마나 많은 사람들이 세상을 등지려는 유혹에 빠질 것인가. 내 어머니가 무수히 생을 포기하고 싶었듯 고통 받는 그들이 눈에 보이는 듯하다. 하지만 인류와 생명체는 온갖 질곡 속에서도 끈질기게 목숨을 이어왔다. 숱한 이들이 경험했듯 살아내면 살아지는 게 인생 아닌가. 고난을 이겨낸 뭇 인간들이 그러 했듯이, 내 어머니가 그러 했듯이, 나 또한 그 뒤안길을 따라 한 걸음 한 걸음 내딛고 있듯이.

1. 유머레스크를 불렀다

1962년 1월 1일
~
1962년 5월 18일

1962년 1월 1일

1962년의 새해는 발가왔다. 남편이 집 나간지도 어언간 석달. 슬픔과 근심을 해결 못한 채 새해를 마지하는 아츰. 막동이로 태어난 열이는 아침 밥상을 처다보드니 "엄마 오늘은 떡국 먹는 날인데…" 하며 떡국 달라고 졸낫다. 나는 슬픔과 근심을 가슴에 서려두고 운는 낫으로 애들을 마음으로라도 즐겁게 해주려고 애쓰는데 나에게 돈 주고 사달라는 데는 어쩔 수가 업썼다. 열이는 아무 말 업씨 박으로 나가더니 영진이네 개가 떡국 먹는 것을 보고 부러운 듯 달여와 울며 "엄마 영진네 개는 떡국을 만이 먹어." 하는 말을 들으니 더 이상 참을 수 업써 큰애들 보고 열이만 떡국 한 그릇 사주자고 말하고 되리고 나와서 사머기엇다.

자비하신 성모님 진정으로 원하오니 고통은 거두어주소서 아멘.

집안은 빚더미에 싸여 있는데 아버지마저 자취를 감춰버렸다. 갚을 능력이 안 되는 빚은 그것 하나만으로도 고통의 충분조건이 될 판에 아버지는 내연의 여인과 행적을 감춰버렸다. 당장 먹을 양식 구할 일조차도 암담하다. 불안, 공포, 분노라는 삶의 쓰나미가 한꺼번에 엄마와 우리를 덮쳐왔다.

첫 장의 첫날 일기는 엄마가 쓰신 대로 옮겨보았다. 한글 표기가 정확하진 않아도 내용을 이해하는 데는 별 문제가 없었으나 앞으로 진행되는 일기는 읽는 편의를 위해 내용은 그대로 하며 철자만 손보기로 했다.

1962년 1월 9일

꿈에도 보기 싫은 朴씨 부인이 왔다. 우리 네 식구는 또 기가 죽어 숨도 크게 못 쉬고 쥐죽은 듯 조용하다. 이윽고 朴씨 부인은 욕을 퍼붓기 시작한다. "이년아, 돈 내놔. 너는 사기꾼 계집이야. 낯짝은 꽹과리 짝 같은 년이 왜 말이 없어. 당장 돈 내놔, 이년아…." 내 머리는 무슨 쇠망치로 얻어맞은 양 정신이 아찔하였다. 애들 삼남매는 덜덜 떨며 울었다. 진은 "엄마, 우리 네 식구에게 무슨 죄가 있다고 이처럼 고통을 당해야 해요, 죄 지은 사람은 아버지인데, 아버지가 징역가면 되는데." 하며 울었다. "빨리 신문에 광고하여 아버지 돌아오라고 하세요." 하며 진은 운다. 그러나 남편이 밉고 또 밉지만 감옥엔 보내고 싶지 않다. 이룰 수 없는 영원한 애정인지 모른다. 나를 무척 아껴준 사람은 남편 한 분뿐이다. 그러나 지금은 일시적 방탕이다. 이 방탕을 고치기 위해 나는 온갖 고생을 참아야 한다.

빚진 죄인 신세지만 박 씨 부인은 정말 우리에게 가혹했다. 쫙 빼입은 양장 차림, 메마르고 가무잡잡한 피부, 턱은 뾰족했다. 혼자 오는 적은 드물고 자기 여동생을 자주 대동하고 왔다.

그녀는 집안을 뒤져 뭐든 가져갔는데, 하다못해 언니가 학교 수예 숙제로 뜨고 있던 녹두 빛 장갑 털실 뭉치까지 가져가려 하였다. 하루는 엄마가 없는 사이에 찾아와 두어 됫박 남은 쌀자루를 집어가려 하기에 내가 빼앗았더니 빨간 매니큐어가 칠해진 긴 손톱으로 내 손등을 할퀴며 기어이 가져갔던 여인이다. 그녀만 오면 공포로 얼어붙었다. 늘 하이힐 소리를 내면서 나타났다. 또각또각또각. 나무 복도를 지나 올 때 들려오는 그 소리에 우리의 심장도 두근두근 뛰었다.

훗날 그녀가 생각날 때면 나는 마치 막장드라마에 나오는 악역 배우를 보는 것만큼이나 어이없고 비현실적 느낌으로 와 닿곤 했다. 이후 그녀는 어떤 모습으로 살아갔을까.

1962년 1월 17일

두 번이나 소환장이 나왔다. 어쩔 수 없어서 김○○씨 한테 전화를 걸었다. 김 씨는 중부서에 가보라는 말과 반가운 소식을 들려주었다. 나에게 돈벌이 할 데가 생겼다는 말이었다. 생전 처음 기쁜 소식이었다. 어찌나 반갑던지 무슨 일이든 돈만 준다면 해 보겠다고 하였다. 어두웠던 내 맘 속에 불이라도 켜준 것처럼 기뻤다. 그러나 알 수 없는 것이 돈이다. 숙 입학금도 못 내고 있으니 한심하다.

남편은 참으로 책임감이 없는 사람이다. 어쩌면 근심도 걱정도 이렇다 할 편지도 없으니 야속하다. 죽고만 싶다. 진, 숙, 열 네 식구가 한 자리에서 고요히 저 세상으로…. 진, 숙, 열 다 귀엽다. 하나라도 고생시키고 싶지 않다. 살아도 똑같이 죽어도 똑같이 나와 한 몸으로 한 덩어리로 살련다.

라디오에서 슈베르트 아베마리아 음악이 들려온다. 내가 좋아하는 음악. 참 신선 같은 멜로디.

아침부터 마음이 우울하다. 오늘은 열이 생일인데 아침 밥상에 별식은 없고 김치와 비지찌개였다. 열이는 눈물을 줄줄 쏟는다. 말은 없다. 생일날을 손꼽아 기다렸건만 먹을 것은 없다는 눈치. 어미로서 마음 괴로워. 미안해.

여기서 비지란 불린 콩을 갈아 만든 게 아니라 두부를 만들고

난 찌꺼기, 즉 콩 껍질과 수분이 대부분인 비지다. 구황식품으로 쓰이고 집짐승들에게도 먹였다. 섬유질이 대부분인 이 비지는 배를 채우기에도 좋고 담백하여 질리질 않는 장점이 있었으나 값싸게 비지떡이란 말도 있듯 먹어도, 먹어도 허기가 사라지지 않던 음식이었다.

1962년 1월 18일

이 공상 저 공상으로 한 밤을 억지로 새우니 몸이 찌푸두둥하다. 사람팔자 알 수 없다고 떠드는 말을 예사로 들었는데 내가 이 꼴이 되니 참 기가 막힌다. 나는 답답하면 입으로 부르짖는다. 예수 마리아여, 죄인을 도우시고 구하소서. 죄인을 불쌍히 여기시어 기적을 주소서, 하고 부르짖는다.

내일은 숙 입학금 마감 날이다. 공장에 돈도 12만 원 대기로 하였으나 수중에 돈이 없다. 다급하다. 우선 형부한테 부탁하기로 했다. 안 나오는 말을 억지로 부탁하였더니 승낙하였다. 그러나 공장에 약속한 게 큰일이다(중략. 어머니는 공장에 돈을 투자하고 뭔가 일감을 얻어내려 했던 것 같다. 집 전화를 팔아 공장 대금을 마련하려 하는 내용은 생략한다).

공장에 돈을 댈 수만 있다면 우선 식생활은 할 수 있지 않을까. 공상은 컸다. 돈을 벌 수 있다면 나의 인생에 변화가 생길까. 한

몸 덩어리인 진, 숙, 열 마음껏 공부시켜야지. 사람은 역시 배워야 해. 나의 남편도 나쁜 사람은 아닌데 배운 게 없어서 그 꼴이야. 내가 남자라면 이중생활로 아내를 고생시키진 않아. 남자는 모두 도둑놈. 엉큼하고 흉측한 놈.

1962년 1월 22일

골이 몹시 아프다. 밤을 새운 탓이겠지. 조반을 조금 먹고 공장으로 나갔다. 벌써 두 솥이나 삶아 놓았다. 미안하다. 주인댁(공장 사장 부인)은 나를 쓱쓱 훑어본다. 못마땅하다는 표정이었다. 나는 쇠갈고리로 솥을 젓기 시작하였다. 몹시 힘이 든다. 돈벌이란 과연 어렵구나. 동지섣달에 땀을 흘리니 두말할 여지가 없다. 나는 바람을 일으키는 풍구를 돌리기 시작했다. 보기와는 달리 얼마나 힘이 드는지 숨이 탁탁 막히고 온몸에는 땀이 흠뻑. 속내의가 젖었다. 기를 쓰고 돌리는데 주인댁이, "더 빨리 돌리세요. 그러면 끓지 않아요." 한다. 나는 기운은 없고 악을 써서 돌리는데 얼굴에서 너무도 땀이 많이 흘러 창피하다. 얼굴을 남이 보이지 않는 데로 돌리고 풍구 바퀴를 돌리는데 손아귀 살점이 바퀴 새에 끼어 살점이 뚝 떨어져나가 피가 벌겋게 나온다. 아픈 맘 이루 말 할 수 없으며 부끄럽기 한이 없었다. 피나는 곳을 재빨리 감추고 아픔을 꾹 참았다. 몸이 몹시 쇠약해질 대로 쇠약해진 나는 그

핏방울이 얼마나 아깝던지 눈물이 또 나온다. 죽자하니 청춘이요, 살자하니 고생이다, 라는 말이 나를 두고 한 말 같았다. 천당, 연옥, 지옥. 나는 장차 죽으면 어디로 갈 것인가. 세속 파란이 많았던 나는 죽으면 더 이상 고생을 면하고 싶다. 천당은 낙원 세계라고 하는데 과연 나도 낙원에 갈 것인가. 만일 갈 수 있다면 우리 다섯 식구 똑같이 가고프다.

엄마는 힘든 일상을 거의 하루도 빼놓지 않고 기록했지만 비슷한 내용이라 건너뛰기로 한다.

1962년 2월 9일

귀여운 숙이 졸업식이다. 마음이 우울하다. 학교로 가보니 벌써 꽃장수들이 꽃과 졸업장 통을 들고 열을 지어 팔고 있다. 돈은 없지만 나도 엄마인데 어찌 꽃 한 송이 없이 졸업식에 갈 수 있으랴 싶어 인공 카네이션 두 송이를 사들고 갔다. 학생들은 모두 입장하였다. 다 기쁜 표정에 옷들도 새로 사 입고 왔다. 숙이는 누굴 찾는지 두리번거린다. 엄마를 찾는 모양이다. 나하고 눈이 마주쳤다. 숙은 생긋 웃으며 자리에 앉는다. 이윽고 졸업 노래가 들려온다. 노래 소리에 나도 모르게 눈물이 쏟아진다. 여러 학부형들도 다 운다. 흘러간 세월이 너무나도 허무하고 빠르다.

졸업식은 끝나고 엄마 아빠 언니 모두들 와서 기뻐해주고 점심을 먹으러 명동으로 뿔뿔이 헤어져 간다. 우리 모녀는 쓸쓸하게 집으로 돌아오는데 영진 어머니가 밥을 사겠다고 함께 가자고 해서 같이 가서 숙의 기분을 살려주었다.

시대의 분위기가 반영되어 그랬겠지만 '빛나는 졸업장을 타신 언니께…'로 시작되는 그 시절의 졸업가는 정말 구슬펐다. 후배들이 선창하고 나면 졸업생들은 '잘 있거라 아우들아 정든 교실아…'라고 답창 하였다. 학생도 선생님도 학부모도 모두 모두 울었다.

영진 어머니는 우리가 세 들어 살았던 집 주인이다. 키가 늘씬하고 한복에 쪽머리가 단정했던 서구적 윤곽의 아름다운 부인이었다. 주인댁은 빨간 벽돌 이층집이었고, 세를 준 집들은 방 두 칸에 작은 쪽 마루와 부엌이 딸린 독립 가구였는데 세대마다 작은 마당도 있어 나름 살기에 편한 집이었다. 그 중 한 집엔 J라는 작가가 살고 있었다. 나는 그녀를 좋아하진 않았지만 작가라는 게 왠지 멋있는 것 같아 막연히 나도 작가가 될 수 있기를 꿈꾸었다. 그녀는 잡지사 기자 출신의 이혼녀로서 방송 원고도 쓰며 어린 남매를 키우고 있었고, 또 한 집엔 도도한 미모를 지닌 미스 장이란 젊은 댄서가 여 조카와 단둘이 살고 있었다. 나는 그 조카 처녀랑 친해서 가끔 미스 장의 집에 놀러가 그 집안의 호화로운 살림과 의상들이 뿜어내는 세련된 도시의 향기를 맡곤 했다. 지금도 생각난다. 미스 장의 핏빛 나이트가운이. 그런 건 영화 속에서 나 볼 수 있는 거였는데….

1962년 2월 12일

무엇이든지 손이 발이 되는 한이 있더라도 이를 악물고 쓰러지는 날까지 일해서 어린 자식들에게 어미노릇 하겠다는 나의 굳은 결심은 언제까지 계속될지 몰라도 아직 용기는 살아있다. 돈도 없고 의지할 곳 없는 외로운 신세. 오늘도 화장품을 사보겠다고 아침 일찍 공장을 찾아갔다. 정 씨는 벌써 나와 있었다. 그 분 말이, 분 가격이 많이 올랐다고 한다. 나는 또 기대가 어긋난다. 그러나 기왕 나온 김에 사갖고 가야겠다는 마음으로 그분에게 코티분 10 갑만 달라고 부탁하였다. 공장이 다 그런지 몰라도 물건은 볼 수도 없이 그저 10 갑만 싸서 준다.

분을 사긴 했는데 누구네 집에 가서 팔까가 걱정이다. 아는 집에 가서 동정을 구하기도 비굴하고 발길 가는대로 언니네 집으로 갔다. 개시를 해달라고 했더니 언제나 나를 안타까워하는 언니라 선뜻 돈을 주고 한 갑 사준다. 퍽 고마웠다. 그 다음 갈 곳을 생각하다가 언니하고 재관네 집으로 갔다. 먼저, 분을 팔러 왔으니 한 갑 사달라고 하자 분이 있다며 배를 내민다. 그러다 깔고 있는 요 밑에 있는 돈을 수북하게 놓고도 외상으로 마지못해 하나 산다.

내 마음이 퍽 괴로웠다. 세상에 돈 없이 돈 벌기란 이다지도 힘든 것인가.

나와서 진 씨 댁을 갔지만 집에 없어 도로 나오니 해는 석양이다. 충무로 인숙 엄마를 찾아갔다. 인숙 엄마는 반가워하며 위로의 말을 해주고 먼저 자청해서 분을 팔아드려야 할 터인데 돈이 없어서 어쩌나 하기에 외상으로 주고 왔다. 사정없이 내리는 눈을 아침부터 다 맞고 다닌 탓인가 집에 들어오니 몸은 피로하고 오슬오슬 추워진다. 애들은 밥도 안 해놓고 쌈질만 하고 있어 한바탕 욕을 하였다. 애들이야 무슨 죄가 있을까만 내 화풀이를 할 곳은 애들뿐이다. 저녁 먹고 자리에 누우니 몸은 천 조각이 된 양 싶다. 성모여 받으소서.

엄마는 공장 일을 하는 한편 한강로에 있던 태평양화학에 가서 코티 분을 구입해 화장품 장사를 했다. 이른바 투잡이다.

1962년 2월 15일

낮에는 네 식구가 다 뿔뿔이 헤어져 있다가 저녁이면 한 자리에 모여 일과 보고를 나한테 전한다. 우리 네 식구들의 가장 즐거운 때가 바로 이 시간이다. 일과 보고가 끝나면 한 자리에 나란히 모여 음악 감상이다. 감상하다가 하나하나 제각기 잠에 든다. 나는 잠자리를 손질하고 애들을 물끄러미 들여다본다. 천진난만하게 자는 모습이 천사 같다. 나도 모르게 입속으로 중얼거린다. 부디 성공하여 보람 있는 사람 되라고. 꼭 되기를 빌며 깊은 잠 꿈속에서나 낭군을 만나볼까. 오늘도 죄가 많은 당신이지만 나는 천주님께 애처롭게 빌었다오. 안녕.

라디오의 음악 방송을 온 가족이 모두 좋아했다. 클래식 소품이나 세미클래식을 주로 애청했다. 유머레스크, 월광곡, 아베마리아, 엘리제를 위하여, 지고이네르바이젠, 은파, 소녀의 기도, 타이스의 명상곡…. TV가 없던 시절 라디오가 들려주는 뉴스, 연속방송극, 음악, 장소팔 고춘자가 펼치는 만담에 웃고 울었다. 그중 우리 네 식구의 마음을 하나로 일치시키며 위무해 주는 건 음악 감상시간이었다. 빚쟁이들이 고문하듯 휘젓고 사라진 저녁 시간이 되면 벽장에 몰래 숨겨두었던 라디오를 꺼내놓고 네 식구가 나란히 이불 덮고 누워 음악을 듣다 잠이 들곤 했다. 그때 듣는 음악은 하루의 고달픔을 씻어 내리며 천상의 위로를 안겨주었다.

나는 모든 음악을 좋아했지만 바이올린으로 연주되는 드보르작의 유머레스크를 들을 때면 노란 원피스를 입은 소녀가 나비처럼 나풀나풀 춤을 추는 듯한 장면이 연상되곤 하였다. 때문에 어깨든 손가락이든 발가락이든 신체의 일부를 까딱까딱 움직이면서 리듬을 타곤 했다. 그 곡의 악보는 잘 모르면서도, 멜로디를 들으며 도레, 도레, 미솔, 라솔. 도시레도, 시레도라… 하면서 유머레스크를 불렀다. 그러다 어느 순간 바뀌는 애조 띤 선율에 마음이 슬퍼졌다. 초등학교 4학년 시절부터 학교 합주부에서 콘트라베이스를 연주했던 덕이겠지만 많은 클래식 소품의 멜로디를 쉽게 외워 허밍으로 부르기도 했다. '유머레스크'란 경쾌하고도 익살스런 분위기로 자유스런 형식을 가진 기악곡을 말하는데 내가 그 곡을 좋아한 건 익살스러움이 아닌 서정적이고도 비감어린 느낌 때문이었을 것이다.

뮤직 테라피라는 말도 있듯 음악엔 분명 치유 효과가 있다. 근래 트롯 열풍이 국내를 휩쓴 것도 코로나로 지쳐 있는 국민들에게 위안과 기쁨을 주었기 때문일 테다. 클래식 외의 음악으론 나는 트롯 보다는 록을 좋아한다. 한데 1968년 미국 콜로라도 주 템플 부엘 컬리지(Temple Buell College)에서 연구한 식물에 미치는 음악의 영향을 보면, 식물들은 고전음악이나 인도의 명상 음악을 좋아하는 것으로 나타났다. 헤비메탈과 록 음악을 들려주자 식물들은 소리 나는 반대 방향으로 기울거나 죽어버렸고 고전음악을 들려준 식물들은 마치 음악을 감상하듯 소리 나는 쪽으로 줄기를 구부렸다는 것이다.

1962년 2월 16일

간편한 아침상이었다. 김치 한 그릇에 간장 한 종지. 그래도 열이는 제일 작은 편인데 밥그릇은 제일 많은 걸 잡는다. 오순도순 간단한 아침 식사를 마치고 희망에 찬 삼 남매는 씩씩하게 나간다. 옷차림은 무척 초라했다. 몇 천원 만 있으면 어엿한 차림으로 변할 수 있는데 그 몇 천원이 없다.

오늘 길에서 10년 전에 우리 돈 280만원을 잘라먹은 사람의 부인을 만났다. 지금은 수백만 원을 가지고 고리대금업을 하고 있다. 그의 이름은 조○○. 볼 때마다 가슴 아프지만 겉으로는 내색을 못한다. 얼마라도 동정금이라도 구하고 싶은 생각이 불길처럼 솟는다.

1962년 2월 17일

마음 흐뭇하게 그니 품에 안겨 포옹을 받았는데 눈을 떠보니 꿈이었다. 안타까워라. 이 꿈이 깨지 않았으면 얼마나 좋았을까, 하는 허전한 마음이 마음 한구석에서 떠나질 않는다. 내가 너무도 고독하게 지내니까 이런 꿈이 꾸어지겠지 하고 입속으로 중얼거려도 본다.

1961년 10월17일에 집을 나간 그니. 어언간 5개월이란 시간이 흘러갔다. 그동안 나는 어떠한 심정으로 살아왔나. 고통이란 이루 말할 수가 없다. 여성으로서는 막 가는 길이 그 길이다. 나도 막 가는 한 여성이겠지. 남들이 나보고 양(羊) 같은 사람이라고 하였는데 지금은 행패 부리고 욕하는 게 보통이고 보니 나도 모질대로 모질어지고 독해 질대로 독해진 모양이다. 본심은 아니었다. 나를 이처럼 되게 만든 것은 그니의 죄다. 어느 정도 호의를 베풀면 나는 이처럼 되지는 않았을 것이다.

짧은 한 토막의 흘러간 그 시절을 가슴에 간직한 채 과거를 그려도 본다. 그러나 좀처럼 잠이 재빨리 오질 않아 안타까워하며 반짝이는 별들을 미닫이 창문에 보이는 대로 세어도 본다. 큰 별 작은 별 무수히 많다. 내 별도 있겠지. 내 별은 참 작을 거야. 내 별과 함께 말이라도 해보았으면 나의 안타까운 심정이 풀릴는지. 그러나 별들은 조용하기만 하다. 자정이 넘은지라 밖은 무척 조용하다. 바람만 사정없이 불며 지나간다. 고독이여, 안녕.

엄마 일기 곳곳엔 아버지에 대한 원망과 더불어 그리움이 배어 있다. 아버진 꽤 다감한 면도 있었으니 지나간 한 시절 아버진 엄마에게 다정한 남편이었을 것이다. 그리고 엄마는 이런 남편을 못 잊어 그리워한다. 엄마 나이 서른일곱. 그 젊은 엄마를 바라보는 지금의 나는 엄마의 어머니뻘 되는 나이다. 일기를 읽어가는 동안 엄마는 엄마이면서 동시에 측은하고 가여운 딸 같은 느낌으로 다가왔다.

1962년 2월 20일

보람 없는 하루, 오늘도 공장 일을 결정 못하고 터덜거리며 집으로 돌아오니 진이가 밥을 다 지어놓았다. 엄마 온다고 반기며 밥을 들여왔다. "엄마, 옆 방 아줌마가 생선찌개 주셨어요." 하며 반가워했다. 진은 엄마를 위로하려고 노력을 많이 한다. 내 눈치를 살살 보며 "엄마, 등록금이 많이 올랐어요." 하는 말에 나는 놀라지 않을 수 없었다. 1,800원이 다 되는 금액이었다. 진은 내가 근심하는 걸 보며 "엄마, 너무 걱정 마세요. 천천히 내도 돼요." 한다.

고요히 깊어가는 밤. 벌써 자정이다. 고요히 두 손 모아 벽에 걸린 십자가를 향하여 만과(저녁기도)를 받칠 때 내 눈 앞에는 예수님이 피 흘리는 십자가 형상이 크게 보이는 듯하였다.

고생하며 자란 아이들은 눈치만 발달하고 조숙하게 성장한다. 상황을 판단하는 더듬이가 언제나 민감하게 작동한다. 언니는 장녀로서 가족과 동생들을 챙기는 맏이의 모습을 많이 보여주었다.

1962년 2월 21일

오늘은 진이 생일이다. 콩나물 국으로 아침을 해주었다. 공장에 가니 돈 2만 원을 주며 3만 원을 해놨는데 내가 늦게 와서 만 원은 썼다고 한다. 돈을 받는데 마음속으로 퍽 기뻤다. 한 달 동안 애써 번 것을 생각하면 눈물이 나올 지경으로 기뻤다.

어제저녁 옆방 아주머니가 준 생선찌개를 먹은 우리 네 식구는 모두 식중독에 걸렸다. 열이는 몸에 두드러기가 나고 진은 배탈이 났다. 이 사실을 옆방 아주머니가 아시면 미안해 하실까 봐 약을 몰래 사다 먹었다. 생선이 물이 나빴던 모양이다.

찌개를 준 아줌마가 미안해할까 봐 내색도 못하고 약을 몰래 사다 먹었다는 얘기에 웃음이 나온다. 여기 나오는 옆집 아줌마는 작가 J 씨가 아니고 그 이후에 이사 온 세자 엄마인 것 같다. J 씨는 무남독녀로 태어나 고생을 모르던 여성이었는데, 남편이 여자를 얻은 바람에 이혼했다고 들었다. 그 옛날, 남편이 외도했다고 어린 자식들을 다 데리고 이혼하는 여성은 흔치 않았다. 이른바 당대의 커리어 우먼이었기 때문이었을까. 우리 엄마는 남편이 바람을 피우고 도망을 가버렸는데도 남편을 기다리고 있는가 하면 그녀는 아이 둘을 자신이 다 껴안고 살았다. 그녀는 살림엔 젬병이었으니 우리 엄마에게 얻어먹으면 얻어먹었지 생선찌개를 줬을 리 만무하다. 주인댁과 무슨 일로 대판 싸우고 이사를 가버렸던 그녀의 인상이 지금도 선연하다. 강렬한 눈빛, 미간에 패인 세로 주름 두 개, 올백으로 넘겨 묶었던 머리.

1962년 2월 24일

오랜만에 오늘은 집에서 있기로. 그러나 집에 있기 싫어. 나가고 싶어. 일없이 나가려면 교통비가 들어 눈 꾹 감고 집에 있으려는데 낯선 목소리가 들렸다. "계십니까?" 꿈에도 보기 싫은 빚쟁이 영감님이었다. 남편이 간 곳을 대 달라는 청이었다. 약 세 시간이나 머물러 지긋지긋했다. 그러나 끝까지 머리 굽히고 사정해야 할 이 신세. 누구에게도 말 못 할 심정. 당신은 사나이인데, 여보소, 이 무심한 사람아.

1962년 2월 25일

이번 주일도 무슨 일 하나 해결하지 못한 채 한 주가 훌쩍 지났다. 미사 참예하면서 구슬폈던 하소연을 주님께 진실히 고하고, 제게 고통을 거두시고 은덕을 베풀어 주소서 하는 소원과 남편이 회개하고 돌아오기를 진심으로 빌었다.

1962년 3월 1일

3·1절 기념행사 소리 높이며 태극기 깃발은 펄럭인다. 낮잠을

자다가 점심때 지나 오랜만에 시장에 가보니 맛있는 찬거리가 그득 나왔다. 생선은 애들이 무척 좋아해도 몇 달째 못 사다 먹였다. 장을 한 바퀴 돌아 쌀만 사 가지고 왔다.

오후부터 눈이 온다. 열이는 땅이 질척이니까 못 나가고 방에서만 지내며 먹을 것을 달라고 졸라댔다. 나는 못 이겨 밀가루를 물에 풀어 부침개 몇 장을 해주었다. 열이는 좋아라고 발장구를 치며 기뻐한다.

우리 네 식구는 밤만 되면 나란히 누워 라디오에서 흘러나오는 음악과 연속극 듣기에 바쁘다. 라디오는 우리 식구의 큰 벗이다. 낙(樂)을 실어주는 라디오는 참 감사해. 낮에는 빚쟁이가 무서워 보자기에 꼭꼭 싸서 오시이레(벽장) 구석에다 잘 모셔놓고 밤만 되면 네 식구와 즐긴다오.

1962년 3월 2일

오늘은 숙이 입학식이다. 시간을 기다려 숙과 함께 학교에 갔다. 울긋불긋 옷차림. 모두 기꺼운 표정이다. 나도 마음 한 구석은 섭섭해도 한편은 기쁘다. 우수한 성적으로 일류학교에 들어가다니 참 용하기도 하지.

입학식이 시작되었다. 신입생은 조용히 줄을 맞추어 차례로 입장한다. 상급생은 박수를 친다. 장하다, 숙아. 엄마는 고마워서 가

숨이 벅차다. 아버지는 네 입학식이나 아는지. 못난 아버지다. 성의 없는 아버지. 자식 귀여운 줄 왜 모를까. 이제부터 두 애들 등록금이 걱정이다. 앞이 캄캄하다. 어찌해 나갈까.

중학교 가는 것도 입시를 치러야 했던 시절이다. 웬만한 가정에선 자녀에게 사교육을 시켰다. 학교 담임선생님에게 과외지도를 받는 애들도 있었다. 소위 여유 있고 '빽'이 좋은 집 아이들이었다. 선생님이 시험 문제를 미리 학습 시켜서 그랬는지 평소 성적이 별로 좋지 않았던 아이가 어느 날 우수한 성적을 받는 일도 있었다. 반 아이들은 그런 면으론 눈치가 빨라 아무개 엄마는 '와이로쟁이' '빽쟁이' 하며 수군대었다. 나는 과외지도를 받지 않고 명문학교에 합격했으므로 엄마가 대견하게 여기실 만했다. 입학금은 엄마의 반지들을 팔아서 마련했다. 엄마는 백금반지를 벽장 안 벽지 틈에 감춰놓기도 했는데 빚쟁이들은 하나라도 더 뒤져내려 하고 엄마는 머리를 굴려가며 그들이 찾지 못하도록 감춰놓았다. 언니랑 같은 학교엘 다녔기에 입학할 때도 나는 새 교복을 입지 못하고 언니가 입었던 걸 물려받았다. 우리 반엔 나 같은 아이가 두어 명 더 있었는데, 헌 교복을 입은 애들은 교복이 빛바래서 금방 표가 났다. 이런 식으로 티가 난다는 건 한참 멋 부리고 싶은 사춘기 소녀에겐 정말이지 죽을 맛.

1962년 3월 5일

먼 산에 아지랑이가 끼고 죽었던 나무에 새싹이 나는 봄. 과연 글자 그대로 봄이 온 모양이다. 우중충한 오바코트를 벗고 산뜻한 옷차림. 봄바람은 여인의 치맛자락에서 온다는 말도 그럴듯하다. 나는 갈피를 못 잡고 어쩔 줄을 모르고 그날그날 날짜만 멍하니 세어본다.

오늘은 여기저기 청소를 한다. 꽃밭을 쳐다보니 엉클어진 흙에서 파란 싹이 돋아난다. 참 신기하다. 추위 속에서 얼어 죽지 않고 제 철을 찾아서 잎이 돋아난다. 꽃의 한 철이 부러워진다. 변함없는 꽃은 제 철만 되면 오색의 꽃을 피워 모든 사람들의 가슴을 설레게 한다. 늙은이도 젊은이도 꽃만 보면 자기의 사라진 추억을 더듬는다. 나도 파란 많았던 흘러간 날을 다시 회상한다. 앞으로 닥쳐올 나의 운명은 어떠할까. 모든 사람이 앞날의 운명은 모르고 속아서 산다.

1962년 3월 7일

나가기도 싫고 왠지 기분이 나쁘다. 밖을 내다보니 날씨는 따뜻하다. 북한산에는 아지랑이가 끼었다. 며칠째 배탈이 나서 고생을 하고 있다. 약을 먹으려 해도 여유가 없다.

나가기 싫은 걸음으로 종암동엘 갔다. 버스는 몹시 출렁거리며 흔들렸다. 공장 집에 가니까 주인은 나가고 돈은 언제 될지 모른다는 신통찮은 소리를 한다. 만사가 귀찮고 사는 것도 귀찮다.

자살. 남들이 자식 두고 자살하는 것을 보고 나는 비웃었다. 어찌 자식을 두고 죽느냐고. 그랬던 내가 지금 와서는 혼자라도 죽었으면 하는 생각뿐이다. 지금 당장 죽었으면. 죽는 방법은 어떻게 하면 간단할까. 세상은 귀찮아. 뜻대로 안 되는 세상. 죽으면 십 년 동안 닦은 공은 무너져. 안 돼. 살아서 끝을 보고 천주께서 부르시는 날 가야지. 보람 있게 깨끗이 눈감고 하고픈 말 다 하고 한이 많은 세상이지만 눈감고 잠들어 고요히 가려하오.

소설 '위대한 개츠비'의 도입부에 이런 대사가 나온다. 갯츠비가 어린 시절 그의 부친이 들려준 말로,
"누군가를 비판하고 싶어질 땐 말이다. 세상 사람들이 다 너처럼 좋은 조건을 타고난 건 아니라는 점을 명심하도록 해라."

1962년 3월 9일

사순절 맞이하여 첫 금요일이다. 사순절 하면 신자로서 희생을 하여 공을 닦는 때이다. 나는 죄가 많은 사람이라 무엇으로 보속을 할까 걱정이다. 제일 가까우면서도 미워하는 사람을 신공(기

도)지향으로 결심하였다. 괘씸한 사람, 얄미운 인간, 왜 그다지도 사람 구실을 못할까. 오늘도 공상 속에서 해는 저물어간다. 영원히 돌아오지 않을 오늘의 이 시간 보내기가 서러워, 사십이 가까워 오는 중년 고개를 넘기 서러워 눈물이나 흘리며 회포를 풀어볼까 하오.

열이가 학교에서 오더니 머리가 아프다고 한다. 쌀도 근근이 사다 먹는 처지에 누가 아프기라도 하면 큰일이다. 나는 걱정이 되어서 집에 있던 약을 이것저것 찾아 먹였다. 너무도 안타까워 열이 보고 아프다고 하지 말라고 사정을 하였다. 열이는 끄덕끄덕한다. 아파도 참는다는 표정이었다.

나는 근심스러워 잠자는 열이 모습을 자꾸만 들여다본다. 몸에 강열이 있다. 입술은 까맣게 탔다. 헛소리를 자꾸 한다. 내 앞에 암흑의 장막이라도 쳐진 것만 같다.

1962년 3월 11일

사순절 첫 주일이다. 숙은 지가 모은 돈으로 스웨터 사달라고 매일 조른다. 오늘 같이 성당에서 곧장 시장으로 갔다. 몇 달 시장에 발길을 끊은 나는 눈이 부실 지경이다. 좋은 옷들이 많이 있다. 그 많은 옷 중에 싼 걸로 살까 해도 예산보다 초과한다. 이 집 저 집 돌아다니다 제일 싼 걸로 사 가지고 집에 오니 열이가 아프다고 운다. 독감이 틀림없다. 주머니를 털어가지고 약을 사다 먹였다. 점점 더 한 것 같다. 나는 두 손 합장하고 천주께 구원을 빌었다.

나의 피로움을 덜어주시는 주, 성모님께 감사하나이다.

1962년 3월 12일

쌀도 다 먹어가고 연탄도 떨어졌다. 가난한 집은 밥그릇만 크다더니 우리 집이야 말로 밥그릇이 큰 탓인지 쌀이 헤프다. 근심에 지친 탓인지 이제는 될 대로 되라는 듯 가끔 악마가 내 심정을 스쳐간다.

열이가 독감에 걸린 지 나흘째다. 몹시 여위었다. 못 먹인 탓도 있겠지. 미안하다.

저녁 일찍 먹고 성당에 강론 들으러 갔다가 오는 길에 열이가 좋아하는 군고구마를 사 왔다. 싸게 파는 집을 찾아 회현동까지 가서 100원어치 사다 주니 열이는 기뻐서 어쩔 줄을 모른다. 책상 위에 놓인 어항의 금붕어들은 자기 세상인 듯 좋아라고 논다.

나는 정신적 육신적 피로를 항상 느낀다. 오늘도 피로한 몸, 잠이나 들어 꿈나라에 이 몸 실어 태산 같은 소원이나 이루어 볼까. 이 글을 쓰고 있는 시간이여, 영원히 안녕.

1962년 3월 13일

돈암동 언니한테 분 값 받으러 갔다. 돈을 받고 그 길로 재관네 집으로 갔다. 재관 엄마는 왜 이제 오느냐며 분 값 200원을 깎고 3000원만 준다. 나는 몹시 기분 나빴다. 고맙다는 소리도 안 했다. 자기 맘대로 돈을 주니 그건 잘못이라고 나는 생각한다.

오늘 낮에 형부가 거주증을 해달라고 부탁하시며 100원이면 되는데 1000원을 주신다. 기마이(선심)다. 그 돈으로 처음 반찬을 사고 중국 빵을 사다가 네 식구가 잔치를 했다.

재관 엄마라는 분은 부자였다. 살집 좋은 얼굴엔 윤기가 흐르고 웃으면 금니가 번쩍여서 어린 내 눈에도 부티 나게 보였다. 하지만 예나 지금이나 가난한 사정은 빈자들이 더 잘 아는 법.

1962년 3월 14일

아침부터 날씨가 푸근하다. 애들이 벗어놓은 속내의를 하나하나 빨기 시작했다. 찬물에 손을 담가도 손이 시리지 않은 걸 보면 날씨가 퍽이나 푸근한 모양이다.

숙이가 들어온다. 독감으로 휴학한다고 공부도 안 하고 왔다. 점심때가 되고 보니 내 것은 없다. 애들만 먹이기 위해 충무로 사는 덕자 네로 분 값을 받으러 갔다. 고모가 왔다고 우동을 시켜줘 점심은 얻어먹은 셈이다. 돈을 받아 집으로 왔다. 날이 점점 흐려진다. 바람이 불며 굵직한 비가 우수수 쏟아진다. 오랜만에 오는 비다. 내 마음속에 있는 눈물처럼 쏟아진다. 내 억울한 눈물 대신 빗물이 내리는 건지 모른다. 숙이와 열이가 싸운다. 가만히 있으니 서로 때리고 욕을 하여 나는 오랜만에 매재를 들고 몇 번 때렸다. 잘 먹이지도 못하는 어린것을 때리기가 애처로웠다. 그러나 매를 안 들 수가 없었다.

막내이며 아들인 동생과 나는 사이가 좋은 편이었는데 육탄에 육두문자까지 날리며 싸웠단다. 무슨 일이었을까.

1962년 3월 15일

날이 쌀쌀해졌다. 몸이 늙는 탓인지 아랫목에 누워 있는 게 편하다. 아침상을 숙이 더러 치우라고 하였더니 어제저녁에 매를 맞은 숙은 이제까지 골이 안 풀렸다. 대답 없는 숙에게 나는 자꾸만 치우라고 소리를 쳤다. 숙은 말없이 부엌으로 들어가 그릇을 앵그랑댕그랑 하더니 놓쳐 항아리 뚜껑을 쩍 갈라놓았다. 한 대 더 때리고 싶은 걸 꾹꾹 참았다.

언니한테 전화를 걸었더니 차비 줄 테니 놀러 오라고 한다. 열이가 독감 앓느라 외출을 못해서 퍽 나가고 싶어 한다. 열이와 둘이 가서 점심 먹고 오랜만에 언니와 조용히 얘기를 나누었다. 해가 질 무렵 집으로 왔다.

저녁을 부지런히 해 먹고 네 식구가 나란히 누웠다. 제각기 장래에 좋은 사람이 되겠다는 희망찬 소리를 한다. 나는 말만 들어도 배가 부르다. 암, 성공해야지. 하고말고. 그래야 내 가슴속 못이 풀릴 거야. 진은 인물이 작아 공부를 많이 시키면 좋겠고, 숙은 인물이 풍부해서 맏며느리 깜이라는 평이 많다. 열이는 너무 얌전해서 걱정. 그러나 공부는 다들 잘한다. 아침이면 삼 남매가 책가방 들고 학교로 가는 모양을 볼 때마다 나는 남산동 길이 꽉 찬 것처럼 마음이 흐뭇하다.

큰딸과 작은딸에 대한 엄마의 인물평이 재미있다. 인물이 작다, 인물이 풍부하다, 그 대목을 읽다 말고 혼자 크게 웃었다.

일기의 다른 부분을 보니 이 무렵 아버지가 집으로 들어오셨다. 그러나 아버지는 이미 여자를 얻어 딴살림을 하는 중이니 어머니는 남편에 대한 그리움과 증오라는 양가감정 사이에서 몹시 고통스러운 삶을 살아갔을 것이다.

1962년 4월 6일

부슬부슬 내리는 봄비는 계절을 재촉하는 비인지도 모른다. 나는 비를 맞아가며 시민증 관계로 중부경찰서로 갔다. 정문에 들어가니까 안내 순경이 신분증 없는 사람은 기다리라고 한다. 나는 우두커니 한 구석에 있다가 주소 성명을 기입하고 지시대로 들어가서 자신 있게 87년도에 있을 거라고 했더니 명부를 주기에 찾아보았다. 都三愼이라는 이름 석 자가 버젓이 박혀 있는 걸 보니 어찌나 반가운지 나도 어엿한 대한의 여성이로구나 하는 생각이 머리를 스쳐 지나간다. 나도 여성의 의무를 다 하고 한 가정을 위해 이토록 고생하건만 인간 대접을 받을 길은 없었다. 고귀한 대접을 원하는 건 아니지만 남편이 어엿이 있는 내 환경은 너무도 비참해. 서러워, 억울해. 시시때때로 여색에 빠져있는 그 모양이 한심해. 머리털은 히끗히끗해가지고 있는 꼴 불쌍해.

금요일은 성로신공(십자가의 길 기도) 하는 날이기에 오늘은 괴로운 심정을 예수님 성로(聖路)를 생각하며 잊어보려고 성당엘 갔다. 성당에 발을 들여놓고 제대를 향해 쳐다보니 스스로 머리가 숙여지며 죄인을 굽어 살피소서, 라는 말이 가슴속에서 울어 나온다. 나의 기둥이시오 벗이 되어주신 영혼의 어머니여 외로워 몸부림치는 죄인을 살리소서, 하고 비는 게 내 버릇인지 모른다. 오늘의 신공은 가정평화를 위해 바치기로 하였다.

낮에 잠깐 들른 남편은 돈 달라고 온 모양이다. 그러나 줄 돈도 없지만 내게 돈 한 푼 안 주고 이제 와서 자꾸 돈 달라고 하니 참 따분한 노릇이다. 나를 그처럼 미워하고 걱정도 안 해주고 돈만 달라는 그 심정은 얼마나 뻔뻔한가.

친정에 다녀온 언니를 돈암동(이모 댁이 돈암동이었다)에 가서 만나보았다. 모두 다 내 근심을 하신다니 염치없는 불효 여식은 끝끝내 불효합니다, 하고 마음속으로 지껄이며 쏟아지는 눈물을 거두었다. 아버지 어머니 저를 그처럼 염려해주시건만 왜 이다지도 불행의 장막이 앞을 가릴까요. 네? 어머니 저도 어머니의 귀여운 딸인데 비운의 장막이란 사정이 없는 모양이지요.

외로운 나의 벗, 오늘도 굿바이.

벗이 나보고 누워서 눈을 감으면 잠이 온다고 하는데 눈감아도 잠은 안 와요. 이유는 과거를 그리며 고독을 못 풀은 탓이겠지요. 어머. 벌써 자정이 지났네.

친청엄마의 이름은 도삼분. 그나마 이름을 알게 된 건 국민학교 입학 때였다고 한다. 그 전엔 언년이, 간난이로 불렸는데 외할아버지는 딸 셋을 낳아 분하다고 삼분이라 지어놓고는 이름을 알려주지 않으시다가 국민학교 입학 때가 가까워지자 알려주셨다고 한다.

1962년 4월 7일

그칠 줄 모르는 봄비는 누구의 슬픔을 대신하여 내리는가 보다. 낙숫물 떨어지는 한 방울 한 방울이 애처롭게 보인다. 4일부터 보리밥으로 때운 지 오늘이 사흘째. 출출하여 아무것도 없는 다락만 뒤지게 마련이다.

남편은 어제 짜증이나 부리더니 갈 때는 돈 달라는 말을 입버릇처럼 했다. 하지만 어제는 처음으로 거절하고 주지 않았다. 사실 줄 돈도 없지만 욕이나 실컷 하고 돈 달라면 무슨 기분으로 또 무슨 마음으로 없는 돈을 주고 싶을까. 비윗살도 참 좋은 사람이다.

독수공방 홀로 앉아 공상만 하다가 버선이나 기워 신자, 하고 기우기 시작하여 겨우 한 켤레를 기워놓았다. 큰일이나 한 것처럼 마음이 가벼워졌다.

라디오에서 춤가락이 흘러나온다. 일어나서 나도 거울을 보며 춤을 추어 본다. 과연 흥겨운 춤가락이었다. 그러나 춤가락도 순간적. 고민은 덜어지지 않는다.

어항에서 놀던 금붕어가 빳빳하게 죽었는데 산 붕어가 죽은 붕어를 뜯어먹는다. 나도 언젠가는 죽게 되겠지. 내가 죽으면 귀여운 진, 숙, 열은 어떻게 될 것인가. 나도 죽으면 금붕어 마냥 빳빳하게 죽겠지. 그럼 나보고 무섭다고 하겠지. 그러나 누구나 한 번은 가야 할 곳이 주검이라는 것은 말 안 해도 잘 안다. 할 말은 많아도 아무 말 못 하고 이만 굿바이.

1962년 4월 8일

비바람 속에 제철을 찾아 피어난 개나리는 황홀하게 피어 담장에 예쁘게 늘어져 있다. 꽃도 한 철, 청춘도 한 철이건만 지나간 청춘의 한 철이란 너무도 허무하고 짧았다. 그러나 짧았던 청춘을 그리워할 만한 자랑거리란 별로 기억에 없고 다만 어린애들 기르기에 여념이 없었을 뿐이다. 인간 사회란 너무도 비극이 많은지라 생각만 하여도 눈물 어린 동정심이 가슴에 흐른다.

오늘은 언니와 함께 마포 사는 덤순이를 찾아갔다. 꼬불꼬불 꼬부라진 길을 걸어 비탈을 얼마나 올라갔을까. 납작한 초가집이 있는데 겨우 사람 하나 엎드려 들어갈 만한 문으로 들어가 보니 방은 캄캄한 굴 속 같은 데서 사람이 앉아 있다가 우리를 보고 급히 달려 나오며 손을 잡는다. 덤순이는 나하고 동갑인데 얼굴은 조글조글 늙어서 중 할머니 같았다. 남편이 바람나서 집 나간 지가 벌써 6년이라고 목 메인 말을 한다. 6년 세월 동안 했던 고생이란 눈물 없이는 들을 수가 없었다.

나 자신도 미친 남편을 둔 사람이다. 돌아다니며 이혼해달라고, 승낙해 달라고 한 미친놈 같으니. 간이 뒤집혀도 분수가 있지.

언니는 그냥 집으로 가고 나만 쓸쓸히 집으로 돌아왔다. 숙, 열과 함께 회현동 올케 집으로 테레비를 보러 갔다.

그 시절엔 바람나서 집 나간 불륜의 남자들이 왜 그리 많았는지. 두 집 살림을 하거나 집을 나가버리거나 하는 주변의 아버지들도 더러 있었다. 일부일처제란 그만큼 지키기가 어려운, 인간 본능에 반하는 제도라는 반증의 의미도 되겠고 여권이 약했으니 남권이 그렇게 표출됐을 것이다.

첩과의 불륜도 케이스 바이 케이스라 드물게는 첩이 본처보다 훌륭한 경우도 있었다. 불륜은 일부일처제를 일탈한, 만남의 타이밍이 빗나간 남녀의 애정관계를 칭하며, 제도적으로 인정받지 못한 에로스 적 사랑의 한 형태로 볼 수도 있을 것 같다.

기원으로 보면, 일부일치제란 자연적인 조건이라기보다 경제적 조건 위에 세워진 가족형태였다. 인간 사회의 결혼 형태는 난혼, 군혼, 한 혈족의 형제자매와 다른 혈족의 형제자매 사이에 남자 한 사람과 여자 한 사람씩 짝을 짓는 혼인 형식인 대우혼(對偶婚)을 거쳐 일부일처제로 정착되었는데 대우혼 시기까지만 해도 여성이 주도적 지위를 차지하는 모계사회였다고 한다. 목축의 발달로 모계제 사회는 부계제로 바뀌며 그 부의 생산자인 남성들이 재산을 다른 남성의 자식에게 넘기지 않고 자기 자식에게 상속시키기 위한 방편으로 추구된 게 일부일처제라는 것이다.

그러나 사유재산의 발생은 여성에게만 일부일처제를 요구한 셈이었다. "남자에게는 육체적 쾌락을 위해 매춘부가 있고 일상적인 봉사를 위해 첩이 있으며 아이를 출산하고 집안을 충실히 관리하기 위해 아내가 있다."고 했다던 데모스테네스의 말처럼 말이다. 시대가 변하며 여권이 확장되고 첩실은 보기 어려워졌지만 인간의 원초적 욕망은 형태를 달리하는 외도로 그 자리를 대신하기도 한다.

1962년 4월 10일

오늘도 일찍 어디로 몸을 피하기 위해 아침은 일찍 치우고 나가려 할 때 문을 열고 들어오는 사람이 있었다. 만나기 싫은 남편이었다. 지난 그 시절 남편은 얼마나 좋은 사람이었던가 생각하면 인간이 가여워 눈물이 나올 지경이다. 따스한 온정을 베풀고 싶다. 또 그 시절과 같은 사람이 되기를 진실로 빌기도 한다. 그러나 조급한 나는 모든 일은 뜻대로 안되고 반대로 나가고 있으니 원망스럽고 안타깝다. 이 심정을 세상은 알아줄 리 없다.

1962년 4월 13일

횡설수설하는 남편은 웬일인지 오늘은 집에서 잔다. 꼴이 무슨 소리라도 해서 나를 괴롭힐 모양이다. 그러나 이제는 너무도 어이가 없어 욕도 나오지 않고 웃음만 나온다. 아니나 다를까 성당에 가지 말라고 한다. 성당에 다녀서 더 나빠졌다고 십자고상도 다 떼어 버리라고 한다. 안 떼면 자기가 깨어버리겠다고. 너무도 기가 막히고 슬픈 소리였다. 그러나 눈물을 머금고 십자고상을 벽에서 내려 들고 조용히 예수님 발에 친구(親口)하고 가슴에 대며 용서를 청하며 세상 사람이 나를 다 배반하여도 당신만은 내 마음속에 깊이 박혀 있을 거라고 맹세하였다.

내가 이 시간까지 살아 있는 것도 천주님의 덕이요, 성모님의 도우심인 줄 알거늘 어이 당신 은혜 잊으리오.

나는 또 돈암동 언니네로 갔다. 언니는 빨래하느라고 분주하였다. 안절부절못하는 나를 보고 언니는 사주 보러 가자고 한다. 같이 가서 보니 나쁘다. 내용은 내가 믿지 않기에 밝히지 않는다.

맥없이 집으로 와서 누워있으니 님편이 들이온다. 나는 가슴이 덜컹하고 놀랐다. 만나면 무섭다. 왜 왔냐고 하니 돈 좀 달라고 한다. 미안하지만 돈 없으니 그냥 가라고 하자 욕하며 가버린다. 나가는 뒷모습을 보고 나는 한탄하였다. 그처럼 얌전하고 착했던 사람이 왜 저렇게 타락하였나 생각하면 하늘이 무너진 것 같고 땅이 뒤집힌 듯하다. 모든 게 꿈만 같다. 꿈이면 얼마나 좋을까.

삶이 횡포를 부릴 때, 신앙인이 느끼는 외로움과 고충 중의 하나는 자타의 소리와 시선일 터다. 애원해도, 아무리 애원해도 문제를 해결해주지 않는 신에 대한 회의와 절망, 그리고 믿는다는 사람의 인생이 왜 그 꼴이냐는, 인과응보적인 타인의 암묵적 조롱, 혹은 하느님은 사랑하는 자에게 더 많은 시련을 주신다네, 식의 위로 아닌 위로일 터다.

고통에 처한 자들에게 제발 그 입 좀 다물라. 영혼 없는 위로나 희망의 메시지만큼 잔인한 것도 없다. 차라리 그를 백지상태에 머물게 하라. 가만히, 조용히 감싸주기만 하라.

우리는 신을 알지만 한편으로 모른다. 피조물의 한계일 테다.

하기에 대부분의 사람들은 자기가 생각하는 하느님의 모습에 사로잡혀 있다고 한다. 이것이 하느님께로 닿는데 큰 장애물이라는 것이다. 오죽했으면 중세의 한 신비가는 "나는 하느님에게서 자유롭기 위해 하느님께 기도한다."고 했으며, 성 아우구스티누스는 "당신이 이해했다면 그건 하느님이 아니다."라고까지 했을까?

구약 성경에 나오는 욥은 아무 죄 없이 어느 날 시련에 봉착한다. 흠 없고 올곧고 하느님을 경외하던 그였지만 졸지에 풍요롭던 가산과 자녀를 잃고 자신마저 몹쓸 종기로 고생하게 된다. 이런 상황에서도 욥이 하느님을 찬미하자 결국엔 그의 아내마저 그를 저주하고 비난한다. "당신은 아직도 그에게 흠 없는 마음을 굳게 지키려 하나요? 하느님을 저주하고 죽어버려요." 욥의 아내가 퍼붓는 저주 속엔 신에 대해 악에 바친 그녀의 심리가 투사(透寫)되고 있다.

엄마의 깊은 신앙심을 아는 아버지도 지금 욥의 아내처럼 엄마의 신앙에 조롱과 저주를 퍼붓고 있다. 그러나 욥과 엄마의 경우는 달라도 한참 다르다. 엄마의 고난은 대략이나마 이유를 댈 수 있는 고난이지만, 욥의 경우엔 적어도 욥의 입장에서는 까닭을 알 수 없는 시련인 때문이다. 인간의 고통과 신의 침묵은 우리 삶의 영원한 물음으로 남을 것 같다.

아버지는 비록 첩살림을 했지만 우리 형제가 첩의 자식이 아니란 사실은 그나마 다행한 일이었다. 구시대의 유물인 첩실이 아직

존속되던 그 시절, 내가 아는 친구 중에도 첩의 자식이 더러 있었다. 드러내지 않아도 그 비밀은 이상하게 입소문을 탔다. 그들은 똑똑했고 환경도 여유로웠지만 어딘가 모를 그늘이 있었다. "알고 보니 우리 엄마가 세컨드더라고. 태어나 보니 내가 ….." 하며 시니컬한 웃음을 짓던 친구도 생각난다.

엄마의 일기를 통해서 내가 알지 못했던 아비지의 숨은 모습을 만났다. 내 기억 속의 아버지는 다혈질에 따듯한 성정, 다양한 취미에 동물을 좋아했던 분이었기에 일기를 통해 알게 된 아버지는 충격적이고 당혹스럽기조차 했다. 두 분의 금슬이 좋으리란 생각을 한 적은 없었어도 엄마가 이처럼 깊게 상처받고 고통스러웠을 줄은 몰랐다. 아버지가 이혼 요구를 했다는 것도 처음 알게 된 사실이다. 설령 알았다 해도 어린 자식들이 무얼 할 수 있었겠는가.

1962년 4월 19일

이불을 뜯어 빨았다. 하루 종일 빨래를 하니 힘이 너무 들어 목의 침이 마른다. 저녁에는 손이 소복하게 부어 꼬부라지질 않는다. 온몸이 아파 견딜 수가 없어서 '아이구' 소리가 절로 나온다. 그러나 누구 하나 사정 봐주는 사람이 없다. 쓸쓸히 고독을 비관해보기도 한다. 모든 것은 내 운명이지 싶어 정릉 한 구석에 가서 바람 소리를 벗 삼고 시냇물 소리를 음악 소리로 알고 살련다.

이산 저산 쳐다보면 다닥다닥 붙은 판자 집이 보기만 하여도 가난이 다닥다닥하다.

1962년 4월 22일

안개에 가린 서울 장안이 내 마음속 마냥 희미하다. 부활절의 미사 종소리가 멀리서 울려 퍼지나 컴컴한 내 마음속에는 부활이 너무나 먼 것 같다. 그러나 발길은 성당으로 재촉한다. 성당에 가니 할렐루야, 할렐루야 성가대 노래 소리가 내 심정을 찔러대는 듯해서 괴로웠다. 주교님의 강론에 예수님만 부활하신 게 아니라 모든 우리도 새 마음 새 뜻으로 부활해야 한다고 하셨다. 나는 유심히 그 말씀을 새겨들었다. 나보고 하신 말씀 같이 들렸다. 우울한 내 마음을 전환해보기 위해 돈암동으로 갔다. 언니와 흑석동에 가려고 간 것이다. 점심 먹고 언니와 버스를 타고 흑석동 요섭이네 집엘 갔더니 온 식구가 모두 반겨준다. 나와 같은 환경에서 사는 요섭 어머니는 나를 퍽 동정한다.

삼 남매가 초조하게 나를 기다리고 있겠지 하고 문득 마음이 초조해진다. 그만 가겠다고 몸을 일으켜 천천히 한강 둑으로 걸어 나왔다. 시퍼런 강물이 바람에 굽이쳐 흐른다. 나는 한강 물을 바라볼 때마다 자살하는 사람을 상상해 본다. 자살하는 그 순간의 기분을 알아봤으면 한다. 나도 그 유혹에 빠져들 때가 많기에 자살하는 순간을 좀 더 세밀히 알고 싶다. 나에게도 언젠가 그 일이 있을지 모른다.

나는 죽어도 네 식구가 같이 죽고 살아도 네 식구가 같이 살려 하기에 나의 목적을 이루기가 무척 힘들 것이다. 그러나 이것은 누구에게도 비밀. 나의 벗에게는 언제나 통하지만.

집으로 돌아오다 지갑을 털어 국화빵 몇 개를 사 가지고 애들을 기쁘게 해주었다.

여기에도 첩 거느린 남편을 둔 여성 얘기가 나오니 그만 쓴웃음이 나려 한다. 첩들이 이 집 저 집에 첩첩이 둘러싸여 있다. 동병상련이라고, 요섭 어머니 역시도 남편이 이중 살림을 하기에 엄마에 대한 동정과 이해가 깊었다. 그녀는 경제력이 있었는지 이혼하고 뭔가를 해가며 살았다. 한 때는 다방 운영도 하면서. 깔끔하고 똑똑해 보이는 인상.

오늘날의 붕어빵이 그 시절의 국화빵이다. 요즘도 드물게 국화빵을 파는 곳을 볼 수 있다. 언젠가 도봉산엘 갔다가 국화빵 장수 아저씨가 보여 반가운 마음에 한 봉지 샀더니 옛 식대로 만들었는지 반죽도 팥 앙금도 가난한 집 멀건 죽처럼 빈곤하기만 했다. 그야말로 풀빵. 물론 국화빵은 요즘 붕어빵보다 재료가 부실했다. 그래도 국화빵을 먹을 때면 행복하고 따뜻하고 달달해졌다.

1962년 4월 23일

어제 요섭이네 가서 저녁을 어찌나 맛있게 먹었는지 지금도 배가 부른 것 같다. 집에서는 보리밥에다 묵은 김치 한 가지 놓고 밥을 먹는데, 요섭이네 가니까 내가 손님이라고 고기찌개, 시금치나물, 김 등 여러 가지 반찬을 차려주어 밥을 두 그릇 먹어도 적을 것 같았다. 그러나 체면도 있으니 한 그릇만 단숨에 먹었다. 몇 달 동안 얼마나 굶주렸는지 열이가 하루에 밥을 다섯 번 먹었으면 좋겠다고 매일 조른다. 얼마나 속이 헛헛하면 그런 말을 할까, 하는 생각을 하니 애들이 가엽기 한이 없다. 무엇으로 애들을 즐겁게 해 줄까 하는 생각이 머리를 떠나질 않는다. 모두 부모를 잘못 만난 한탄이나 해볼 수밖에 도리는 없다. 삼 남매야, 굳세게 살아서 사람 구실 충분히 해다오, 복이 없는 이 어미나 원망하여라. 못 먹이고 못 입히는 심정에 가슴 아프다.

박람회 구경이니 창경원 꽃놀이니 하며 가족동반하여 다니는 사람들을 보면 옛 추억만 그리워지고 남는 것은 슬픔과 눈물뿐 아무것도 없소. 울면서도 웃고 살아야 하나요? 뜰에 핀 매화 송이 매만지며 나는 말했다. 꽃은 방그레 웃으며 쳐다보는데 나는 울면서 꽃에게 하소연을 하였지. 어리석은 나이기에 꽃에게 말을 하였지. 안녕.

1962년 4월 25일

아침부터 보슬비가 부슬부슬 내리기 시작한다. 날이 흐린 탓인지 밥이 늦어 당황하였다. 밥이 끓지 않아 종이도 때고 하여 그럭저럭 늦지는 않은 모양이다. 조바심이 많은 숙이 서서히 준비하는 걸 보면 시간이 충분한 것 같다. 나는 휴 하고 한숨을 내쉬었다. 제대로 먹이지도 못하는 어미로서 가슴 아픈 일이 많은데 조반도 못 먹여 보내면 어쩌나 하고 절절매었다.

애들을 다 보내고 난 뒤 밥상은 그대로 놔두고 눈을 감고 누워 라디오에서 나오는 희망 곡을 들었다. 아무아무가 아무아무에게 선물로 보내는 곡이라고 아나운서가 앵무새 같은 아름다운 소리로 말하는데 음악이 흡사 나를 위해 들려주는 것처럼 상쾌했다. 드디어 음악이 끝났다. 그제야 밥상을 치우고 또다시 누워 침묵에 잠긴 나는 지나간 불행과 현실에서 당한 불행을 생각하고 있다. 막을 수 없는 나의 불행을 하나하나 분석해본다. 깊이 들어갈수록 나는 비참해진다. 나의 비운을 피해보려고 노력도 해봤다. 그렇지만 그것도 한순간이고 이제는 세상이 귀찮아지기만 한다. 나뿐만이 아니고 진도 가정환경을 비관한다. 비관하는 진이 가엽다. 그러나 모성의 힘으로도 도저히 막을 수 없는 일이다. 오늘은 하루 종일 자살에 대하여 신경 썼다. 고생이 되면 갈 길은 그것뿐이다.

1962년 4월 27일

이 날 일기는 원본의 분위기를 그대로 전하고자 도입부 일부를 어머니가 쓰신 대로 옮겨보았다.

짓구진 봄비는 긋치지 안코 줄줄 나린다. 악가운 벗꼿 살구꼿이 다 진다. 짓구진 비바람아 좀 삼가주렴. 무엇이든지 사람한테 버림밧는 건 난 시러. 꼿도 지면 버림밧겟지. 악까워라.

옛노래 멜로디가 들려온다. 20년 전 노래가 나와서 나는 처녀 시절을 상상해본다. 과연 짤밧던 추억이로구나 시퍼 일을 시작하엿다. 오늘은 고추를 다듬어서 뺏기로 하고 쪽마루에 안자서 고추를 하나하나 가위로 자르며 내게 닥쳐올 비운을 하나하나 상상해보며 비장한 결심을 한다. 내가 돈을 벌어서 살다가 돈 떠러지고 못살게 되면 긋때는 갈 길이라고 자살바께 업다. 그러나 자살을 할 때는 애들과 상의하여 찬성하면 약을 갓치 먹는 게 오른가 또는 내가 비밀로 먹이는 게 조흘까가 의문이다. (중략)

허둥지둥 저녁 준비를 하고 잇슬 때 남편이 터벅거리고 드러온다. 오자마자 밥 재촉을 한다. 쌀이 떠러져 국수를 해가지고 드러오니 밥 안하고 국수 햇다고 꾸지람을 한다. (중략)

또 행패를 부리기 시작한다. 꼭 밋친 사람과 다름업다. 이혼하자고 옷 내노라고 내 얼굴을 치면서 욕을 한다. 내 얼굴에서 불근 피가 나온다. 나는 피를 손에 찍어 가지고 남편의 옷에다 문지렀다.

살 길이 막연한 나는 숙, 열을 붙들고 갓치 죽자고 울엇더니 숙은 엄마 죽지마. 천주님한테 죄가 돼. 내가 공부 열심히 학게 하며 애처럽게 울부짓는다. 진정하고 보니 시간은 자정이다.

이 처절한 장면이 나는 전혀 생각나지 않는다. 지워진 게 고맙지. 만약 그 기억이 남아 있었더라면 머릿속이 얼마나 칙칙했을까. 아버지와 엄마가 자주 다투신 건 알지만 아버지가 엄마에게 손찌검을 한 걸 본 적은 없는 것 같다. 나는 엄마에겐 매를 맞았어도 아버지께 맞은 적은 드물다. 이런 아버지가 엄마에게 손찌검을 하셨다니 일기를 읽어나가면서도 좀체 믿어지질 않았다.

1962년 5월 3일

아침부터 비가 내린다. 이사 가려고 만반의 준비가 되었건만 비가 내린다. 나는 있는 힘을 다하여 이삿짐을 나르기 시작한다. 땀방울이 뚝뚝 떨어진다.

남편이 안 온다고 하더니 와서 힘껏 일한다. 궂은비를 맞아가며. 마음속으로 고마웠다. 나는 이웃사람들과 인사를 나누고 차 운전석 옆에 올랐다. 이웃사람들이 나와서 전송해준다. 외국이라도 가는 것처럼 마음이 쓸쓸해지고 눈물이 쏟아지는 것을 참으려

하니 가슴이 터질 것 같았다. 운전수는 차를 몰아 남산을 한 바퀴 돌더니 큰길로 빠진다. 정들었던 이 거리도 잘 있거라, 모든 사람들 잘 있거라, 하고 마음속으로 외쳤다.

  천 가지 만 가지 공상 끝에 차는 어느덧 미아리 고개를 넘어 목적지인 정릉이 보인다. 이윽고 목적지인 집이 보이며 트럭 한 대가 내려온다. 사람들이 많이 나와 전송하는 걸 보니 이사 가는 차 같기도 하다. 언니와 준성 어머니가 먼저 와서 집 청소를 깨끗하게 해 놓았다. 동네 사람들이 짐을 날라준다. 고맙고 또 고마웠다. 빈촌이란 인심이 후한 모양이다. 나는 늘 부촌에만 살아봤기 때문에 이런 친절에 감탄한다.

  유년기부터 우리가 살던 곳은 서울의 중구 지역이었다. 충무로와 필동과 남산동, 이 세 지역을 벗어나지 않고 살아왔다. 한데 이제 유배 가듯 변두리 동네로 이사를 간다.

1962년 5월 9일

  아침부터 바람이 심하게 불어온다. 집이 드높은 곳에 있어 바람이 센 모양이다. 양철지붕의 덜커덩 소리는 요란하다. 물장수가 와서 하루 물 두 지게에 한 달에 2,000원만 주면 져다 날라주겠다고 하여 가져오라 하였다.

누워서 공상도 해보고 눈도 지그시 감고 잠도 청해 본다. 그러나 잠은 안 온다. 학교 시험 치른 애들이 하나하나 오기 시작한다. 다 모여 점심을 먹고 자리에 누워 일과 얘기를 주고받았다. 그때 대문이 삐걱 열리더니 남편이 들어온다. 눈꼴이 시었지만 별 말 없었다. 방에 들어와 앉기에 점심은 먹었냐고 말을 걸었다. (중략)

남편이 돈 좀 달라고 또 손을 내민다. 안 줄 수도 없고 주자니 얄밉지만 할 수 없이 주었다. 주고 나니 야속하기 그지없다. 그러나 속으로만 아픔을 삭이고 있는데, 진은 눈물을 그렁그렁하면서 아버지만 오면 울분이 터진다고 한다. 아마도 내 심정과 같은 모양이다. "엄만 왜 자꾸 아버지에게 돈을 줘?" 하며 운다.

이 안타까운 심정을 누구에게 말할 수도 없고 나 혼자만이 울다 웃다 하며 밤하늘의 별만 바라본다. 별이 반짝거리며 나를 조롱하는 듯이 원망스럽게 보인다. 한적한 정릉 구석은 바람소리만 세차게 분다. 가끔씩 들려오는 차 소리. 밤은 깊어가는 모양이다. 벗에게 안부.

그 시절, 아버지는 백수였다. 가장이 궁상맞게 집에 있는 걸 엄마가 원치 않으셨기에 늘 밖으로 돈 것인지 아닌지는 분명치 않지만 기억 속의 아버지는 점멸하는 불빛처럼 보였다가 안보였다가 한다. 아버지가 집에 오시는 게 즐겁지도 않았던 것 같다. 엄마 속을 썩이고 불화나 일으키는 아버지였으니 아버지가 보이면 불 안했던 것 같다.

1962년 5월 10일

물이 떨어져 물 긷는 게 제일 근심거리다. 모처럼 시험 때라 하루 노는 애들을 데리고 우물로 물을 길으러 갔다. 물을 들여다보니 바닥에 물이 조금 있는데 그 물을 긁다시피 닥닥 푸고들 있다. 그것을 보니 정이 떨어질 정도다. 나는 멍하니 하늘을 쳐다보다가 애들을 보고 우리도 남처럼 긁어서 퍼보자고 하였다. 보기와는 달리 물은 빨리 고였다. 나는 있는 힘을 다하여 네 지게를 길어오고 보니 맥이 다 빠진 듯싶었다. 휴~하고 자리에 털썩 주저앉아 먼 산을 바라보며 갈수록 고생이 닥쳐오는 나의 비운을 한탄하였다.

정말 원시적 풍경 같다. 식수가 없어 멀리까지 물을 길으러 가는 아프리카 인들보다야 낫긴 하지만, 다글다글 모여 사는 산동네 사람들이 음용할 수 있는 공동우물이라곤 단 하나뿐.
집에서 우물까지는 거리가 제법 되었다. 산비탈 동네였으니 물지게를 지는 일이 만만치 않았을 것이다. 물을 긷는 것도 주로 엄마의 몫이었다. 남자인 아버지가 아닌 엄마.

1962년 5월 12일

한적한 우리 집 대문은 굳게 닫혀있어 보기에도 고독감과 적막

감에 깃들여 있다. 찾아오는 사람은 별로 없건만 제비는 조석으로 강남소식이라도 전하는 모양 무어라고 아름답게 지저귄다. 그 소리로 내 심정을 웃겨주고 울려주기도 한다. 나는 제비를 부러워한다. 나도 제비가 되어 공중으로 날아다니고 싶다. 가고 싶은 곳 모두 돌아다니며 구경이라도 하고 싶어 제비를 부러워한다. 그리고 제비는 나의 큰 벗이나.

동이 틀 때면 우리 집에 와서 지저귀며 나의 잠을 깨워주기도 해서 나의 큰 동무 같기도 하다.

쓸쓸히 누워 공상만 늘어갈 뿐이고 아무런 대책도 서지 않는다. 초조한 하루가 오늘도 저물어간다. 네 식구가 오순도순 앉아 있을 때 밖에서 "누님!" 하고 부르는 소리가 나서 내다보니 동생이었다. 반가우면서도 눈물이 나온다. 친정에 지은 죄 때문이겠지 하며 눈물을 거두려 노력한다. 부자 되라고 성냥을 들고 왔다. 그리고 날보고 시골로 가자고 한다. 나는 이미 부모님과 멀어졌기에 세상과 동떨어진 생활을 하는 사람 같기도 하다. 동생과 같이 언니네로 갔는데 형부가 오시며 화를 내는 것을 보고 동생은 밤차로 내려갔다. 동생이 애들 과자 사주라고 1000원 주는 것을 300원어치 사 가지고 왔다. 애들은 좋아라고 날뛴다.

엄마는 외가에서 얻어온 빚을 갚지 못하여 친정과 발걸음을 하지 않았다.

1962년 5월 13일(주일)

안방 창문을 열면 누구의 묘인지 둥그렇게 생긴 묘가 편안히 누워있는 게 보인다. 묻힌 사람이 남자인지 여자인지 분간은 못하여도 보기에 퍽 편안해 보인다. 조석으로 문을 열고 닫을 때마다 나는 흙에 묻힌 고인을 부러워한다. 나는 그를 부럽게 바라보며 저 세상을 상상해보기도 한다. 말이 없는 그 고인은 나의 벗이라고 해도 무방하다. 파란이 많은 나는 무엇이든지 호수처럼 잔잔하고 평온해 보이는 것을 다 벗이라고 한다. 말이 없는 그 묘지는 계절 따라 옷을 바꿔 입는다. 여름에는 녹색으로 겨울에는 흰색으로. 이렇게 변하는 것을 고인은 알 수 있을까 하는 쓸데없는 생각도 해본다.

정릉의 산동네는 가옥들과 묘지들이 이웃해 있었다. 처음 그곳으로 이사 갔을 땐 인가 옆에 묘지가 있는 걸 보고 기겁했었다. 하지만 엄마는 그 무덤을 보면서 무덤 속의 고인을 부러워하는 모습을 보인다. 죽음에 대한 동경이 그림자처럼 엄마의 곁을 따라다니고 있다.

1962년 5월 14일

평온한 날씨다. 며칠 동안 바람이 불어 정신을 어지럽게 하더니 오늘은 잔잔한 물결처럼 좋은 날이다. 아무도 없는 텅 빈 집은 언제나 쓸쓸해 보인다. 안방 건너 방을 왔다 갔다 하는데 대문에서 노크 소리와 함께 "계십니까?" 하기에 나가보니 김○○였다. 나를 찾아주니 고맙고 감사했다.

숙이가 아침도 안 먹고 학교 가더니 배고파 들어오는 모습이 흡사 마네킹이 이동하며 걸어오는 것 같다. 뒤이이 진과 열이 다 온다. 네 식구가 모이면 집안이 허전함을 면한다. 오늘은 시험이 끝나는 날이라고 숨을 내쉰다. 잘 먹지 못하고 밤공부에 열중한 진, 숙의 얼굴은 핼쑥하게 살이 빠졌다. 보기에도 너무 가엾어서 못 볼 지경이다. 그러나 닥쳐올 앞날을 생각하면 캄캄하다. 이미 각오한 바와 같이 될 대로 되라는 심정은 변함이 없다.

멀리서 들려오는 기적 소리 처량도 하다. 깜박거리는 등불 밑에서 고요히 앉아 새근새근 잠자는 애들을 쳐다보며 얄궂은 내 비운을 한탄해본다. 계집에 미쳐서 자식도 모르는 허수아비 같은 남편을 원망도 해보고 아버지 자격을 손실하고 위신을 잃은 남편을 동정도 해본다. 그러나 아무런 대책은 서지 않는다. 깜박거리는 등불을 멍하니 쳐다보며 흘러간 37년 이란 긴 세월을 더듬으며 눈물도 흘려본다. 허무한 인간 사회. 불결한 남녀관계. 모두 허무한 것뿐이다.

먹이고 입히고 가르쳐야 할 새끼 세 명을 거느린 서른일곱 살의 여인. 남편은 장사도 망해 먹고 빚만 남겨놓고 딴 여자와 살림 난 지 오래다.

김○○는 과거 그의 고학생 시절에 엄마가 도움을 주었던 청년으로 당시 대학생이었다. 그는 한동안 엄마를 자기 삶의 은인이라면서 가끔씩 우리 집을 찾아왔지만 점차 발길을 끊었다. 그는 남의 집 담배를 팔아주며 고학을 했기에 우린 그를 '담배학생'이라고 불렀다.

1962년 5월 15일

나뭇잎이 나날이 파랗게 우거져 빨갛던 산을 파랗게 물들였다. 그 사이로 보이는 다닥다닥한 판잣집들이 벌집처럼 촘촘히 붙어 있다. 그러나 그 속에 사는 사람은 모두 평온해 보인다. 그것이 행복한 사람이다. 행복이란 돈으로만 이룰 수 없는 것이기도 하다. 나는 방바닥에 누워 이것저것 공상만 한다. 닷새가 되도록 남편 얼굴을 못 봤다. 오늘이나 찾아올까. 내일이나 찾아올까. 생각이 머리에서 떠나지 않는다. 하루면 마음이 몇 번씩 변해져 가는 나는 몸 둘 데 없이 외롭다.

임■■라는 여자는 짐승 같은 여자다. 첩으로 내 남편을 저 혼자만 독차지 하려고 기를 쓰는 여자. 인정사정없이 염치도 위신도 없이 그저 저만 좋으면 그만으로 알고 사는 여자다. 소행은 한

없이 미우나 가엽기도 하다. 돈을 가지고 남자를 매수하고 조롱하는 그녀는 나의 가슴에 못을 박았으니 그만큼 피눈물을 흘리게 될 것이다. 악독하고 또 악독한 그녀는 돈으로 남의 가슴에 못을 박고 남의 가정을 파괴하였으니 그녀의 그 더러운 돈 속에는 피눈물이 젖어들 것이다.

비바람이 요란하다. 어느 밤에 비바람이 요란하니 무서운 생각이 든다. 십자고상에 조용히 친구(親口)를 하고 무서워 떠는 저를 도우소서 애원하며 잠들기를 간절히 청한다. 고독에 떨고 있는 한 인간을 굽어 살피소서, 아베 마리아여.

엄마는 아버지의 첩 임■■에게 원망과 악담을 퍼부으면서도 잠깐 동정을 하기도 한다. 왜 그랬을까? 소행은 한 없이 밉다면서도 가엽다고 한 것은 무슨 심리인가?
악담 가운데 뱉는 엄마의 한 마디가 나는 다행스럽고 고맙게 느껴졌다. 세월의 힘일 것이다. 세월은 사랑이나 미움도 동시에 품고 가뭇없이 흘러가므로.

1962년 5월 16일

어느덧 5·16 군사혁명 1주년 기념일. 빠른 것은 세월인가. 나에게도 휴일이다. 애들이 놀기에 나도 부지런히 치우고 언니네 가려고 외출복을 갈아입고 언니네로 갔다. 언니는 언제나 꾸물대기로 유명한 분이다. 오늘도 여전히 세수도 안 하고 그대로 계시다. 나는 슬그머니 속이 상했다. 어제 약속을 했으면 좀 일찍 서두르면 얼마나 좋을까.

자리에 좀 누워 있는데 애들이 집에 아버지가 왔다고 부르러 왔다. 점심을 간단히 먹고 집에 오니 남편이 누워 있었다. 왜 오라고 했느냐 묻자 점심이 먹고 싶어 오라고 했다고 한다. 별 일도 없으면서 내가 없으면 좀 섭섭한 모양이다. 욕심꾸러기. 집에 와서 자지도 않으면서 나만 없으면 찾으니 혼자 웃음이 나온다. 무언지 몰라도 그래도 나한테 무슨 호의를 베풀려고 하는 모양이다. 옛날 얘기도 하고 술도 달라고 한다. 나는 하라는 대로 순순히 잘 해주었다.

해가 석양이 기우니 또 간다며 "나, 가." 하고는 사라진다. 멍하니 쳐다보며 한숨만 쉰다. 그러나 만사는 천주께 맡기고 울며 웃고 살아가기를 맹세하며 예수 마리아 굽어 살피소서 라고 부르짖는다. 외로우면 부르짖고 급하면 부르짖는다. 십오야 밝은 달을 바라보며 마당에서 산책도 해본다. 외롭게 떠 있는 달이 내 마음을 밝게 비쳐 마음이 흐뭇하다. 혼자 보기에 아깝다. 무언가를 달과 속삭여 보았으면 싶어 달만 쳐다보고 있으려니 멀리서 트럼펫 소리가 은은히 들려온다. 외로이 달빛 아래서 묵주를 손에 걸고 성모님께 구원을 빈다. 안녕, 벗.

1962년 5월 17일

날이 가물어 식수 때문에 우물에 물 짜러 다니느라 동네 여인들은 분주하다. 나도 물 때문에 근심이 많고 김치 거리를 씻으려 해도 물 걱정이 된다. 돈도 걱정, 물도 걱정. 근심이 많은 나에게 식생활 중 불도 서성거리의 하나다.

이제나 물이 고였나 하고 밖을 내다보면 여전히 우물가에 사람들이 많다. 밤중에 물을 긷도록 하고 마루에 앉아 맑게 빛나는 달을 바라보며 고독을 잊으려 해본다. 사람이 좀 잠잠할 때, 자고 있는 진을 깨워 빨리 물 뜨러 가자고 하며 깨워가지고 갔더니 여전히 사람들은 물을 짜고 있다. 하는 수 없이 우리도 물을 짜기로 하고 두레박을 우물 속에 내리고 한 번 두 번 길어 올리기 시작했다.

밤바람이 몹시 차다. 어느 부인이 자다 말고 나왔다며 물이 없다고 중얼거리며 물을 푼다. 뒤이어 남자가 나와서 하는 말이, 미안하지만 아주머니는 우리가 다 푼 다음에 길으라고 한다. 나는 들은 척도 안 하고 물을 득득 긁었다. 기다리면 또 다른 사람이 연달아 오는데 기다리라는 것은 물을 푸지 말라는 거나 다름없다.

흙탕물이나마 독이 가득하니 그만 긷자고 진이가 말한다. 휴~하고 맥없는 한 숨을 내쉬고 달빛을 따라 집에 들어와 보니 독에 물이 가득한 것이 쌀처럼 흐뭇하였다.

산동네 주택엔 상수도가 없어 산동네 사람들은 공동 우물을 먹었다. 수량이 풍부해도 물이 달릴 판인데 가뭄으로 우물 바닥을 긁듯 퍼내야 했다. 물 긷는 일은 엄마와 언니의 몫이었다. 언니는 고등학생이기도 했지만 나보다 힘이 좋았나 보다.

언젠가 나는 시골 아낙들이 머리에 물동이 이고 다니는 흉내를 내려했다가 목을 뺄 뻔한 일이 있었는데 그 일 때문인지 엄마는 나에겐 물 긷는 일을 시키지 않았다. 지금 생각하니 엄마와 언니에게 너무 미안하다. 가난한 살림에 힘들게 길어 먹던 우물마저 말라버렸으니 엄마의 심정은 얼마나 타들어갔을까. 엄마는 쌀독에 쌀이 가득하면 기뻐했는데 이제는 물마저 애를 먹인다. 흙탕물이나마 독에 가득 채워놓고 쌀독이 채워졌을 때의 기쁨을 누리고 있는 엄마. 그러고 보면 작은 기쁨이란 삶의 어떤 악 조건 속에서도 길어 올릴 수 있는 것 같다. 소설 '빨간 머리 앤'에도 이와 비슷한 대사가 나오듯 행복한 나날이란 놀라운 일이 일어나는 날이 아니라 진주알들이 하나하나 한 줄로 꿰어지듯이 자잘한 기쁨들이 이어지는 날들일 것이다.

1962년 5월 18일

내일, 내일 하면서 미루던 고추장을 오늘은 꼭 담그기로 하고 시작하였다. 혼자 하니 너무 힘들어 괴로웠다. 낙이 없는 내 일상생활은 취미라곤 아무것도 없다. 방탕해 집 나간 남편 돌아오기를 기다리는 것 외엔 바랄 것이 아무것도 없다. 고추장도 남이 하니까 해야지 하는 심정이다. 전에는 어떻게 하면 맛이 있을까 노력하며 힘 있게 했는데 지금은 맛이 있든 없든 관심이 없다.

일을 다 하고 보니 몸이 몹시 힘들었다. 자리에 누워도 아픔이 가시질 않는다. 그러나 누구 하나 수고했다고 하는 사람은 없다. 전에는 남편이 수고했냐고 했는데, 하는 슬픔만 깃들 뿐 모든 게 귀찮다. 여자란 따뜻한 남편 그늘이 있으면 언제나 그게 전부라고 나는 믿는다. 여자는 그만큼 남편에 대한 의지가 크기 때문이다. 그처럼 아내는 남편을 사랑하건만 아내의 심정을 이해해주는 남자가 적다고 생각한다. 그 절반만 이해해주는 남편이 있어도 참 행복한 아내라고 나는 믿는다.

나 자신도 한때는 남편한테 열열이 사랑을 받아보았지만 지금 이처럼 아픈 상처를 받고 보니 남편이 죽이고 싶도록 원망스럽고 괘씸하기 한이 없다. 그러나 잊을 수 없어서 돌아오기만을 기다리며 눈물 머금고 괴로운 세상을 살아가는 괴로움은 나 혼자만이 아는 바이다.

시간이 지나도록 열이가 돌아오질 않아 가슴이 조이기 시작한다. 부지런히 저녁 해놓고 있으니 그제야 열이가 들어온다. 참 반가웠다. 왜 늦었느냐 물으니 중재*가 오늘이 자기 생일이라고 오라 하는데 가도 되냐 하기에 승낙하였다. 잘 먹이지도 못하는 어미의 심정은 언제나 미안함뿐이라 한 끼라도 맛있는 것 좀 얻어먹었으면 싶어 가라고 하며 늦어지면 이따가 엄마가 데리러 간다고 했다.

 일을 부지런히 하고 어둠 속에 열이를 데리러 갔더니 뜻밖에도 다리를 다쳐서 뼈가 나왔다고 한다. 정신이 아찔했다. 내 마음이 퍽 아팠다. 어미가 잘못했구나. 못 가게 했더라면 이런 일이 없었을 텐데. 열이는 나를 보고 눈물이 핑 돈다. 많이 아팠다는 뜻을 어미에게 전하는 눈물이 틀림없다. 데리고 돌아오는데 밤바람이 찼다. 오면서 시장에 널려 있는 과자와 사탕을 보니 열이가 다리를 절며 "엄마, 먹을 거…" 하며 손가락으로 옆구리를 찌른다. 나는 열이에게 "미안해 참어. 돈 생기면 사다 줄게" 하면서 열이의 아픈 다리를 만져주었다. 벗에게 하소연이나 하오.

 그때는 엄마의 힘듦을 낱낱이 헤아리지 못했다. 엄마는 당연히 그러는 건 줄 알았다. 아버지를 그렇게 기다리고 깊이 그리워하는지도 몰랐다. 이 일기를 읽으며 옮겨 쓰다 말고 울컥했다.
 우리가 정릉 살 때 이모네는 돈암동에 살았다. 중재는 이모의 넷째 아들로 내 동생보다 한 살 많은 형이다. 이모 댁은 살림이 넉넉했고, 시골에서 보내오는 쌀가마가 방에 그득했다. 우리 집에서 이모 댁까지는 한 이삼십 분 남짓 걸리지 않았나 싶다. 가는 길엔 재래시장이 있었고 굶주리던 시절이니 동생은 시장을 지나치며 과자가 무척 먹고 싶었을 것이다. 그걸 사 먹이지 못하는 엄마의 심정은 어떠했을까. 더구나 뼈가 나오도록 다리를 다쳐 쩔룩이며 걸어가는 아들이 사달라고 하는데.

1. 유머레스크를 불렀다

2. 남풋물 아래서

1962년 5월 19일
~
1963년 4월 16일

1962년 5월 19일

　3일에 한 번씩 나타나는 남편이 올 시간이 되어 신경이 온통 대문 소리에만 가 있다. 해는 오늘도 기울어 간다. 저녁 준비를 하려고 부엌에 들어가 깨를 볶고 있는데 남편이 들어오며 씩 웃는다. 나도 쓴웃음을 지어 보였다. 모든 일이 뜻대로 안 되니 화만 난다고 하며 돈 3,000원만 있으면 달라기에 1,000원밖에 없다고 하니 그거라도 달라하여 털어 주었다. 나가면서 내일 또 올게 하며 돈을 벌면 반반씩 나누자고 자신 있게 말한다. 임■■가 20만 원 꿔주었다며 기특한 듯이 말한다. 나도 고마운 일이라고 생각하며 모쪼록 잘 되기를 바란다고 했다. (중략)

　임■■란 여성은 카바레 댄서 일을 하다가 아버지와 만난 것으로 안다. 엄마에게 듣기론 춤 실력과 애교가 뛰어나다고 했다. 내가 6학년 때인가, 그러니까 남산동 시절, 한번은 그녀가 엄마에게 잡혀 우리 집까지 끌려 들어온 적이 있었다. 그럴 만도 한 것이 우리 집과 불과 얼마 안 되는 거리에 방을 얻어 놓고 살림을 차렸다가 발각된 상황이라 엄마는 그야말로 눈이 뒤집혀버렸다. 독이 머리끝까지 오른 엄마는 우리들이 보는 데도 그녀의 머리채를 사납게 휘어잡고 몸부림을 쳤다. 그녀가 나쁘다고 여기면서도 나는 한편으론 좀 불쌍하다는 생각이 들었다. 그녀가 만약 엄마에게 대들고 사납게 굴었다면 내 마음도 달랐을 터나 두려움 때문인지 자기 죄를 알기 때문인지 그녀는 고양이 앞의 쥐 마냥 꼼짝하지 못했다.

그녀는 키가 작고 말라깽이에 얼굴이 예쁘지도 않았다. 아니 예쁘지 않은 정도가 아니라 빈상에 정이 가는 구석이라곤 없어 보였다. 그녀를 보며 저 못 생긴 여자에게 우리 아버지 같은 미남자가 어째서 빠져들었을까 하는 의문이 들었을 정도로.

아버지는 정이 많고 인물이 좋았으니 여성들이 좋아했을 만하다. 언제부터 두 사람의 관계가 시작됐는지는 몰라도 돈 떨어진 백수 아버지에게 돈을 빌려주기도 한 걸 보면 그녀 역시 아버지를 깊이 좋아했는가 보다.

1962년 5월 24일

기다리고 기다리던 비는 새벽에 몇 방을 쏟아지더니 날이 활짝

개이고 말았다. 사람들은 하늘만 쳐다보고 쓴 입맛만 다실뿐이다. 비는 인력으론 할 수 없는 일이다.

하절기 잡초가 우거지고 아카시아 향긋한 꽃향기가 드높다. 나는 애들이 꺾어다 준 아카시아 꽃 한 송이를 들고 향기만 한없이 들이마셨다. 30년 전, 내가 어렸을 적에는 많이 따먹기도 하던 꽃이다.

내가 임■■를 만나서 하고 싶은 말을 동정적으로 해결해 봐야겠다는 생각을 하니 밤이면 잠이 안 온다. 빨리 만났으면 한다. 그녀는 나에게 어떠한 태도를 보일 것인지 눈을 감고 상상해본다. 내가 동정적으로 눈물이 나오도록 타이르면 들어줄까. 간곡한 청을 하면 저도 목석이 아니면 눈물을 흘리겠지. 그러면 나도 눈물로 보답해야지, 이런 상상이 날로 심해간다. 아무튼 한 번이라도 만나보면 속이 시원할 것 같다.

1962년 5월 28일(주일)

나도 모를 정도로 내 마음이 흔들려 갈피를 못 잡겠다. 시시각각으로 마음이 변하고 흥분하고 당황하는 게 괴롭다. 하늘이라도 치받고 싶고 땅이라도 수십 길 파고 싶은 생각이다. 진정하려 해도 마음이 안정되지 않아 오늘은 꼭 서교동(임■■의 집)엘 가겠다고 굳은 결심을 하며 숙과 성당에 갔다. 두서없는 내 신공(기

도)을 천주님께서 들어주실지 근심을 하며 진정으로 내 소원을 들어주시기를 기원했다. (중략)

 언니네로 갔더니 요섭 어머니가 기다리고 있었다. 같이 시내 나가서 언니가 갈비탕을 사주어 맛있게 먹었으나 집에 있는 삼 남매가 걸려서 고기를 먹으면서도 가시를 먹는 것 같았다. 언니가 극장 구경도 시켜준다기에 나는 쫓아만 다녔다. 영화는 '불러도 대답 없는 이름이여'였다. 소월의 시다. 참 감동 깊었다. 삼류극장*으로 오면 진에게도 꼭 보여주어야지.

 집으로 오면서 도나쓰(도넛)를 조금 사 가지고 왔다. 와 보니 애들은 밥하기 싫다고 쉰밥을 먹으려 한다. 너무도 미안해 밥을 다시 해서 먹였다.

 세 등급의 영화관이 있었다. 개봉관, 재개봉관, 그리고 삼류극장. 삼류극장은 관람료가 싼 대신 영상은 엉망이다. 번번이 끊기는 필름, 비가 오는 듯 세로줄이 그어지는 화면. 그럼에도 영화를 두 편이나 볼 수 있는 매력 있는 영화관이었다. 삼류극장은 하류 인생들만 가는 곳은 아니었다. 학생들도 드나들고 나 또한 눈치껏 삼류극장에 출입하며 비비안 리의 〈애수〉도 보고 그랬으니까.

 삼류극장에 가면 성추행하는 남자들의 손길을 조심해야 한다. 영화를 보는 척 고개는 스크린을 향해 있으면서도 손으론 은근슬쩍 옆자리 여성의 허벅지를 만지거나 하는 족속들. 그들은 영화관의 어둠이 주는 장막 때문인지 아무리 눈치를 주고 불쾌감

2. 남폿불 아래서

을 표현해도 매우 집요했다. 나는 어느 날 견디다 못해 우산 꼭지 (그날 비가 왔던가 보다)로 추행범의 발등을 구멍이라도 낼 듯 세게 찍어 버렸는데, 그제야 일어나 슬그머니 다른 곳으로 가버렸다. 여하간 곳곳에 이런 극장이 있었던 덕에 지갑 얇은 서민들이나 각다분한 인생을 살아가는 사람들의 문화 욕구가 채워졌을 것이다.

1962년 5월 29일

남산동에 가서 기류계를 해가지고 집에 오니 애들이 집을 정신없이 늘어놓았다. 여기저기 치우고 몸이 나른하여 좀 누웠다 마루에 앉아 있으려는데 대문이 열리며 남편이 들어온다. 반갑다. 100원짜리 드로프스(사탕) 한 봉지를 내놓으며 먹자고 한다. 웬 돈이 있어 샀느냐 하자 시계를 전당포에 잡히고 용돈을 쓴다고 한다. 속으로 가여웠다. 그러나 자기의 잘못으로 그런 거니 당연하다는 생각이 들었다. 임■■는 돈 많은 첩이라고는 하나 첩이란 돈을 뜯으려 하지 자기 것을 남편에게 줄 리는 만무하다.

그 시절엔 전당포가 흔했다. 가난한 사람들은 돈이 필요하면 금반지나 손목시계, 하다못해 전기다리미까지 들고 가서 푼돈을 빌려 쓰곤 했다.

근데, 기류계가 뭐지? 엄마 일기엔 지금은 쓰이지 않는 단어들이 이따금 나온다. 기류계도 그중의 하나다. 갸우뚱하려는데 아, 생각난다. 박완서 소설 '그 많던 싱아는 누가 다 먹었을까'에도 기류계란 단어가 나온다. '엄마가 벌써 지금의 주민등록에 해당하는 기류계를 사직동에 사는 친척 집에 옮겨 놓은 후였다'라고.

1962년 5월 31일

기다려도 소식이 없는 종암동 건은 오늘도 이렇다 할 소식이 없다. 또 교통비를 꾸어 그곳으로 달려갔다. 오늘은 김성태를 정면으로 만났다. 나는 그를 붙들고 통사정을 하였다. 그 돈이 우리 식구의 목숨이라고 하였더니 6월 2일엔 꼭 준다고 하기에 그냥 돌아왔다.

남편이 들어온다. 이삼일에 한 번씩 오는 남편이지만 무척 반갑다. 부부의 정이란 더럽다더니 과연 더러운 게 정인가보다. 점심을 차려서 방으로 들여갔더니 맛있게 먹는다. 속으로 반가우면서도 어찌하면 집으로 끌어올 수 있을까를 머리가 아프도록 연구, 연구. 그러나 지금 서두르는 게 좋은지 좀 도 두어야 좋은지가 의문이다. 요즘은 집도 보살펴주려고 한다. 내가 요즘은 좀 사는 것 같은 기분이 든다. 요사한 게 여자의 마음이라 남편이 좋아하는 걸 해줬으면 싶지만 돈이 없고 보니 어쩔 수 없는 사정.

1962년 6월 1일

목이 아프도록 하늘을 바라보며 기다리던 비가 드디어 내리기 시작했다. 죽으라는 법은 없는 모양이다. 떨어지는 낙숫물 소리조차 음악인 듯 사뭇 마음이 흥겹다. 바빠서 못 온다고 말하고 간 남편이 내일은 오겠지 하고 기다린다. 이것이 내 운명인지 모른다. 그러나 이 세상에서 한 남자에게 받쳤던 나의 애정은 변할 리 없고 이룰 수 없는 순정이다. 행동은 미워도 사람만은 밉지 않은 게 나의 남편이다. 오후나 돼야 들어오는 남편이기에 오후가 되기를 기다리며 시간을 재촉해본다.

짐작컨대 나의 부모님은 한 시절 정이 두터웠던 것 같다. 그럴 때의 아버지가 엄마를 어떻게 대하셨을지 짐작이 가기도 한다. 아버지는 미남이셨으니 엄마가 좋아했을 만도 하다. 진심인지는 몰라도 엄마는 한사코 아버지를 미남이라 인정하지 않았지만.

집 나간 남편은 이런 아내를 가끔씩만 찾아와 끊어질 듯한 부부의 연을 아슬아슬 이어나갔다. 앞서 읽은 일기에는 아버지가 나흘들이로 오셨던 모양인데, 여기선 이삼일로 간격이 좁혀 들었다. 아버진 그 무렵 임■■와의 애정 전선이 금이 가기 시작한 걸까. 뭐니 뭐니 해도 자식새끼와 조강지처가 있는 집이 제일이라는 자각이 들기 시작한 걸까.

엄마는 아버지에게 지성이었다. 밥상을 차릴 때면 비록 없는 살림이라도 반찬 하나하나에 정성을 다했다. 엄마의 신앙적 대상 으뜸이 하느님이라면 둘째는 남편과 아들이었는지 모른다. 남존여비 사상이 지배하던 시절에 태어나 지아비를 하늘처럼 떠받는 걸 미덕으로 알아 그랬는지 아니면 우리 형제가 몰랐던 아버지에 대한 속정이 깊었던 건지는 알 수 없다. 그러니 그야말로 애중 속에서 아버지를 기다리고 애태우셨을 것 같다.

1962년 6월 2일

마음 흐뭇하게 내리는 비, 그칠까 두려워 하늘을 쳐다보곤 한다. 맑게 흐르는 낙숫물을 그릇 그릇 받아놓고 더 이상 빈 그릇이 없으니 입안에라도 물고 있고 싶은 심정이다. 옷가지를 이것저것 빨기도 한다. 제철 만난 개구리도 개굴개굴, 맹꽁이도 맹꽁맹꽁, 암놈 수놈 정답게 장단 맞춰 힘차게 운다. 그러고 보니 정릉이란 곳은 산간벽지 같기도 하다.

나에게 상처를 준 임■■란 여자가 언젠가는 나에게 지은 죄를 고백하리라는 예감이 때때로 가슴을 찌른다. 그리고 자꾸만 들어오는 것 같다. 나의 모든 억울하고 억울한 심정을 천주님께 기회 주시기를 끝없이 빌어본다. 그러나 좀체 오지 않는 안타까운 마음을 벗에게만 전하노라.

가뭄 고생이 얼마나 심했으면 비 그칠까 두렵다고 했을까. 낙숫물을 입안에라도 물고 있고 싶다고 한 이 묘사는 정말 절창이다. 애옥살이도 모자라 물 기근까지 겪어야 했던 엄마 심정에 나는 또 울컥하면서도 한편으론 빗물로 무지 행복했을 걸 헤아리며 같은 기분에 젖을 수 있었다.

엄마는 표현력이 좋은 편인 데다가 과장법도 능해서 일상의 대화도 재미있게 하는 편이었다. 때문에 간단히 얘기할 것도 길어지곤 했다. 흥이 나면 엄마는 온몸으로 제스처를 써가며 실감을 더해주었다. 물론 화가 나서 욕을 할 때도 엄마의 이 천부적 실력은 유감없이 발휘되었다. 아마 내연녀인 임■■를 품고 사는 아버지와 부부 싸움을 할 때도 엄마는 유구무언일 수밖에 없는 아버지를 향해 타고난 입담으로 박박 긁어놓았을 것 같다. 아버지가 엄마에게 손찌검을 했던 것도 이런 상황이 아니었겠는지.

1962년 6월 3일

비를 맞아가며 쪼그마한 꽃밭에 화초를 심어 놓고 그것을 들여다본다. 오후가 돼서야 삐꺽 대문 소리와 함께 남편이 들어온다. 반갑다. 꽃밭을 만져주기도 하는 남편이 어쩐지 이상해. 어딘지 모르게 부드러워. 돌아오면 안 나갈 것 같고, 나가면 안 돌아올 것 같아. 요즘은 때때로 점심이라도 먹어주니 고마운 일이지

뭐유.

앞 냇가에는 냇물이 쏴~하고 힘차게 흘러간다. 나의 모든 괴로움 모두 물에 띄어버리고 싶은 심정. 그러나 이제는 눈물도 말라 붙은 듯싶다.

꽃밭을 다 만져주셨다니. 아버지 심경에 뭔가 변화가 있는 게 틀림없나 보다. 하기야 아버지도 화초를 좋아하셨다. 초등학교 시절의 어느 겨울인가 시크라멘 화분을 사들고 온 적이 있었다. 그러고 보면 아버지는 좋아한 것도 참 많은 분이다. 열정 많고 다감했던 분이었기 때문이리라. 내가 기억나는 아버지 취미만 해도 카메라로 사진 찍기, 마작(이건 도박이기에 취미라고 말하긴 좀 그렇다만), 동물 키우기, 낚시, 댄스…. 아버지가 젊었을 적엔 닭싸움 구경을 좋아해서 아버지네 닭과 이웃집 닭과 싸움판을 벌리기도 했단다.

1962년 6월 4일

돈이 떨어지고 보니 얼굴에 초조감이 더욱 심하고 기미만 늘어가서 따분하다. 종암동에 길이 나도록 쫓아다니며 돈 좀 주세요, 좀 살려주세요, 하고 눈물 흘리며 사정하는 판이다. 나도 겪어봤지만 돈 받으러 갈 때는 머리 숙이고 통사정을 해야 돈이 나온다는 걸 알기 때문이다.

　오늘 오후 3시에 꼭 수표를 가지고 언니네로 온다기에 언니네서 만나기로 하고 약속했기에 기다리고 있는데 남편이 들어온다. 남편에게 집 좀 보라하고 재빨리 갔더니 아직 안 왔다. 좀 기다리고 있으니 김성태 씨가 들어온다. 반가웠다. 그러나 생각 외로 5만 원 짜리 연수표였다. 기가 막혀 멍하니 있으리니 그분이 미안해 어쩔 줄을 모르고 이것저것 사정한다. 할 수 없이 수표를 받아 들고 집으로 왔다. 남편도 낙심하며 돈 받으려면 고생깨나 하겠다며 나를 원망한다. 그러나 돈 문제는 사람만을 나무랄 수도 없는 일이다. 벗이여 굿바이.

　엄마의 기미. 정말 싫었다. 남 보기에도 창피했다. 기미는 삶의 궁기와 비루함을 자진 신고하는 낙인 같았다. 기미는 악착스러워 화장품으로 칠갑해도 소용없었다. 옛날엔 기미 낀 여인들이 흔해선가 기미 없애는 화장품 광고도 많았고 엄마도 이런 제품들을 구해 발랐다. 별 효과는 없었다. 뚜껑에 비너스 얼굴이 있는 어떤 크림을 꾸준히 바르시던 모습이 생각난다.

　일기 사연을 보니 엄마는 김성태라는 사람에게 받을 돈이 있었는가 보다. 나는 그 내막을 정확히 모르나 어떻게든 살아보려고 엄마는 돈벌이를 궁리했을 테고 그런 와중에 얽힌 문제 같다. 수표를 써보지 않은 게 벌써 몇 년인가. 내가 사용해본 수표라곤 보증 수표밖에 없는데 연수표는 또 뭔가? 사전을 찾아보니 연수표

(延手票)란 실제의 발행일보다 뒷날을 발행일로 정하는 수표라고 돼 있다.

1962년 6월 5일

김치를 담그려고 분주히 일하고 있는데 남편이 들어온다. 오늘은 퍽 이른 시간이다. 나는 일손을 멈추고 남편에게 말동무라도 해주려고 방으로 들어왔다. 남편이 뜻하지 않게, 자기에게 욕 한 것 사과하지 않느냐고 묻기에 나는 그때 내용적으론 사과를 한 거라고 말했다. 그러자 무슨 일이든 나에게 복종하겠느냐 묻기에 "복종하니 이 고생하며 살지요."라고 간단히 대답했다. 그랬더니 임■■를 단념하고 돌아오겠다는 말을 한다. 꿈만 같은 소리였다. 꿈이 아닌가 하고 손등을 깨물어보았으나 꿈은 아니었다. 그러나 뒷일이 걱정이다. 임■■에게 빌린 돈은 어찌 하나. 하지만 내가 기다리던 시간이 왔으니 그녀한테 복수다. 그녀를 만나면 무슨 말을 해야 하나? 하고 싶은 말을 다 해야 속이 풀릴 것 같다.

꽃밭에 핀 붓꽃이 더욱 아름다워 축하라도 해주는 것 같다. 이번이 두 번째 당하는 내 비운 끝의 승리다. 지치고 지친 나는 삶에 또 무슨 파란이 남았을까 의문이 든다. 파란 속에서 어언 사십 고개를 앞두고 보니 또 무슨 불행이 남았을까 서글픈 생각이 든다. 이제 파란은 그만 종막을 지었으면 하는 게 덧없는 내 소원이다.

1962년 6월 6일

　가슴 아프도록 슬픈 현충일이다. 어제 중대한 문제를 해결하겠다고 선언하고 나간 남편은 아직도 돌아오지 않아 초조하게 기다린다. 그 말이 사실 같지 않은 의심도 든다. 그러나 거짓말은 아니겠지. 돈 문제로 무슨 불상사라도 있나 해서 불길한 생각뿐.
　제사 지냈다고 밥 먹으러 오라는 언니는 언제나 원만해. 나는 언니와 너무 허물없이 지내고 있지. 빨래 한 걸 다림질하려고 보자기에 싸가지고 언니네 가서 음식을 먹었다.(중략)
　부엌에서 저녁을 차리고 있는데 남편이 들어오며 강아지를 사러 가겠다며 돈을 달라고 한다. 열이를 시켜 돈 빌리러 언니네로 보내고 기다리니 돈이 없다고 그냥 돌아왔다. 버스길로 나가보니 남편이 화가 난 얼굴로 기다리고 있다. 미안해서 열이한테 심부름 보냈더니 돈이 없다고 그냥 왔다 하니까 개고 무엇이고 다 치우라고 하며 마포 행 버스를 타고 간다. 멍하니 서 있다가 언니네로 가서 형부에게 안 나오는 말을 억지로 했더니 내일 가게로 나오면 해 주겠다 하여 안심하고 집으로 돌아왔다. 내가 왜 개를 급히 사려고 이러나 하는 생각이 들어 이상했다. 진이 등록금도 못 냈고 쌀도 없는데 개가 이다지도 중하단 말인가. 그러나 남편이 사고 싶어 하니 뜻을 들어주고 싶을 뿐.

　나는 이 글을 읽어 내리다 말고 좀 멍한 기분이 되었다. 쌀도 떨어지고 언니의 등록금도 못 냈는데 개를 사려고 이모 댁까지 두 번이나 가서 이모부에게 돈을 마련하는 엄마. 어떻게든 남편의 마음을 잡아보려 하는 엄마의 몸부림이 애달프다. 가까스로 마음 돌리는 아버지를 어떻게든 붙잡고 싶으셨으리라.

1962년 6월 7일 목요일

날씨가 흐리기에 우산을 꺼내 애들에게 하나씩 들려 보냈다. 잠시 후 소나기가 정신없이 쏟아진다. 화초가 아담하게 크는 게 신기하고 장하다.

어제 형부와 약속한 시간이 2시다 보니 초조해진다. 만일 형부가 돈을 꾸어주지 않으면 어쩌나, 남편한테 실수나 하지 않을까 걱정이다. 그러나 단단히 부탁해 놓았으니 될 것이다.

잠시 후 남편이 들어왔다. 돈 준비가 됐느냐며 같이 가자기에 옷을 갈아입고 버스를 타고 남편과 함께 종로로 개를 사러 갔다. 남편이 전과 달리 친절했다. 나는 그저 멍하여 이럴 때도 있나 싶었다. 진심인가도 싶었다. 나는 이미 신경과민으로 인해 환자나 다름없다. 휴양이 필요한 사람이다. 비참한 생각이 든다.

개들을 보니 귀엽고 예쁘다. 보자기에 싸서 들고 합승을 타고 집으로 돌아오며 남편은 내가 좋아하는 화초도 사서 심자고 한다. 그저 고맙기만 할 뿐이다. 애들이 개를 보고 좋아한다.

임■■가 나한테 사과하러 온다고 한다 하니 감개무량하다. 천주님께 끊임없이 신공을 드렸는데 과연 그녀가 온다고 하니 내가 승리했다. 그러면서도 평소에 품었던 말을 다 해야지. 천주께서 주신 이 시간을 값있게 보내야지. 그러나 그녀가 오면 점심 한 끼라도 성의껏 해서 주어야지. 내 남편을 위로해준 대가로.

진이가 늦도록 학교에서 오지 않아 근심하던 차에 밤 열한 시 반경에 들어와 꾸중을 하였다. 안녕.

1962년 6월 8일

강아지 재롱도 무시 못 하겠다. 애기를 길러본 적이 벌써 10년도 넘었는데 강아지 재롱떠는 게 애기 재롱처럼 귀엽다. 나를 무척 따르고 말동무가 돼준다.

점심을 먹으려 할 때 남편이 들어온다. 추진시키려고 많은 공을 들이고 있는 공사건이 오늘내일로 될 것 같다는 반가운 소식. 그리고 임■■가 반지를 팔아 쌀을 사 가지고 온다 하여 울컥 분이 터졌다. 이제 와서 값싼 동정을 받을 수 없다. 야비하다고 화를 냈더니 남편은 그런다고 도리어 화를 낸다. 그러곤 일이 바쁘다며 다시 나간다.

　쌀도 떨어지고 연탄도 떨어져 막막하다. 앞 집 쌀가게에 가서 쌀 한 말만 외상으로 달라고 했더니 쌀은 외상이 없다고 하기에 곧 갚겠다고 하며 한 말 가져왔다. 미안했다.

1962년 6월 10일

　밥 한 술 먹고 숙이에게 아버지 데리러 가자며 버스를 타고 서울역에서 내려 서교동 임■■ 집까지 까지 걸어갔다. 들어가니 식사 중인지 수저 소리가 난다. 나는 조용히 노크를 했다. "누구세요?" 임■■ 소리다. "나요."라고 소리치며 문을 열었더니 그녀는 반가운 표정을 한다. 그러나 반갑지는 않았을 것이다. 남편은 막 식사를 마친 듯하고 그녀는 식사 중인 것 같았다. 나를 보고 수저를 놓기에 마저 먹으라고 말했다.

　남편이 나보고 어찌 왔느냐 묻기에 쌀도 없고 돈도 없으니 굶어도 같이 굶자고 하였다. 남편이 돈 달라고 왔느냐기에 동정을 구하러 온 건 아니고 굶어도 당신과 같이 가서 굶으려고 데리러 왔다고 했다. 그러면서 임■■에게, 서로 안 살기로 했다니 남편 옷을 다 내놓으라고 했다. 그녀는 금시초문이라며 어리둥절한다. 나는 남편에게 들은 얘기를 낱낱이 다 말했다. 그랬더니 그녀는 이게 사실이냐고 한다. 남편은 구체적으로 말하면 싸움만 되니 나더러 집으로 가라기에 숙이와 같이 집으로 왔다.

어머나! 내가 엄마랑 그녀 집엘 갔다고? 그런 일도 있었다고? 물론 이 사건도 내 기억에선 증발된 일이다. 대체 며칠 전 아버지의 태도는 뭐였나? 나도 지금 당혹스러운데 엄마는 어떤 기분이었을까. 아버지의 마음도 오락가락하셨을 것 같다. 남녀 간 정분을 무 자르듯 하기는 어려우셨을 터.

1962년 6월 11일

어제 일을 생각하며, 뜨겁게 퍼져 오르는 햇볕만 바라보며 시간을 보내고 있다. 오후가 되면 남편이 올 거라서 초조히 앉아 있다. 그 무렵 남편이 들어온다. 매우 조용한 태도다. 나는 남편 눈치를 살피며 입을 열었다. 어제 내가 나온 다음 무슨 얘기를 했느냐고. 아무 말이 없다. 안타깝기만 했다. 남자가 왜 저렇게 비겁할까. 참 알다가도 모를 남편이다. 말 없는 남편은 술을 두어 잔 마신 다음 나에게 행패를 부리기 시작했다. 나는 몇 마디 억울함을 말하고 울음을 터뜨리고 말았다. 옥신각신 하다가 남편은 나가며 저녁에 또 온다고 한다. 혼자 나를 달래고 위로하며 몇 시간을 보냈다.

1962년 6월 14일

집에 다녀 간지 이틀이 되어도 남편은 오지 않는다. 무슨 사고라도 난 건 아닌가 싶다. 한 계집 살리기도 힘든 판에 두 계집 얻어 놓고 돈도 못 버니 따분할 것이다. 쌀이 없어 애들 보고 밥을 조금씩 먹자고 하니 배고프다고 아우성이다. 그 소리가 뼈 속까지 들릴 것 같다. 된장국이라도 엄마가 해주는 건 다 맛있다는 숙이. 숙이는 과연 속이 넓은 애다. 내가 숙이에게 관심이 크게 가는데 과연 잘 커나갈지.

마른논에 물들어가고 자식들 입에 밥 들어가는 게 삶의 기쁨이라는데 엄마의 논은 타들어 가고 자식은 배고프다고 아우성이다. 오죽하면 그 소리가 뼈 속까지 들릴 것 같다고 했을까.

1962년 6월 17일

아침 식사 후 남편은 외출한다며 교통비 100원만 달라고 한다. 나는 지갑을 털어 60원만 주면서 그게 전부라고 하였다. 남편은 돈을 받아 들고나가고 나는 다시 공상에 잠긴다. 장차 살아갈 일이 아득하다. 남편은 애들 걱정을 하는지 안 하는지 나에겐 말이 없다. 그저 돈만 주면 좋아서 하고 나간다. 말 없는 그 속엔 무엇이 들어 있는지 무슨 희망을 갖고 있는지 자식에 대한 애착은 있는지 없는지. 도무지 식구들 근심이 없는 사람 같다.

세상 사람이란 믿을 수 없는 것. 나 자신도 못 믿고 남편도 못 믿고 모두가 허무한 것. 신앙심만이 믿을 수 있지만 세속 고통에 흔들려 신앙도 멀어져 가는 것만 같다. 그러나 나의 신앙만은 멀어지지 않기를 빌며…

1962년 6월 18일

모든 것을 단념하고 집으로 돌아오겠다고 하던 남편에게 무슨 변화가 있나? 아무에게 말도 못 하고 괴로운 심정이다. 빨래 풀 먹인 것 몇 가지를 싸들고 언니네로 다림질하러 가니 형부가 저녁 식사를 하고 계시다. 전 같으면 밥 먹으라고 할 텐데 내가 이 꼴이 되고 보니 빈말이라도 밥 먹어보라는 말이 없다. 그러나 그건 형부의 천성이라 노여울 것 없다. 나는 이런 생각을 하면서 다리미 쓰는 것도 미안해서 숨을 죽이며 얼른 다리곤 "안녕히 계세요." 하고는 어둠 속으로 나왔다. 언니만은 대문까지 전송해주며 내가 보이지 않을 때까지 서 있다.

길음교 드높은 다리를 한참 걸어오면서 여기서 떨어지면 죽을까, 아플까 하는 어리석은 생각도 해본다.

시장으로 들어서면 전기 불빛 아래로 햇과일이 쌓여 있다. 우리 네 식구는 아직 입에도 대보지 못한 과일이라서 값이 얼마나 비싼지 싼지 모르겠다. 다행히도 막내 열이는 조석으로 그 길을 다니면서도 나한테 사달라는 말이 없다. 기특하다. 나 자신도 쳐다보면 입에 침이 넘어가고 하나 먹어보았으면 한 적이 한두 번이 아니었다.

집에 들어오니 삼 남매가 마루에 앉아 남폿불 아래서 오순도순 공부하고 책도 읽고 있다. 열이는 나를 보고 반갑다며 빨래 보따리를 꾹꾹 눌러 본다. 먹을 것이라도 있나 하고.

정릉으로 이사 간 뒤 우린 2년 여 전깃불 없이 살았다. 서울 중심권의 남산동, 그 문명한 동네에서 전기와 상수도가 없는 정릉으로 갔을 때의 생활은 불편을 넘어 비참했다. 나는 한창 민감할 중학생이었다. 엄마는 빨래 다릴 것을 모아 돈암동 이모 댁으로 가서 다려 오곤 했는데 집으로 돌아가는 길엔 시장을 거쳐야 하니 늘 우리들이 걸렸을 것이다. 빨래를 다려가지고 온 보따리를 꾹꾹 찔러보는 동생을 바라보는 엄마의 마음이 헤아려진다. 동생과 나는 더러 싸우기도 했지만 마음이 서로 잘 통해 의좋게 지낸 적이 더 많았다.

남폿불 아래 모여 있는 우리 삼 남매의 정경이 눈에 보이는 듯 선하다. 우리 형제들은 모두 독서를 좋아하고 사색적인 공통점이 있다. 생각이 많았던 건 집안 환경 때문이었을까. 언니와 나는 세 살 터울이고 동생은 나보다 네 살 적다. 우리 집은 방 두 칸에 마루가 딸린 한옥이었고 작은 마당이 있었다.

　세 번째 노트인 이번 일기장엔 연필로 쓴 날이 절반 이상이다. 볼펜을 살 돈이 없었던 모양인데 흐릿한 연필 글씨를 읽어가는 일은 촉수 낮은 불빛 아래서 잔글씨를 들여다보는 만큼이나 내 눈을 피로하게 했다.

　이어지는 엄마의 일기는 하나같이 삶의 신산한 애환을 담은 내용뿐이다. 첩의 집을 오가며, 올 때마다 엄마에게 돈 좀 달라고 손 내미는 아버지. 하루는 아버지가 버스비 좀 달라는데 엄마가 없다고 하자 걸어 다니겠다며 운동화로 갈아 신는 아버지를 보곤 동생에게 줄 차비를 내주는 장면도 있다.

1962년 6월 26일

　오늘까지 세 아이들 교통비가 똑 떨어지고 보니 따분하기만 하다. 사흘 전부터 용돈이 바닥 나 신문지 등을 모아 팔아서 이틀 동안 애들 차비를 댔으나 이제부터는 도리가 없다. 초조하고 신경질만 난다. 저녁은 죽을 해서 먹고 김성태 씨 집에 돈을 받으러 갔다. 식구들이 모두들 한가로이 앉아 있더니 나를 보곤 태도를 달리 한다. 나는 마음을 가라앉히며 동정 어린 말로 돈 좀 달라고 하였다. 나 자신이 빚쟁이들에게 온갖 욕을 먹고 매까지 맞는 일을 당하고 보니 나는 돈을 받으러 갈 때 죽어도 상대방을 괴롭게 하지 않겠다는 맹세를 하였다. 내 가슴엔 아직 그들에게 욕을 먹은 상처가 남아 있다. 이런 생각을 하면서 나는 눈물 어린 목소리로 그 돈이 우리 식구의 생명이라고, 피눈물 나는 돈이라고 재차 말했다. 오늘 얼마라도 주어야 내일을 살 수 있겠다고 목 메인 하소연을 했더니 어쩔 수가 없다며 10원을 내주더니 버스나 타고 가라고 한다. 이 돈으로 내일 애들 교통이 줘야겠다고 하며 캄캄한 밤에 집으로 돌아왔다. 집에 오니 애들은 엄마가 안 온다고 초조하게 기다리고 있지 않은가. 벗이여, 안녕.

1962년 6월 27일

책가방은 싸 놓고 내 손에서 차비가 나오기만을 기다리는 애들에게 10원을 주면서 학교 갈 때는 타고, 집에 올 때는 수단껏 꾸어서 타고 오라고 큰 애에게 일임해서 보냈다. 그리고 남편 오기만을 황새처럼 목을 빼고 기다리고 있는데 남편이 와서 "돈 떨어졌지?" 하며 500원을 내놓는다. 반년 만에 처음 돈 걱정을 하고 돈을 내놓는 남편이 너무 고마워서 감개무량하였다. 돈 가져온 걸 보기라도 한 듯 연탄장수가 연탄 값 받으러 온 걸 보며 남편은 "오늘 안 가져왔으면 큰 일 날 뻔했군." 하며 웃는다. 그리고 나한테 여러 가지 얘기도 하고 참 친절하다. 나는 친절하게 하면 또 무슨 일이 있나 하고 의심한다. 아니나 다를까 낚싯대를 가져간다며 매만지기에 나는 못 가져가게 말렸다. 아무리 첩이 좋지만 생활 중심은 나한테 있으니 여기 있는 물건을 하나둘 가져가면 안 된다고 주장했다. 곧 가져온다기에 하는 수 없이 내주었다.

1962년 6월 29일

무더운 날씨다. 비가 올 듯 검은 구름이 피어오른다.
날이 가물어 우물이 마르자 통장은 회비를 걷어가지고 우물을 더 깊게 파서 물이 잘 나온다. 그런데 회비를 안 내고 물을 길어 먹는 사람이 있어 오늘은 통장이 우물가에 서서 일일이 사람들을 조사해서 돈 안 낸 사람들은 물을 긷지 못하게 했더니 어떤 청년이 물을 길어 부어놓은 물통을 도로 우물에 부어 흙탕물을 만들어 버렸다.
저녁에 또 종암동으로 돈을 받으러 갔다. 이번엔 배짱을 부리며 돈을 못주겠다고 한다. 아마 내가 구구한 사정을 하며 돈을 달라고 하니 사람을 얕본 모양이다. 몇 시간 앉아 있다가 할 수 없이 그대로 나왔다.

1962년 6월 30일

날은 찌는 듯이 더워지고 잡초들은 나날이 우거지며 무성하게 자란다. 우리 앞뜰에 심은 여러 가지 화초도 가뭄 속에서 싱싱하게 잘 큰다. 조석으로 물을 주니 공을 아는 모양이다.

　오늘은 집에서 자겠노라며 나갔던 남편을 기다린다. 오늘은 종암동에서 반가운 소식이라도 있을까 미련을 가져본다. 남편이 들어온다. 초조한 모습에 얼굴이 무척 야위었다. 고민이 떠나지 않을 것이다. 나는 점심 쌀을 냄비에 안쳐 밥을 지어 없는 반찬이지만 상을 들여갔다. 남편은 매우 시장했는지 한 그릇을 거뜬히 비운다. 임■■ 집에서는 맛있는 김치를 먹어 본 적이 없다며 김치를 두 종지나 먹는다. 그런 후 신장호 씨 집에 간다고 나간 사람이 밤늦게 심상찮은 표정으로 들어온다. 뭔지 불리한 일이 생긴 모양이다. 나는 눈치꾸러기인지라 눈치만 슬슬 본다. 남편은 큰일 났다며 길에 나가 냉차 장수라도 해서 벌어먹으라고 한다. 나는 어이가 없어 아무 말도 안 했다. 나도 육신의 고생을 너무 해서 이젠 몸이라도 편안했으면 싶다. 첩을 거느리고 사는 사람이 그만한 능력도 없다니. 나는 비웃음만 난다.

　오늘은 자고 간다던 사람이 밤도 늦었는데 첩의 집으로 돌아간다며 나간다. 몸도 피곤하니 내일 가라고 말려보았지만 뿌리치고 나간다. 나는 남편을 더 이상 붙잡기 싫어 놓아 보냈다. 애들은 음악 감상 가서 오지 않는다. 꼬박꼬박 졸면서 11시 30분까지 기다렸다.

1962년 7월 4일

쌀이 오늘 저녁과 내일 아침거리 밖에 없다. 나는 좀 초조하지만 과히 걱정은 안 한다. 지금껏 굶주린 생활을 해왔지만 언니 덕에 조석만은 굶지 않고 살았기 때문이다. 쌀이 떨어지면 굶지, 하면서도 과히 서럽질 않다.

우리 동네는 빈촌이라 끼니를 굶는 사람들이 많다. 그런데 나는 배곯는 것은 겪어보지 않았기에 굶어보면 얼마나 배가 고픈지를 알게 될 수 있을 것이라는 상상을 하며 마른하늘을 바라본다. 그러나 푸르기만 한 하늘은 말이 없다. 이때 대문 소리와 함께 남편이 들어왔다. 나는 공상에 묻혔던 표정을 감추고 부채를 들고 남편에게 다가가 부채질을 해주었다. 피곤해 보이는 남편을 좀 위로해주려 노력했다. 땀을 들인 남편은 양복 주머니에서 돈을 꺼내 주며 이것으로 한 달을 살라고 한다. 눈이 둥그레져 세어보니 2,900원이다. 고마워서 어쩔 줄을 몰랐다. 집에 없는 것은 많지만 제일 급하고 필요한 것에 먼저 쓰려고 남편에게 물었더니 쌀 한 가마 먼저 사라고 한다. 쌀 한 가마 사고 외상값을 갚고 나니 남는 돈이 없다. 남편이 고기도 좀 사다 먹자기에 그가 하라는 대로 고기 사다 국도 끓여 저녁을 유쾌하게 먹었다.

'Latte is horse'라는 우스갯말을 하나 배웠다. 나이 든 세대들이 자주 쓰는 말투를 나타낸 문장으로 "라떼는(나 때는) 말이야"란 의미란다. 자꾸 눈시울이 젖기에 일부러 흰소리를 해본다.

나도 이젠 그 세대가 되었기에 내 옛 시절 이야기를 해보겠다. 나 때는 그랬다. 여름에 손님이 오면 엄마는 부채를 들고 손님에게 부채질을 해주곤 했다. 나는 그 광경이 매우 흐뭇했었는데 오늘 일기 속에서 엄마는 집에 오신 아버지에게 부채질을 하고 있다. 어떻게든 남편의 마음을 돌려보려는 엄마의 노력이 번번이 내 마음을 아리게 한다.

1962년 7월 5일

낚시 가는 남편을 몇 시간 분주히 도와준 뒤 휴~ 하고 한 숨을 내쉬었다. 김재천 씨 댁 애들이 놀러왔다. 애들 하는 말이, 우리는 며칠을 굶었다고 한다. 매우 가슴 아픈 말이었다. 나는 "응. 그래." 하고는 더 이상 무어라 말을 할 수 없을 만큼 가여웠다. 나는 아직 끼니를 굶어 본 적은 없는지라 쌀을 몇 되 퍼가지고 재천 씨 댁에 가서 어린애들 밥을 따뜻이 해먹이라고 하고 왔다. 그러고 나니 앞으로 또 굶지는 않을까 하는 염려가 마음에서 떠나질 않는다.

날씨는 몹시 덥다. 올해 들어 최고 더위 같기도 하다. 밤늦도록 낚시에서 돌아오지 않는 남편을 기다리느라 큰길에 나가 있는데 번개가 우르르꽝 하며 검은 구름이 끼기 시작한다.

1962년 7월 10일

오늘도 남편이 돌아오질 않아 서교동을 찾아갔다. 잠긴 대문을 노크하니 임■■가 나와 가면을 쓴 인상으로 나를 대한다. 남편을 찾으니 나갔다고 하기에 멍하니 빈방에 앉아 눈에 들어오지도 않는 신문지장을 들척이고 있는데 밖에서 구둣발 소리와 함께 "부인이 왔다."고 수군거리는 소리가 들렸다. 남편이 들어오며 어찌 왔느냐기에 무슨 사고라도 난 줄 알았다고 했다. 아무 일 없었다는 말에도 나는 왠지 눈꼴이 시어 그냥 나오기는 싫었다. 남편더러 잠시 나가자고 했더니 남편이 우물거리며 부엌을 힐끔 바라본다. 그러면서 무언지 양면괘지에 접은 것을 주면서 빨리 넣으라는 눈짓을 한다. 내 손이 부르르 떨렸다. 떨리는 손으로 동전 지갑에다 뻣뻣한 양면괘지에 접은 것을 억지로 넣으려 하니 손은 점점 더 떨린다. 필경 돈일 것 같았다. 나는 떨면서도 한편으론 내가 왜 떨고 있나 쑥스러웠다. 당당히 남편이 주는 돈인데. 마음을 가다듬으며 가겠다고 했더니 남편이 토마토 먹고 가라며 붙잡는다. 나는 도로 앉아서 토마토와 복숭아를 조금 먹고는 나왔다. 너무도 경제적 타격을 받던 나는 어둠 속에서 양면괘지를 펴 보았다. 파란 100원짜리 지폐 여덟 장이 들어 있다. 눈이 번쩍 뜨였다. 애들 책 값, 수예재료 값, 모두가 내일이 마감이라 긴장했던 마음이 삼사월 눈 녹듯이 스르르 풀어진다. 버스를 타고 애들이 좋아하는 국화빵을 사 가지고 집으로 왔다.

1962년 7월 16일

푹푹 찌는 날씨는 오늘도 여전. 김치를 담가놓고 더워서 방에 누워 뒹굴뒹굴해본다.

그 악마 같은 첩년이 나보고 "너도 딸이 둘이나 있지? 장차 어찌 될 줄 알고 날더러 첩이라고 하느냐?"고 소름 끼치는 악담을 할 때 옆에서 "왜 첩이라고 하는가, 내가 언제 첩이 안 떨어져서 못 단념한다고 했느냐?"며 나를 구타하던 병신 같은 남편. 억울하고 가슴 아픈 그 일은 생각만 해도 소름이 끼친다.

쨍쨍 울리는 햇볕이 지나가기만을 기다리고 있는데 남편이 온다. 정각 낮 12시였다. 나는 나무도 분하고 억울하여 따져보려고 했으나 남편은 잠 좀 자게 옆방에 가있으라고 퉁명스레 쏘아붙이며 눈을 감고 자는 척을 한다. 내가 첩의 집에 가서 말을 하면 자기가 집에 있을 때 말하지 왜 여기까지 오느냐 하고, 집에 와 있을 때 말하면 집에만 오면 들어오자마자 그런 소리 하느냐고 욕하고, 집에서 나갈 때 말하면 외출하는데 재수 없이 바가지 긁는다고 말하고, 잠잘 때 말하면 잠 못 자게 들들 볶는다고 신경질을 내니 나는 벙어리 바보로 살아야 하나? 나도 사람인데 억울한 심정 감출 수가 없노라.

'아' 다르고 '어' 다르다는 말도 있지만 그녀 역시 첩이되 첩이라는 소리가 그녀는 듣기 싫었나 보다. 그렇다고 '작은마누라'라고 부르면 그녀 기분이 나았을까. 그것도 아니면 내연녀? 애인? 소실? 여기서 첩의 편을 들며 엄마를 구타하는 아버지가 원망스러워 죽겠다.

1962년 7월 20일

숙이 생일이지만 식탁에는 가지나물과 미역국뿐이다. 나는 숙에게 너무 미안해서 숙에게 미안하다고 했더니 숙은 "뭐 어때요?" 한다. 평소에 불평이 적은 아이인지라 주는 대로 먹고 학교에 간다.

정오에 남편이 들어오며 낚시 가는데 돈이 준비됐느냐 묻기에 150원을 주었다. 기분이 좋아 나가는 남편에게 고기 많이 잡아오라 하였다. 그리고 김성태 씨에게 어제 부탁해놓은 500원을 받으러 아픈 다리를 끌고 갔다. 얼마라도 주면 숙이 과일이라도 사다 주리라. 김성태가 보이기에 인사했더니 천연덕스럽게 "오늘도 고생만 하십니다."라고 해서 화가 나는 걸 참고 너무 고생시키지 말고 좀 속히 부탁한다는 말만 하고 나왔다.

언니네로 빨래 다리러 갔다 시간이 없어 급히 다리고 있는데 전화가 온다. 남편이 지금 집으로 간다는 전화다. 영문은 모르지만 시골로 간다 하고 떠났는데 웬일일까 싶어 슬며시 화가 났으나 다림질을 급히 마치고 언니 네를 나섰다. 비가 쏟아지는데 언니는 찢어진 우산을 준다. 비가 어찌나 많이 쏟아졌나 내가 입은 옷이 다 젖어버렸다. 흙투성이가 되어 집에 가보니 모든 게 불편해서 애들에게 화풀이를 하였다. 옷을 갈아입고 있는데 남편 소리가 들려온다. 반가웠다. 나가보니 남편이 흙투성이다. 함께 갔던 재천 씨와 같이 고기를 많이 잡아왔다. 빨리 고기를 끓여 밥을 달라기에 숨이 막히게 급히, 급히 대령하였다. 때는 자정 넘어 새벽 1시다.

엄마는 나를 평소에 불평이 적은 아이라고 적었는데 내가 정말 그랬는지는 생각이 안 난다. 다만 나는 말수가 적은 편이긴 했다. 이 또한 내 기억으로 하는 말이 아니라, 초등학교 시절 성적표에 내리 그렇게 적혀 있었기에 하는 말이다. 초등학교 성적표에 기재된 것 중엔 '좋은 점'과 '고쳐야 할 점' 난이 있었는데, 좋은 점엔 언제나 '온순하고 사려 깊고 성적이 우수하며 조용하다'는 평이 적혀 있었고, 고쳐야 할 점엔 '지나치게 말이 없고 발표력이 약하다'는 점이 장장 6년이나 따라다녔다. 그래도 말문을 열면 확연히 달라지는 게 나였는데도.

낚시질을 좋아하신 아버지 덕에 우리는 민물고기를 많이 먹고 자랐다. 붕어, 메기, 모래무지, 민물장어…. 엄마는 큰 솥에 민물고기를 모두 넣고 간장 양념에 오래도록 맛깔나게 졸였다. 작은 고기는 뼈째 먹어도 될 만큼. 내가 좋아했던 건 민물장어와 모래무지.

1962년 7월 22일

아버님 생신을 위해 언니는 덕자와 함께 천안으로 갔다. 나도 딸자식이건만 가고파도 돈이 없어 못 가고 남편이 지은 죄로 면목이 없어 못 가는 신세라 괴롭기만 하다. 날마다 눈물로 보내신다는 어머니. 딸자식이란 애물이란 옛말이 생각난다. 못 가는 대신 언니에게 아버님 어머님께 나에 대한 근심은 마시라는 안부나 전해달라고 했다. 올해가 아버님 생신 마지막이 될지도 모른다는 생각을 하면 뼛속이 아프다.

해가 졌는지 날이 어두워 간다. 언니는 친정에 도착해서 부모님 뵙고 나에 대한 얘기도 해드렸겠지.

열이와 둘이서 뒷산에 올랐다. 이사 와서 몇 달 만에 오른 정릉 산이다. 아무리 올라가도 좁다란 정릉 골짜기 밖에는 안 보이고 저 멀리 보이는 남산의 불빛만이 익숙해 보인다. 그립다. 남산아! 남산 밑에서 20년을 살았는데 남산마저 멀어졌으니 더욱 그리운 마음으로 바라보았다. 정릉이란 곳은 다닥다닥 붙은 판잣집으로 기분부터 가난해지는 곳 같다. 산마루의 바위에 앉아 짙어가는 밤하늘을 바라보며 내 마음속 슬픔을 나눠본다. 밤이슬이 축축하게 옷을 적신다. 다시 일어나 어둠을 타고 집으로 갔다.

1962년 7월 24일

벗,

웬일인지 어제부터 내 마음이 자꾸 슬퍼만 져. 새벽에 남편이 와서 애들 교통비 몇 푼씩 주고 숙을 마구 때리겠지. 물론 숙이 잘 못하긴 했지만 나는 참으로 슬퍼서 잘 먹이지도 못하는 애를 때리느냐고 했어. 남편은 숙을 때리고는 휙 나가버리고 어두워져도 오지 않았어.

하루 종일 푹푹 찌는 더위로 이 방 저 방 왔다갔다 해본다. 세탁비누도 없고, 연탄도 없고, 석유도 없고, 없는 것뿐이다.

저녁이 되니 캄캄한 마루에서 애들은 옛날 얘기들을 하고 있다. 진은 나와 함께 뒷산에 올라가고프단다. 진도 퍽 우울해 보이는 눈치. 나는 진을 데리고 산에 올라갔으나 산도 덥고 바람기라곤 없이 땀만 흐른다.

바위에 앉아 옹기종기한 판잣집을 내려다보고 있는데 어떤 집에서 부자 싸움이 벌어졌다. 아들이 아버지더러 당장 나가라고 고함을 치니, 백발 허연 아버지는 이놈아, 나를 어디로 나가라는 거냐? 하며 복통하듯 소리를 친다. 나는 가슴이 뜨끔했다. 세상에 저런 자식도 있구나 싶어 내 아들딸들의 장래를 생각해 보기도 했다.

진과 같이 내려와 암흑 같은 마루에 앉아 애들에게 말했다. 부모에 효도하고 동기간에는 우애하라고 심심한 부탁을 했다. 그러고는 내가 어렸을 때 나와 언니가 지내던 얘기를 들려주었다.

　이 글을 옮겨 적다가 잠시 중단했다. 엄마의 일기는 초장부터 최루 신파 영화 같았지만 나는 또 가슴이 먹먹해져 자판을 두드릴 수가 없었다. 아버지는 나에게 다정한 분으로 남아 있는데, 이 날 내가 왜 매를 맞았을까.
　엄마는 시간대 별로 일기를 쓴 듯 문단의 분위기가 다르다. 석유가 떨어졌으니 그나마 빛을 안겨주던 남폿불도 밝힐 수 없는 상황. 날은 푹푹 찌는데 언니와 나와 동생은 캄캄한 마루에서 옛 얘기를 하고 있다. 애처로운 장면이긴 하나 한편 아름답기도 해서 눈물이 잦아들지 않는다. 그날 우리 삼 남매의 눈빛은 어둠 속에서 별처럼 반짝이였을 것만 같다. 가족이란, 형제란, 이래서 소중한 것.

1962년 7월 25일

　돈 가지고 온다는 남편은 소식도 없다. 최고 더위로 마음도 피도 다 타는 것 같다. 한두 시간 애태우며 울기도 하고 기막힌 듯 웃음도 지어 보다가 서교동으로 발걸음을 재촉했다. 너무 애태우며 걸어가니 그만 정신조차 아찔해진다. 대문을 열고 들어가니

첩은 저녁 찬거리를 사 가지고 들어온 양 얼굴이 빨개 가지고 샐쭉하며 "어서 오세요." 한다. 첩은 저녁을 하는 지 왔다갔다하더니 얼마 후 들어온다. 일이 끝났는가 물으니 그렇다기에 내가 묻는 말에 해명을 해달라며 입을 열었다. 왜 우리 애들에게 악담했는가, 왜 나보고 고소하라고 했나, 내가 고소하면 무슨 좋은 수라도 있나 하고 물었다. 임■■는 악담한 건 잘못이라고 하며 고소하라고 했던 건 자기 죄가 많아 법의 심판이라도 받을 생각이었다며 급히 말했다. 나는 좌우간 당신을 첩으로는 절대 인정 못한다며 못을 박았다.

잠시 후 남편이 술에 취해 들어왔다. 언제 왔느냐며 묻는 게 영 못마땅하다는 눈치다. 나는 돈 때문에 왔다고 했다. 술에 취한 남편은 자리에 누워 자는 척을 한다. 나는 남편을 깨웠다. 남편은 화를 벌컥 내며 "내가 없어져야지."라고는 밖으로 나갔다. 나도 따라나섰다. 남편은 어딘지도 모를 샛길로 가면서 따라오지 말라며 뛰었다. 나도 따라 뛰어갔다. 한강에라도 따라가겠다는 심정으로. 그러다 이러면 안 되겠다 싶어 집으로 가겠으니 돈 100원만 꿔달라고 했다. 남편은 집으로 가더니 꼬깃꼬깃 접은 돈을 주며 비관 말고 잘 가라고 한다. 오는 길에 차 창 밖을 보니 길바닥에 참외가 널려 구미가 당겼다. 침을 삼켜가며 저것 하나 못 사 먹어 보는구나 싶었다. 통금 시간이 다되어 한적한 정릉 골짜기를 지나 우리 집으로 왔다.

아버진 58세 때 간암으로 고인이 되셨고, 엄마는 지금 요양원에 외로이 누워 계신다. 한 시절 엄마에게 말 못할 상처를 남긴 임■■씨의 생사를 알 길 없지만 모두가 지난 일이기 때문인가 그녀를 향한 연민이 인다. 누군들 남의 첩이 되고 싶었겠는가. 첩이란 소리가 얼마나 듣기 괴로웠으면 엄마에게 악담을 퍼부었을까. 살아있다면 한 번쯤 그녀를 찾아보고 싶은 마음이 눈늑 일었다. 삶의 매듭을 풀고 싶었다.

이혼율이 높아진 요즘이라면 이상하게 보일 법하지만 엄마는 그런 상황에서도 아버지를 포기하지 않았다. 애정이었는지, 오기였는지, 아니면 그냥 신앙 같은 거였는지. 일부종사라는 신앙. 그리고 자식이라는 신앙.

1962년 8월 19일

어쩌구저쩌구 하지만 배고픈 설움이 이 세상에서 제일 큰 거라고 나는 믿는다. 내가 벗에게 쓰는 이 글도 생활고로 20일간 얼마나 근심을 했는지 글 쓰는 것도 잊어버리고 쓸 노트도 떨어지고 하여 비로소 오늘에야 쓴다. 그러다 보니 너무 쓸 것도 많고 잊은 것도 많은 것 같다. 그러나 생각나는 대로 줄거리만 쓰기로 한다.

8월 1일부터 3일간은 억수같이 쏟아지는 비 오는 밤에 홀로 집을 지켰다. 남쪽으로 떠나간 삼 남매를 생각하며 비 오는 무서운 밤을 지냈다. 5일 날은 세계적인 명배우 마릴린 먼로가 자살을 해서 나도 무척 슬펐다. 나 자신도 외로움 때문에 비관하는 입장이라 고인이 된 먼로 영혼에게 머리 숙여 애도하였다.

9일 날은 안면도에 간 진이에게서 아버지 엄마에게 보낸 편지가 왔다. 아버지에게 보낸 편지 내용은 이러하다. 아버지, 약속은 잊으시지 않으셨겠지요(이 뜻은 진이가 없는 동안 엄마가 쓸쓸하니 집에 와서 자라는 약속이다)? 그리고 아버지한테 인사해야 하는 서글픔을 주지 마세요(이 뜻은 며칠 만에 집에 오는 아버지에게 인사하는 것을 슬프게 생각한다는 의미이다). 그리고 모든 사람은 자유를 원하기에 아버지의 행동을 옳으니 그르니 하고 싶지 않으니 속히 집으로 돌아오라는 애달픈 사연이었다. 어린 줄로만 알았던 진이가 제법 자기 아버지한테 당당하게 공격하다니 이제는 진이가 많이 컸다는 생각이 들었다. 나는 편지를 몇 번이나 읽고 또 읽으며 울었다.

9일은 승애가 소아마비에 걸려 대학병원에 입원하였다. 놀란 나는 아무것도 못 사들고 빈손으로 문병을 갔다. 여기저기서 환자들 신음소리가 들렸다. 어쩌다 병에 걸렸을까. 얼마나 아플까. 안타까움을 이루 다 말할 수가 없다. 나는 문득 우리 식구가 굶주리다 병에 걸리면 어쩌나 하는 생각에 가슴이 덜컹 내려앉았다. 이러다가 큰일 나겠다 싶어 다 팔고 하나밖에 안 남은 두 돈짜리 금반지를 팔아보려고 언니 네로 갔다. 혹시 이웃에게 팔면 값을 더 받을 수 있지 않을까 해서였는데 언니는 누가 지금 비싼 금반지를 사느냐며 내가 낄 테니 나에게 팔라고 한다. 나는 언니가 하자는 대로 반지를 내주었다. 언니는 곧바로 반지를 손가락에 낀다. 반지는 유난히 빛났다. 나는 마음이 퍽 우울했다. 내가 아끼고 아끼며 한 번도 껴보지 않던 게 언니 손에서 빛나고 있으니 누구에게 말도 못하고 반짝이는 반지만 바라보았다.

그러나 먹기 위해 판 거니까 반지 판 돈을 들고 시장으로 샀다. 소고기와 당면을 사 가지고 잡채를 만들었더니 남편도 애들도 맛있게 먹는다. 그러나 나만은 속이 쓰렸다.

1962년 10월 19일

사람들은 호강에 겨운 사람들은 팔자가 늘어졌다고 하고, 나 같은 사람에겐 팔자가 사납다고 한다. 과연 나는 팔자가 센 사람인가.

점점 쪼들리는 살림살이는 쌀도 한 가마니 사 오다 닷 말로, 다음에는 한 말로, 다음에는 한 되로 줄다가, 요즘은 한 되를 구하려면 피가 몇 그램 마를 정도로 돌아다니며 돈을 꾸어야 하고, 쌀 한 되를 사 오면 이걸 어찌 먹어야 넉넉하게 먹을 수 있나, 죽을 끓이면 물을 많이 붓고 끓여야 한 그릇씩 차지가 돌아가고 이마저도 없으면 뱃속에서 쪼르륵 소리가 나도록 굶어야 한다.

어쩌다 시장엘 가면 돈 10원이나 20원을 들고 뭐가 제일 싼가

목을 빼고 몇 바퀴 돌다가 무 우거지 한 다발 사들고 터덜거리며 집으로 간다. 집에 가면 남편은 담배꽁초 찾느라 집안을 뒤지고 있다. 이 가난이 누구 죄의 대가인지 천주님께 알려달라고 애원하고 싶다. 그러나 알려주실 리 만무하다. 가슴이 답답하고 속이 상할 때면 입속으로 예수, 마리아여, 죄인을 굽어 살피소서, 하며 끝없이 넓고 파란 하늘 향해 한숨을 쉬어본다.

오늘도 짧은 해는 무심히 기울어간다. 저녁거리는 또 무엇을 마련해야 하는지. 학교에서 돌아오는 세 애들은 배고파서 올 것이다. 성경에 예수님은 물고기 두 마리와 빵 다섯 개로 수천 명을 먹이셨다 하는데 나에게도 기적을 베풀어주셨으면.

고통의 도돌이표. 언제나 똑같은 고통의 메뉴.

1962년 10월 21일

저녁거리가 없고 보니 서글프고 괴로운 심정을 무엇으로도 바꿀 수가 없다. 양심에 가책을 받아가며 핸드백 속에 외제 화장품을 넣어가지고 이 집 저 집 다니며 하나만 팔아주세요 라고 애원해도 안 팔린다. 그러다 보니 쌀집에 쌓인 쌀가마니가 제일 부러울 뿐 아무것도 보이지 않는다. 때로는 1원이 필요해서 집안을 뒤져보아도 어느 구석에도 없다.

화단에 사루비아가 시들어가는 걸 보니 가을이 깊어가는 모양이다. 오르기만 하는 물가. 김장 고추 마늘 준비가 우리 집은 아직 꿈나라만 같이 아득하다. 조석으로 날씨가 몹시 쌀쌀해서 겨울 스웨터 하나 입고는 목을 웅크리게 된다. 진과 숙은 스웨터 하나 가지고 먼저 입는 놈이 제일 인 듯 싸움을 한다. 경대 앞에 앉아 내 얼굴을 보면 주름살이 자글자글해서 내 신세가 너무 사엽다. 파란 속에 어느덧 40이 되고 보니 억울하고 허무하다.

미제는 똥도 좋다고 하던 시대였다. 미군부대에서 흘러나오는 물건들을 몰래 파는 양키 물품 장사는 짭짤한 수입원이 되었다. 불법이라서 화장품이나 담배 등의 일용잡화를 몸속에 숨기고 감시의 눈을 피해 가며 팔았다. 가난한 엄마도 돈푼이나 만져보겠다고 미제 화장품 같은 걸 조금씩 받아다 가슴 졸이며 팔곤 했다.
남자들이 몰래 양담배를 피웠다가 걸리면 벌금을 물던 그 시절. 사실인지는 몰라도 경찰들은 2, 30미터 떨어진 데서도 양담배 연기를 구별해 잡았다고 한다.

1962년 10월 27일

인생살이란 굽이쳐 흐르는 강물 같기도 하다. 잔잔히 흐르다 갑자기 파도가 일기도 하는 강물을 연상하며 나의 비운을 비교해

보기도 한다. 자주 끼닛거리가 떨어지고 뱃속에서 쪼르륵 소리가 나고 보니 그 설움은 무엇에 비할 수가 없다. 동기간과 친척들은 나만 보면 궁색한 소리가 나올까 봐 두려워하는 것 같다. 그럴 것이다. 이제껏 너무 많은 폐를 끼쳤으니까. 그러고 보면 나는 외롭기 짝이 없다. 나와 가장 가깝던 사람도 멀어졌다.

푸근한 날씨에 함박눈이 펄펄 내린다. 거리엔 X- 마스 노래가 흐른다. 나는 성당에 교무금도 못 내서 판공성사도 보지 못했다. 그런 내 심정은 주님과도 멀어진 것만 같은 느낌이다. 쌀 한 됫박으로 아침을 해 먹으면 저녁거리가 없고 국수 한 그릇으로 저녁을 해 먹으면 아침거리가 없으니 자식에게도 할 도리를 못하고 산다. 심지어 여름옷을 겨울까지 입히고 있으니 이런 어미 심정을 어디에 비교할까. 남편 일은 무엇이 될 것 같으면서도 안 되고 있어 환장할 지경이다. 내 눈에 보이는 건 모든 쌀과 연탄뿐이다.

교무금을 못 내서 판공성사(가톨릭 신자들이 1년에 두 번 의무적으로 보는 고해성사)를 보지 못했다는 내용에 갸우뚱했다. 어쩌면 엄마의 자격지심으로 고해성사를 못 본 건지 모른다. 혹은 교무금을 내지 않아 냉담 신자로 분류돼 성사표가 제대로 전달되지 않았을 수도 있다. 학교는 등록금을 못 낸 학생들에게 일시적으로 통학을 못하게 했지만 설마 성당도 그랬을라고. 아무튼지 돈 없으면 교회도 못 간다는 말이 괜히 나온 소리는 아닌 것 같다. 사람 사는 세상엔 어느 세계나 돈이 결부되므로.

1963년 1월 1일

혹시나, 하고 지내온 지난 1년을 살아온 게 기적 같기만 하다. 올해는 또 어떠한 변화가 있을까. 정초 아침거리가 없다고 남편에게 말하자 남편은 돈을 구해본다고 나가더니 밤늦게 돈 500원을 내 손에 슬쩍 쥐어준다. 나는 삼시 괴로웠다. 이 돈은 누구에게 사정해서 꾸어 온 돈일까, 하는 생각으로 눈물겨웠다. 허나 사노라면 갚아지겠지. 하루 종일 다섯 식구가 한방에 앉아 서로 얼굴만 쳐다보며 지냈다.

1963년 1월 2일

아침에 눈 뜨고 몇 시인가 보려 했더니 시계가 없다. 남편에게 물어보니 쌀값을 구할 수 없어 시계를 전당포에 잡혔다고 한다. 기분이 우울했다.

묵은 때를 씻어버리려고 눈이 하얗게 덮인 아리랑 고개를 넘어 돈암동 목욕탕엘 갔더니 사람이 초만원이다. 부지런히 목욕하고, 오늘은 언니와 인숙이네 이사 간 집 간다고 약속했기에 언니네로 갔더니 벌써 혼자 갔다고 하여 섭섭했다. 나 혼자라도 가보려고 인숙이네 전화번호를 알아보려 덕자에게 전화했더니 잘 못 걸려 충무로 가게에 있는 형부가 받는다. 승애네로 건다는 게 잘 못 걸렸다고 말하자 형부는 "전화 한 통에 3원이요, 3원." 해서 기분이 나빴다. 너무 무안해서 눈물이 나왔다. 나는 전화요금 6원을 갚을 것을 다짐했다.

오늘의 청소년에게 그 시절의 대중탕을 보여주면 어떤 표정을 지을지 궁금해진다. 명절이 다가오면 내남없이 묵은 때를 벗기려고 모두들 목욕탕엘 갔다. 가정집에서 목욕하기 힘든 때였으니 당연히 초만원이다. 때론 탕 속으로 입수하기조차 힘들었다. 물 위엔 때가 둥둥 떠올랐다. 목욕탕 주인은 가끔씩 탕 안으로 들어와 뜰채를 가지고 때를 건져냈다.

내가 초등학교 1학년 때 봤던 보건 과목 시험 문제가 생각난다. 이런 문항이 있었다. '목욕탕엔 며칠 만에 가야 하나?' 사지선다형 답안지엔 '일주일, 이주일, 한 달, 두 달'이 있었는데 일주일이 정답인 걸 모르고 나는 한 달이라는 번호에 동그라미를 해서 틀렸다. 딱 그 문제 하나만 틀려 95점을 받았다. 나는 엄마랑 한 달에 한번 정도나(때론 그 이상이 되기도) 목욕탕에 갔기에 그렇게 답한 거라 억울하기만 했다. 지금 기준으론 일주일이라는 정답도 오답이 아닌가.

충무로 우리 동네엔 중국인이 하는 목욕탕이 있어서 우리는 중국목욕탕이라고 불렀다. 목욕탕에 한 번 가려면 엄마는 삼 남매 모두를 데리고 가 동생은 대야에 앉혀 놓고 그 뜨거운 물속으로 언니와 나를 들여보낸 뒤 때가 불어나길 기다렸다가 등짝이 벗겨지도록 때를 박박 밀어주었다. 살 껍질이 벗겨질 듯 아파 몸이라도 비틀거리면 가만히 좀 있으라며 불같은 손으로 찰싹 등을 때렸다. 엄마는 얼른 새끼들을 씻겨놓고 자신도 한거풀을 벗겨내야 했기에 마음은 급하고 목에 침도 마르고 애만 타던 중이라 어린 것들의 고충 따윈 염두에도 없었다. 수증기로 인해 젖빛 유리처럼 부옇기만 한 욕탕 옆 남탕에선 갈 때마다 "으으~~ 어어~~" 하는 이상한 소리가 들려왔다. 여탕과 남탕을 나누는 벽은 천정까지 완전히 막혀 있지 않고 약간의 틈이 있어 나는 그 소리를 내는 사람이 누구인지, 왜 그러는지 무척이나 궁금하기도 해서 물기 젖은 타일 벽을 이따금씩 바라보았다. 저 벽 위를 올라갈 수만 있으면 소리의 주인공을 단박에 알 수 있을 텐데….

1963년 1월 4일

아침은 밝아왔으나 쌀 한 톨이 없다. 조금씩이나마 죽으로라도 연명했는데 이래 보기는 처음이다. 숙과 열이에게 이모네 가서 얻어먹으라고 보내고, 우리 부부는 앞으로 살아갈 방법을 연구하기 시작한다. 그러나 막막하다. 나는 남편더러 어디 취직이라도 해보라고 했다. 남편은 그러마고 친구들을 찾아 나섰다. 아침도 굶고 점심도 굶으니 천지가 뒤집히는 것 같다. 할 수 없이 언니에게 돈을 꾸기로 하고 몇 자 적어 진에게 심부름을 시켰더니 300원을 꾸어왔다.

1963년 1월 12일

친구에게 부탁한 취직이 거절되어 남편은 매우 실망 적이다. 자살이라도 하고 싶단다. 무섭고 비참했다. 나 자신이 몇 번이나 자살을 기도했으나 그것도 쉬운 일이 아니었다.

오늘 밤늦게 돌아온 남편이 이상하게도 기분 좋은 얼굴이다. 어리벙벙한 나는 뭐가 그리 좋으냐고 물었다. 남편은, 누가 명동에 가게를 싸게 얻어준다고 했다는 것이다. 그러나 나는 반갑지가 않았다. 가게만 있으면 뭘 하나. 돈이 있어야지.

날씨는 사정없이 춥기만 하다. 영하 19도를 오르내리는데 우리는 연탄도 한 장 두 장 사다가 그저 냉기만 모면하고 옹기종기 새우잠을 잔다.

1963년 2월 어느 날

화장품 장사, 빠다(버터) 장사를 하다 보니 낙인이라도 찍힌 것처럼 기가 죽는다. 그러나 저녁거리가 없으니 빠다라도 몇 개 팔아야 국수 값을 번다. 애들 교통비가 떨어지면 밤이라도 가리지 않고 물건을 팔러 나가야 한다. 이젠 모든 용기도 말라간다. 길을 가다 버스가 보이면 그 바퀴 속으로 뛰어들고 싶다. 거리에 나가면 먹는 게 제일 먼저 눈에 들어온다. 굶주리는 세 아이들 가여워서.

1963년 2월 9일

남편이 번 돈이라며 800원을 가져다주었다. 나는 고맙다고 수 없이 중얼거렸다. 며칠 있다가 또 2,000원을 준다. 2년 만에 처음 으로 쌀 한가마를 사고 연탄 50장을 샀다. 큰 부자가 된 것 같았 다. 그래도 장사는 계속하였다. 낮에는 살림을 하고 밤에는 장사 를 했다. 언니는 날보고 올빼미라고 말한다. 밤에만 돌아다닌다고.

1963년 3월 6일

밤 11시 30분이 지나도 남편이 안 돌아오더니 11시 45분에 대 문 여는 소리가 들린다. 나가보니 술에 잔뜩 취해 비틀거리고 들 어온다. 집구석은 이 모양 해놓고 술만 마시고 다니니 속이 뒤틀 려 한마디 하자 남편은 성질을 발칵 낸다. 나는 싸움이라도 하고 싶었다. 자정이 넘었는데 남편이 갑자기 배가 아파 죽겠다고 한 다. 당황하여 진, 숙, 열을 모두 깨워 이웃 재천 씨를 불러오라고 했다. 그에게 병원 의사 좀 불러달라고 했으나 의사는 오지 않는 다. 이리저리 구급 전화를 해도 오지 않는다. 나는 길로 달려 나가 야경 사무실에 들어가 전화를 걸었다. 순경이 친절하게 대해주고 백차가 앵앵거리며 달려왔다. 참말로 고마웠다. 남편을 태운 백차 는 한적한 아리랑 고개를 급히 달리며 무전으로 중간 연락을 본

서로 한다. 이 환자는 급성 맹장 같다고. 이윽고 '수도의대 부속병원'이라고 쓴 네온사인 간판이 보인다. 나는 그제야 한숨을 내쉬며 이제는 살겠구나 싶었다. 백차는 병원 마당으로 바짝 들어가며 또 앵~하는 소리를 내니 안에서 졸고 있던 간호원과 인턴들이 급히 나온다. 남편은 침대에 누워 진찰을 받기 시작한다. 의사는 급성 맹장은 아니고 병명 미상이라고 한다. 기가 막힌다. 입원하기로 하고 입원실로 들어갔다. 당장 병원비 1,000원이 필요한데 단돈 100원도 없다.

날 새기를 기다려 먼동이 틀 때 병원을 나섰다. 어디에 가서 돈을 꿀 지 막연하다. 할 수 없이 언니네로 갔다. 대문간을 기웃거리며 안을 들여다보니 식모가 아침 하러 나온다. 나는 안심하고 초인종을 눌렀다. 들어가니 식구들은 모두 잠이 깨어 있었다. 언니가 웬일이냐 묻기에 사정 얘기와 함께 돈 1,000원만 빌려 달라 했더니 없다고 딱 잡아뗀다. 형부는 이불을 뒤집어쓰고 쳐다보지도 않는다. 나는 눈물이 핑 돌아 아무 말 없이 나왔다.

1963년 4월 1일

은수저도 팔아먹고 이제 남은 건 재봉틀뿐이다. 나는 남편과 상의하여 재봉틀을 팔기로 했다. 재봉틀을 팔면 얼마나 돈이 될까 머릿속으로 주판알을 놓는다. 외상값도 갚아야 하고 무얼 먼저 해야 할 지 공상을 하고 있는데 재봉틀 장수가 물건을 가지러 왔다. 내가 애용하며 위하고 아끼던 재봉틀이라 눈물이 쏟아지려는 걸 참았다. 열이가 건넌방으로 가더니 문을 꼭 닫고서 울고 있다. 살림을 팔지 않고는 못 사는가, 하며 넋두리를 한다. 어린 소견에 철이 너무 일찍 들었다.

나는 억지로 눈물을 거두고 5,000원밖에 안 주는 돈을 손에 들고 시장에 가서 쌀 한 가마, 밀가루 한 포대, 소금 한 가마를 사고, 동대문 시장에 가서 열이 교복과 신발을 사고 밤늦게 와보니 돈이 거의 바닥이 났다. 진이와 숙은 재봉틀 팔았으니 스웨터나 사달라고 졸라 어이없는 쓴웃음만 나왔다.

1963년 4월 11일

변함없이 찾아오는 계절은 약속이라도 한 듯 살구꽃 앵두꽃을 피워 동네 담장을 아름답게 장식해주고 있다. 신문에, 고궁을 찾아든 상춘객 수가 십만이 넘는다는 보도가 나왔다. 꽃놀이와 동떨어진 생활을 하고 있는 사람이 나 하나만은 아닐 것이다.

남편에게 또 사고가 났다. 사무실에서 같이 근무하는 임○○이라는 사람이 31,000원을 가지고 달아났다. 나는 그 사람과 돈거래를 하지 말라고 남편에게 수차례 주의를 줬는데, 행방을 감춰버렸다. 그 돈은 남의 돈을 얻어다 준 것이다. 일을 저질러 놓고 부들부들 떨고 있는 남편이 야속했다. 이 일을 어쩌면 좋은가. 천주님도 원망스럽다.

1963년 4월 12일

오늘부터 31,000원을 받을 때까지 배밭골 임○○씨 집에 가 있기로 했다. 그 돈을 남편에게 빌려준 김○○씨가 그러라고 했다. 그러나 나는 임○○씨 부인을 괴롭혀주지는 않으리라고 다짐했다.

일주일이나 꼼짝 않고 지키고 있으려니 정말로 죽을 지경이다. 오늘 남편이 와서 열이가 감기로 심하게 앓고 누워 있다고 한다. 미칠 것만 같았다. 비는 며칠을 계속해서 내린다. 남편이 오늘도 집에 올 생각하지 말라면서 어둠 속으로 자취 없이 사라진다. 시계를 보니 열한 시가 넘었다. 임○○ 씨 부인은 애도 아프니 날더러 집에 다녀오라고 한다. 나는 집에 다녀온다 하고는 비를 맞아가며, 진창 구렁이에 빠져가며 집으로 달려왔다. 도루(개)도 반가워하고 세 아이들이 "엄마!" 하며 뛰어나왔다.

1963년 4월 16일

일주일이나 밀린 빨래를 했다. 찬이 없어 간장만 찍어 먹고 다니던 세 아이들은 모두 감기 몸살로 누워 있다. 그러나 오늘도 배밭골에 가서 해결을 지어야만 한다. 내 꼴도 말이 아니다. 나는 도루의 잔등을 쓸어주고 급히 배밭골을 향해 떠났다. 개천을 끼고 한참 동안 올라가는 동안 물소리를 벗 삼아 갔다. 힘차게 내려가는 물결에게 입속으로 외쳤다. "물결아, 제발 내게 닥쳐오는 풍파도 깨끗이 씻어가렴."

임 씨 집에 도착하니 방안 살림과 심지어 이불까지 빼돌리고 찬장과 캐비닛만 남아 있다. 정신이 아찔했다. 나를 돌려놓고 도망갈 준비를 하고 있던 모양이다.

3. 이통훈 외과 원장님

1963년 5월 24일 금요일(비)
~
1965년 4월 28일

1963년 5월 24일 금요일 (비)

그날그날을 지내며 오늘은 희소식이 있을까 기대를 가져보지만 일은 점점 흐려져 간다. 두 애들 등록금은 내일이 마감인데 단돈 100원 준비가 없다.

시계가 저녁을 가리키니 시장해서 맥없이 들어오는 식구들 위해 된장국이라도 따뜻이 끓여놓아야겠다 싶어 부엌으로 들어갔다. 열이는 언제나 학교에서 올 때 "아이 배고파." 하며 마루 끝에 걸쳐 쓰러지기에 내가 안아 올리곤 했다. 오늘은 왠지 기분 좋게 들어온다. 말인즉 성적이 4등 안에 들었단다. 그러나 참 잘했다고 칭찬만 해줄 뿐이었다. 조금 있으면 돈이 생길 것이고 그러면 옷도 사주고 맛있는 것도 해주겠다고 벼른 것이 일 년이 지나고 보니 애들이 나를 거짓말쟁이라고 여길 것 같다. 과연 나는 거짓말쟁이일까.

1963년 5월 25일

며칠을 두고 배가 아프기 시작했다. 무슨 병인지 그저 혼자 걱정만 한다. 약이라도 사 먹으면 나을 것 같지만 돈이 없다.

언니가 궁금하다며 고추장을 가지고 왔다. 나는 퍽 반가웠다. 이유는 언니에게 돈 좀 꾸어 약국엘 가보고 싶어서다. 그러나 내 입에서 좀체 그 말이 나오지 않았다. 언니는 그대로 가버렸다.

1963년 5월 31일

내 병은 점점 악화하지만 돈이 없어 병원을 못 가고 있다. 석양이 저물어 가는데 이제는 몸을 가눌 수 없을 만큼 아파 자리에 쓰러져 신음을 했다. 죽을 것 같이 아프다. 그러나 죽음은 두렵지 않다. 허나 궁지에 빠져 허덕일 식구가 불쌍할 뿐이다.

남편이 돈 500원을 꾸었다고 병원에 가자고 한다. 부축을 받아가며 이 병원 저 병원으로 갔으나 진통제만 맞고 밤 11시가 되어 집으로 왔다. 식구들은 깊은 잠에 빠져 코를 골고 있다. 머리맡에는 퉁퉁 불은 눌은밥 반 그릇과 간장이 놓여 있다. 저걸 먹으면 내일 조반 지을 힘이 날까 하며 먹어보려 했으나 맥이 다 빠져 움직일 수가 없었다.

1963년 6월 1일 토요일

내 몸을 이리저리 비틀며 나 죽겠다는 소리만 내질렀다. 무슨 병인지 숨이 턱턱 막히고 수족이 뻣뻣해진다. 혼수생태다. 영우 어머니가 오고 정숙이네 식구들이 오고 진이는 학교도 못 갔다. 부축을 받아가며 차에 올라 충무로 이통훈 외과에 갔다. 차가 뜰 때마다 아픔은 말할 수 없었다. 의사는 진찰하더니 수술이 급하다 말하고 나를 수술대로 옮겨간다. 내가 평소에 제일 무서워하던 게 수술이다. 나는 죽은 목숨이나 다름없다. 그러나 이제는 아무것도 두렵지 않다. 나를 수술대에 누이고 팔을 십자 모양 벌린 다음 끈으로 맨다. 주사 한 대 놓고 코에 산소호흡 줄을 끼는데 완전히 마취가 되어 다섯 시간 잠들어 있었다. 마취가 덜 깬 상태에서 누군가 나에게 애처로운 소리로 정신 차리라고 눈 좀 떠보라고 하는 소리가 희미하게 들린다. 처음엔 이제 수술하나 보다 하고 있었더니 이미 수술이 끝난 후였다. 겨우 눈을 떠서 보니 여러 사람들이 눈이 빨갛게 울고 있다. 내 양팔엔 링거 주사와 피 주사 바늘이 꽂혀 있었다. 배를 더듬어 보니 붕대와 고무호스 줄이 주렁주렁 매달려 있다. 진이 아버지가 눈물을 흘리며 내가 불쌍하다고 울고 있다. 나는 이제 죽으면 눈물을 흘려줄 사람이 있으니 행복하다는 생각이 들었다.

엄마의 병명은 '자궁외 임신'이었다.

1963년 6월 4일

의사 선생님은 날더러 주스나 과일을 먹으라고 하는데 돈이 없고 보니 먹고 싶다는 말도 못한다. 짬짬이 눈을 감고 통증을 참으려 애를 쓸 뿐이다.

저녁에 형부가 오셨다. 나는 왜 그런지 눈물이 나와 울었다. 나도 모르게 서러웠다. 형부는 주머니에서 돈 오백 원을 꺼내 구미에 맞는 걸 사 먹으라고 주신다. 나는 미안하면서도 눈이 휘둥그레졌다.

창밖에선 조용한 비가 소리 없이 내린다. 낙숫물 소리에 쓸쓸하고 서글퍼진다. 내가 수술을 안 했으면 지금쯤 땅속에 들어가 태연하게 잠들고 있겠지 생각하니 한층 슬픈 감정이 솟았다. 벗, 안녕.

1963년 6월 9일

간호원이 "1호실 아주머니." 하고 부른다. 나는 실 뽑는다는 걸 알아차렸다. 나는 아프면 어쩌나 했는데 긴장과는 달리 심하게 아프지는 않고 따끔거릴 뿐이다. 의사는 퇴원해도 된다고 한다. 반가웠으나 문제는 돈이다. 입원비가 13,000원이라고 한다. 앞이 캄캄하다. 언니도 오고 형부도 오셨다. 형부는 동냥이라도 해서 약값을 갚아야지 어쩔 셈이냐며 아래층으로 내려가셨다. 의사한테 사정이나 말해보겠다면서.

　얼마 후 입원비를 6,000원으로 싸게 해준다는 말을 듣고 참으로 감사했으나 이거조차도 못 낼 형편이라 고맙고도 서러워 눈물만 쏟아졌다. 집세를 빼서 갚기로 하고 우선 형부가 3,000원을 대체해주셨다. 병원을 나서니 의사 선생님 내외분과 간호원이 전송 나와 나는 너무도 고마워 눈물이 쏟아지는 대로 엉엉 울었다. 감사합니다, 감사합니다, 하면서.

　이통훈 외과 원장 선생님, 우리는 당신을 명의라고 불렀지요. 고맙습니다. 감사합니다. 뚝뚝하긴 하셨지만 환자를 잘 돌보고 수술을 잘하시어 우린 정릉으로 이사 갔어도 급하면 충무로로 달려갔지요. 모든 게 어설프던 시절이라지만 당신은 그 많은 치료비를 삭감해주셨네요. 퇴원 날엔 선생님의 내외분과 간호사까지 나와 전송해 주셨다니 요즘 같은 세상에선 꿈같기만 한 일입니다.
　이통훈 선생님. 지금도 살아 계신가요? 아니면 하늘나라 가셨나요? 제가 매일 하느님께 올리는 기도 중엔 은인들을 위한 기도가 있는데요, 이 글을 쓰는 저도 지금 엄마처럼 눈물이 흐르고 있답니다. 고맙습니다, 감사합니다.

1963년 6월 10일

전셋집을 사글세로 줄여 가기로 했다. 우리 집 살림은 줄이고 또 줄이니 이러다간 길바닥에 나가게 될 것 같아 서글픈 생각뿐이다. 몸은 쇠약해지고 마음은 비굴해지고 너무 외롭다. 이 생각 해도 눈물, 저 생각해도 눈물. 내 몸 전체가 눈물로 채워진 것 같다. 벗, 모두가 귀찮아.

1963년 8월 26일

며칠 선선해서 이제 더위가 물러갔나 했더니 또 33도 무더운 날씨다. 그러나 더위도 괴로움도 잠시 잊을 수 있는 건 라디오다. 나는 라디오를 벗 삼고 사니까 조용히 들려주는 명곡을 들을 때마다 정신을 빼놓고 듣는다. 세상살이가 음악처럼 아니 음악세계가 되어 살았으면 불행도 불만도 없을 것 같다. 나는 속이 상하면 라디오를 틀어놓고 내 마음을 진정시킨다. '데니 보이' '썸머 타임' '구노의 아베마리아' 같은 곡은 하루 종일 들었으면 좋겠다.

1963년 10월 20일 일요일

날씨가 추워지니 진과 숙은 서로 옷을 많이 입으려고 네 것 내 것 없이 눈에 띄는 대로 입는 습관이 있다. 옷을 많이 사서 몫을 지어주면 이런 일은 있을 수 없는 일이다.

오늘도 교복 칼라가 세 개니까 먼저 갈아 놓느라고 싸움질이다. 정말로 누구를 그르다고 할 수도 없다. 그러나 그냥 보고만 있을 수 없어 나는 지금이라도 빨아서 다리라고 일렀건만 좀체 말을 듣지 않고 싸움이 커진다. 수예 재료 값, 동복 값도 불평이다. 이래도 싸우고 저래도 싸우는 진과 숙의 머리채를 한 번씩 잡아 흔들었다. 화가 머리끝까지 치밀었던 것이다. 그러곤 그만 내 설움에 눈물을 쏟고 말았다.

언니와 나는 같은 중 고등학교에 다녔다. 당시 동복엔 하얀 칼라를 덧대 꿰매 입었다. 최소 두 개씩은 지녀야 더러워진 칼라를 바꿀 수가 있는데 수효가 모자라니 서로 차지하려 싸웠던 것 같다.

1963년 10월 25일

오늘은 온몸이 안 아픈 데 없이 아프다. 눈감고 자리에 누워 몇 시간 보냈다. 잠결에 들리는 가을바람 소리에 후다닥 일어나 보니 가랑잎 하나가 떨어진다. 저녁 찬거리가 없어 무시래기를 삶아 지지려고 부엌으로 가서 저녁 준비를 하였다. 우리는 이 반찬을 고기처럼 맛있게 먹는다. 애들과 간단히 저녁을 마치고 깜빡이는 등불 아래 애들은 제각각 독서를 하고 나는 수천 가지 공상에 젖어 있을 무렵 남편이 술이 취했는지 시장기에 지쳤는지 비틀거리며 들어왔다. 재빨리 식사 준비를 하려고 하는데 남편은 점심을 굶어 너무 시장해서 술 5원어치를 마시고 이처럼 맥을 잃었다고 한다. 남편은 국 국물을 마시며 이처럼 시장해보기는 처음이라고 한다. 나는 또다시 과거를 돌이켜 본다. 돈을 아끼지 않고 물 쓰듯 할 때 내가 나중을 생각해서 아껴 쓰세요, 하면, 사람은 기분으로 산다고 말하면서 내 부탁은 아랑곳하지 않더니만 이제 이 꼴이 되고 보니 가엽기도 하고 밉살머리스럽기도 하다.

발버둥 치는 나의 하루여, 영원히 잘 가라. 붙잡지도 않고 아까워하지도 않으리라.

1964년 1월 1일

카렌다를 새로 뜯는 오늘 기분은 우울 섭섭하다. 있는 사람들은 양력과 음력설을 차려먹기 마련이지만 우리 같은 가난뱅이는 명절날이 없다. 아침 밥상엔 김 한 접시와 두붓국으로 어물어물 지내다 보니 그저 서운. 에라, 모르겠다. 눈감고 낮잠이나 자는 게 편하겠다. 쿨쿨~~

누군가 "이모." 하고 깨운다. 중재였다. 만둣국 먹으러 오라고 한다. 고맙기는 하나 형부가 눈살 찌푸릴 생각을 하니 그다지 반갑지 않았다. 그러나 할 수 없이 터덜거리고 갔다. 손님들이 떠들썩. 그중에 반가운 손님이 있었다. 흑석동 요섭 어머니. 만나면 서로 통하고 말을 주거니 받거니 한다. 만둣국이 들어와 한 그릇 맛있게 먹고 요섭 어머니와 함께 자리에서 일어나 나왔다. 버스 정류장에서 작별하고 집으로 오는데 석양이 저녁을 재촉한다. 아침에 진 아버지가 점심때엔 국수를 해달라고 했는데 급히 와 보니 집에 없다. 다행이라고 중얼거렸다. 혼자만 얻어먹은 만둣국. 식구들이 못내 걸렸다.

1964년 1월 17일 (음력 12월 3일)

오늘은 열이 생일이다. 내 생일, 내 생일, 하며 손꼽아 기다린 날이지만 기대를 채워주지 못한 어미 심정은 그저 괴로울 뿐이다. 동태찌개에 김 한 접시로 간단한 생일 아침상을 차린 나는 조용히 기도했다. 주변도 없는 부모는 호강을 못 시켜주니 너희들은 사회에 나가 참다운 사람이 되어 호강 많이 하라고 간곡히 빌었다. 덕이 없는 나는 무슨 죄 값인지 그칠 줄 모르는 고생보따리만 지고 산다. 진, 숙, 열아 너희들이 할 고생은 내가 도맡아 할 것이니 나에게 다 지어주시기를 천주님께 애원한다. 나는 불우한 인간, 덕이 없는 인간, 반평생을 두고 고생은 혼자만 하는 가련한 인간이다. 장차 또 어떤 불행이 올 것인가. 서천에 걸린 조각달에게도 내 마음을 전한다.

1964년 1월 24일 (말금)

＊어머니가 이날은 날씨도 적었다 말금이라고

기다리던 진의 졸업식 날이다. 어쩐지 허전하면서 서운하다. 변변치 못한 어미 노릇을 했을망정 오늘에 이르기까지 숨은 노력이란 이루 말할 수 없다.

나는 남편한테 100원을 받았다. 오랜만의 외출이고 보니 우선 머리 고데라도 해야겠기에 미장원에 갔다. 미용사가 나를 아래위로 쓱 훑어보더니 "못 보던 분이에요." 한다. 그러면서 "머리가 엉망이에요. 어디서 하셨지요?" 한다. 나는 미장원에 가면 미리 흉보는 게 제일 듣기 싫다. 묻는 말에 모르는 미장원에서 했다고 말했다. 미용사는 딴 사람 머리만 해주고 내 머리에는 손도 안 댄다. 모처럼 간 미장원인데 속으로 불쾌하였다.

시민회관으로 갔다. 벌써 많은 학부형들이 와 있었다. 무대 막이 오르면서 졸업생 얼굴이 보인다. 졸업식이 끝나 나가려니 길이 메여 못 나갈 정도로 혼잡했다. 손에 손에 꽃을 들고 있다. 그러나 나는 아무것도 못 사고 줄 선물도 없다. 그저 얼굴만 들고 있는 것뿐이다. 두리번거리며 진을 찾고 있는데 '담배학생'이 눈에 띈다. 퍽 반가웠다. 와 준 성의만도 고마운데 내가 사지 못한 꽃 선물을 들고 와 주니 미안하고도 고마웠다. 같이 학교까지 가서 사진도 찍었다. 밖에 나와 과자를 사려고 과자집에 들어가 과자를 골고루 100원 어치 담아 달라고 하자 큰 접시에 네 개 담아왔다.

나는 이게 얼마치냐고 물었다. 100원어치라고 한다. 얼굴이 화끈했다. 정말로 물가가 이렇게 올랐는지 몰랐다.

시민회관은 현 세종문화회관 자리에 있었으나 1972년의 화제로 사라진 후 지금의 세종문화회관이 들어섰다.
내 작품집 〈떠난 그대 서랍을 열고〉에 '아듀, 담배학생'이란 글이 나온다. 엄마는 그가 몹시 어렵게 지내던 고학생 시절 그를 도와준 인연으로 그를 알게 되었다.

1964년 2월 3일

명예로운 딸 진의 대학 입학시험 날이다. 나는 잠을 제대로 이루지 못하고 새벽 4시 40분에 곤히 잠든 식구들이 깰까 조심스럽게 부엌으로 나갔다. 조반을 지어 놓고 진을 깨웠다. 아직도 캄캄한 이른 새벽, 그믐달은 서천으로 기울며 동이 트기를 재촉하는 성싶다. 두 손 모아 진의 합격을 빌며 조반을 갖다 주었다. 진은 가슴이 울렁거려 밥도 못 먹겠다며 상을 물렸다. 문을 나서는 진이 걱정돼 오바를 입고 찻길까지 쫓아나갔다. 어둠 속에서 군데군데 학부형들이 자녀를 앞세우고 택시를 잡느라고 야단이다. 날씨가 매우 쌀쌀하다. 서강대학 행 버스가 왔다. 진이 떠나는 걸 보고 집으로 왔다. 우리 집에서 처음 대학 문에 발을 내딛는 오늘의 감정은 가슴 가득 무언가 꽉 찬 것 같다. 허둥지둥 집안일을 마치고 나도 서강대학으로 달려갔다. 대기실에 많은 학부모들이 웅성거리고 있다. 기다리고 있노라니 학생들이 줄지어 나온다. 그 틈에 만면에 웃음을 지으며 나오는 진이 보인다. 만족한 얼굴이다. 국어 문제가 까다롭고 수학은 비교적 쉬웠다며 자신만만해한다. 그러나 뚜껑은 열어봐야 할 일. 발표 날이 무척 기다려진다.

1964년 2월 11일

눈이 그치며 날씨가 부쩍 추워졌다. 무시 못 할 동장군이다. 영하 16도. 57년 만에 한강 물이 안 얼었다고 하더니 드디어 얼어버렸다.

쌀독은 바닥이 나고 연탄도 한두 장 밖에 안 남았다. 구정에는 흰떡이라도 해먹자고 별렀건만 아무것도 할 수 없다.

오늘이 진 합격자 발표 날이라 진과 함께 서둘러 학교로 갔다. 날씨가 몹시 추운데도 제각각 발표를 보려고 웅성거린다. 두 시간 뒤 발표다. 시간 되어 급히 게시판으로 가니 248번이 보였다. 합격의 글자, 반가웠다. 그러나 입학금이 태산 같다. 진은 불합격된 친구를 위로하느라고 손을 잡고 놓을 줄을 모르고 있다. 나는 재촉해서 불렀다. 너무 시장해서 중국집으로 가 우동 한 그릇 씩 사 먹고 집에 왔다. 그러나 남편은 웬일인지 밤새도록 돌아오지 않는다. 야속하다. 어버이로서 자식에 대한 무성의가 너무 섭섭하다. 무엇으로라도 진을 축하해주고 싶다. 안녕.

1964년 2월 20일

곗돈 타는 날인 오늘이 진 입학금 마감 날이다. 이렇듯 기적적으로 착착 이루어지고 보니 진이 행운아라는 생각이 든다. 계돈 들어오는 대로 싸가지고 은행으로 가서 지불하였다. 은행 문을 나서는데 발걸음이 한결 가벼웠다. 주머니에 남은 돈은 단돈 20원이라 겨우 교통비 정도인데 진은 좋아라고 날뛴다. 나는 날뛰는 진을 보고 눈을 흘겼다. "너만 좋으면 제일이냐? 숙은 등록금을 못 내서 학교도 이틀이나 빠졌어."라고 꾸짖는 내 마음은 몹시 괴로웠다. 한 자식 막으면 또 한 자식이 빠지는 고달픈 내 신세. 어미 노릇 하는 게 얼마나 괴로운 건지 몰랐던 나는 입속으로 뇌까린다. 이제는 숙이를 해결해야 한다. 어찌해야 제명처분을 모면할까. 숙이 눈치만 살핀다. 밤하늘엔 싸늘한 초승달만 외롭게 기울어간다. 오늘의 모든 일을 천주님께 감사드리며 성모님께는 나의 고달픈 하소연을 하면서 잠자리로 안식을 청한다.

언니의 대학 입학금이 해결되었다. 그러나 둘째인 내 등록금은 납입하지 못해 나는 학교에도 못 가고 있다. 애가 타서 숯검댕이가 된 엄마 심정이 보이는 듯하다.

  한 학년이 끝날 때 등록금을 납입하지 않은 학생들에겐 반 편성을 해주지 않았다. 명단에야 있었겠지만 알려주지 않아 학교에 갈 수가 없었다. 나는 이럴 때마다 우리 개를 끌고 정릉 숲으로 가서 산책하며 놀다 왔는데, 언니는 나와 달리 당찬 성격이라(언니와 나는 중고등학교 과정을 같은 학교에서 보냈다) 담임선생님이 다음 학년 반 이름을 알려주지 않아도 가방 들고 학교에 가서 아무 반이나 들어가 공부를 했다. 하루는 교무주임 선생님이 언니를 불러 등록금도 안 내고 학교에 왔느냐고 물으셨는데, 언니는 기가 죽긴커녕 오히려 항의했다. 기독교 정신으로 설립한 학교가 돈 없어 등록금 못 낸 학생에게 공부하지 못하게 하면 그게 옳은 거냐고. 그야말로 대단한 우리 언니 아닌가.

1964년 2월 23일

  장사하여 돈 600원을 벌었다. 너무 기뻐 돈을 만지작거리며 이 돈은 숙의 책값으로 써야겠다고 생각했다. 그러나 25일까지 등록금을 안 내면 제명 처분하겠다는 가슴 서늘한 통지. 어찌해야 좋을지 안절부절못한다. 돈 꾸기도 싫지만 돈을 꾸어줄 사람도 없다. 오늘은 무슨 소식이 있을까. 남편이 맥없이 들어오는 날은 빈손이고, 문 열라고 하는 날은 돈을 좀 번 날이다. 나는 이렇게 눈치만 살피고 지낸다.

어슬어슬 어두워지는 저녁 오늘은 문 열라는 소리가 난다. 반가워서 후딱 나가 문을 열었다. 생기가 도는 남편의 얼굴, 집에 오면 남편은 그날의 일들을 낱낱이 알려준다. 저녁상을 받으며 오늘은 일이 잘돼 200원이 생겼다고 한다. 나도 오늘 장사해서 600원 벌었다고 했다. 이달 들어서며 일이 들어맞기 시작하는 걸 보면 이제 뭔가 풀려가는 것 같기도 하다. 그러나 쌀값은 또 오르기 시작해 350선에서 갑자기 420대로 뛰었다. 사람들은 못살겠다고 박정희 욕설뿐이다. 나도 박정희가 싫어, 대통령이라고 부르기도 싫다. 국민에게 너무 고통을 주니 그럴 수밖에.

1964년 3월 1일

생활에 얽매어 날을 지내다 보니 어느덧 산에는 아지랑이가 아른거린다. 정릉은 촌이다 보니 밭두렁에 앉아 나물 캐는 아이들도 눈에 띈다. 해가 길어서인지 겨우내 놀고먹어서인지 집집마다 굶는다고 딱한 사정만 오고간다. 우리 옆집에도 오늘 아침을 못 끓인 모양이다. 아이가 "엄마 밥 줘. 배고파." 하고 우는 소리가 몇 시간 계속 귀에 들어온다. 나는 안타까워 방으로 들어와 쌀자루를 들어보니 거뜬히 들린다. 쌀을 털어 담고 보니 겨우 저녁거리도 모자란다. 쌀자루를 그대로 털썩 놓고 아랫목에 누워버렸다.

눈을 지그시 감고 왜 이리 가난할까, 왜 쪼르륵 소리가 나는 뱃가죽에 허리끈을 조이며 살아야 하나 하는 생각에 모두가 가엽기만 하다. 비지죽을 먹는 사람이 있는가 하면 소갈비에 흰쌀 밥 먹으며 불평을 하는 사람도 많을 것이다. 고르지 못한 세상이다.

오늘도 물지게 지고 비탈길을 비척거리며 올라올 때, 그 옆에 까치집 마냥 붙어 있는 판잣집 구멍가게 안에서 백발이 성성한 노모와 그의 딸 간에 싸움하는 소리가 났다. 다름 아닌 식량난에 끼닛거리 때문이다. 노모가 딸을 보고 왜 쌀을 조금 사 왔냐고 야단치니 딸은 갑절은 더 야단이다. "늙은이가 왜 방구석에 처박혀 주책만 떤당게? 해주는 밥 먹고 웬 주책이여? 어디 쌀 많이 살 돈 있간디? 아니 누구는 살 줄을 몰라 안 사는 줄 아나베. 연탄 사고 나니 돈이 어딨다고 병신같이 잔소리여, 시끄럽구만." 하는 소리가 난다. 나는 듣기에 뜨끔했다. 버릇없는 계집애다. 아무리 가난에 쪼들리고 산다지만 머리털이 허연 제 어머니 보고 병신같이 주책 떤다니 참으로 빗나간 이 현실이 두렵기 짝이 없다. 내 자식들까지 걱정된다.

1964년 3월 2일

오늘부터 나는 독 안의 쥐나 다름없는 신세다. 애들이 모두 개학을 하고 보니 집구석을 지켜야 한다. 남편이 나가기 전에 일찍 토끼 먹일 비지를 사러 승애네 집으로 갔다. 비지는 승애 엄마가 벌써 사다 놓았다. 잠시 방에 들어갔더니 승애 엄마가, "고모, 지난 토요일 날 고모부가 늦게 돌아오셨지요?" 한다. 나는 남편이 나가서 밤을 새우고 들어와도 누구에게 말하고 싶지 않았다. 그러나 이번에는 수상쩍어, "그래, 밤새고 돌아오셨어. 왜?" 했더니, 토요일 날 저녁 일곱 시 즈음에 고모부가 어느 여자와 다정하게 지나는 걸 보았다고 승애 아빠가 말하더란 것이다. 그 말에 내 가슴이 소리 내어 뛰는 것 같았다. 왜냐하면 남편 말과 너무 상반된 내용이기에. 남편은 오후 두 시에 홍릉 가서 마작을 치며 밤새워 놀았다고 했는데 정말 뚱딴지같은 거짓말이 아닌가.

집으로 왔다. 가슴이 뚝딱거리며 마구 뛴다. 그러나 출근시간이라서 혀를 깨물고 참았다. 남편이 눈치를 챘는지 나에게 자꾸 말을 걸었다. 나는 확 분이 북받쳐 말문이 터져버렸다. "여보, 꼬리가 길면 밟힌다더니 당신 외박하는 비밀이 탄로가 났구려." 했다. 남편은 그게 무슨 소리냐고 태연히 묻는다. "당신 지난 토요일 날 명동에서 어떤 년과 다정하게 지나갔지요? 그래도 몰라요?" 했더니 누가 그런 벼락 맞아 죽을 소릴 하드냐 한다. 승애 아빠가 봤다고 하자 부들부들 떨면서 "요놈 봐라." 하더니 양말을 신다 말고 한 발엔 곤색 양말, 한 발엔 검은색 양말을 짝짝이로 신고서 밖으로 뛰어 나가며 승애 아빠 불러다 놓고 따지겠다고 한다.

잠시 뒤 남편이 승애 엄마를 끌고 들어왔다. 승애 엄마더러 "내가 토요일 날 그러는 걸 봤니?" 하고 호통을 친다. 승애 엄마는 얼굴을 붉히면서 "토요일이 아니고 금요일이에요. 제가 날짜를 모르고 그랬어요." 한다. 금요일이라면 친구 부인과 만났다는 얘기를 나한테 했었다.

나는 스르르 가슴이 풀려 내가 너무 잘 못했다고 사과했다. 남편은 "제발 나를 의심하지 말아요. 패가망신 한 놈이 또 그러려고? 맹세하고 안 그래." 한다. 나는 더 이상 내 가슴에 상처를 주지 말기를 바라며 더 이상 여자관계가 지속될 때는 싸움도 필요 없고 당신과는 마지막이라고 호소하였다. 눈물이 사정없이 쏟아졌다.

3월 중순 하고도 어느 날

날씨가 잔뜩 흐리더니 때 아닌 눈발이 펄펄 날린다. 가루눈이 흡사 떡가루 같다. 마당에 쌓은 눈을 치우면 또 쌓이고 치우면 또 쌓이고 쌓인다. 백옥같이 쌓이는 이것이 먹을 수 있는 식량이라면 하고 애들 같은 생각을 해본다.

미끄러운 길에 연탄재를 덮어 깔며 몇 지게 물을 길었다. 물 지게를 지고 눈 위에 뒹굴까봐 공포심에 발목이 바들바들 떨린다. 그러나 눈에 보이지 않는 신의 도우심인지 실수 없이 잘 길렀다.

며칠 전 싸운 뒤에 우리 부부는 요즘 더 다정해졌다. 나는 남편을 의심하지 않겠다고 맹세한 바 있고 남편은 무엇을 맹세했나 몰라도 전에 없는 친절을 베푼다. 마디마디 속속들이 맺힌 한이 조금씩 풀리는 것 같다. 억울함이 세월 가면 다 풀릴까. 그러나 모두가 불쌍한 인간. 내가 좀 더 성실한 아내라면 풀릴 것인가. 아니 성호를 긋는 나이기에 풀지 않으면 안 될 것 같다.

배곺품

따스한 날씨지만 봄바람은 약간 쌀쌀하다. 쌀독이 바닥나고 보니 뱃속이 더 허전하다. 쌀이 한 됫박 정도 남았는데 저녁 먹으면 내일 조반 끓일 것 밖에 없기에 오늘 점심은 거르고 저녁은 찬밥 먹으려 한다. 돈암동 언니네로 갔다. 가기만 하면 점심은 잔뜩 먹을 수 있다.

점심 먹고 좀 놀다 집에 와보니 이웃 정숙이가 와서 "엄마가 쌀 좀 꾸어 오래요." 한다. 그 애 얼굴을 보니 눈은 쑥 들어가고 눈물이 글썽하고 입술은 바싹 말라붙었다. 나는 어쩔 줄을 몰랐다. "정숙아, 몇 끼나 굶었니?" 하고 물어보았더니 "두 끼 굶었어요." 한다. 나는 너무 가엽고 딱해 안방 건넌방으로 서성이며 어쩌나, 어쩌나 하며 돌고 있는데 정숙이도 나를 따라 같이 맴돌았다. 그러다 "정숙아, 내가 쌀을 구해서 갈게 너 먼저 가있어라." 하고 숨을 돌린 뒤 아무리 생각해도 도리가 없어 찬밥을 모조리 담아가지고 김치 한쪽과 함께 갖고 갔다.

주고 나니 답답했던 속은 좀 풀렸지만 만족감이 느껴지지 않왔다. 애들은 밥을 보고 좋아서 손으로 뜯어먹으며 밥 냄비를 들고 부엌으로 들어가더니 빈 그릇을 들고 나왔다. 정숙 엄마는 미안한 듯 번번이 폐를 끼쳐서 미안하다고 한다. 나는 일어서면서 "다 같이 가난한 생활인데 인사는 그만두고 찬밥이라도 따듯이 데워 먹이세요." 하고 방문을 나섰다. 가난, 가난이란 무서운 것. 누구도 이길 수 없는 가난이다.

이 글에는 날짜가 없다. 단상을 적어 놓은 글 같다. '배곯음'이란 제목도 엄마가 쓰신 대로 썼다. 부자도 층층 빈자도 층층이다. 정숙이네는 우리보다 더 어려운 형편이었다. 엄마 또한 내일 아침 거리 끓일 것 밖에 없는 형편이지만 배곯는 이웃을 본 순간 찬밥을 모두 모아 가지고 간다. 가난 속에 꽃 피우는 이 광경이 훈훈하고 아름답다. 두 끼나 굶은 애들에겐 그 밥이 천국의 밥상이었을 터. 얼마나 주렸으면 보자마자 밥을 뜯어먹었을까. 엄마의 모습에서 콩 한쪽도 나눠 먹는다는 우리 속담이 생각났다.

오늘 날에도 지구상엔 굶주리는 이들이 많다. 그러나 콩 한쪽도 나눈다는 건 어쩌면 가난한 사람들에게나 가능한 일인지 모른다. 이런 글을 본 적이 있다. 콩 한쪽이나 콩 한말은 나눌 수 있지만 콩이 땅이 되는 순간부터는 인간의 욕심 때문에 나누기가 어려워진다고.

신약성경에 나오는 과부의 헌금, 자신의 전재산인 렙돈 두 닢을 헌금함에 넣어 수천년 지난 오늘날까지 두고두고 회자되며 칭

송받는 그 과부의 일화를 떠올릴 때마다 나는 늘 그녀가 부자였다면 어땠을까를 상상해보곤 했다.

1964년 3월 23일

발버둥을 쳐도 벌어들일 수 없는 돈, 아껴 써도 주림 받는 돈, 이래도 저래도 끼니를 끓이기에 쩔쩔매는 형편이다 보니 이젠 짜증도 나고 인간사회에 대한 원망이 가슴에 꽉 차고 말았다. 어떠한 난관 속에서도 자식들 교육만은 시킬 거라고 굳게 맹세하지만 이다지도 고통스러워 어이할꼬.

날씨가 사납다. 봄 날씨라 하기엔 산에, 산에 눈이 하얗게 덮여 있고 바람이 목을 웅크리게 한다. 땅거미 질 무렵 허둥지둥 물을 긷는데 짓궂게도 바람에 검불이 날아와 물 초롱으로 들어간다. 발걸음을 재촉하니 물지게 삐그닥 소리도 자주 난다. 비탈길을 올라오려니 너무나 힘이 없어 발걸음이 떨어지질 않는다. 요즘 배를 곯고 보니 이렇게도 힘이 빠졌구나 싶어 있는 힘을 다 했다. 이렇게 무리를 하다 내가 죽을 수도 있겠구나 싶은 생각이 머릿속에 가득해질 때가 있다.

집에 들어오는 진에게 뜨데기국(수제비국)을 차려주고 상을 물리기를 기다린 다음 나는 진에게 "너는 요즘 돈 벌 생각 좀 해봤니? 남들은 가정교사 노릇도 해서 돈을 버는데 너는 우리가 이렇게 가난한데 그런 생각도 안 해봤니? 너는 세상에 바보다."라고 수없이 욕을 해댔다. 벗에게만 하소연한다.

1964년 4월 6일

억수처럼 쏟아지는 비는 봄기운을 북돋아주는 것 같다. 물 때문에 빨래에 지장이 많았기에 나는 내리는 비를 피할 생각도 않고 독마다 물을 가득 받아 부었다. 양은 다라에도 가득, 나중에는 냄비에까지 받아놓고 보니 물 부자가 된 것 같다. 만족감을 금할 길 없다. 그칠 줄 모으고 내리는 비. 열이가 우산이 없어 내 헌 양산을 꿰매어 줬더니 여자 거라고 골을 내며 그냥 빗속으로 뛰어간다. 밤새 설사병을 앓고 조반도 못 먹고 가다니 못내 마음이 상한다.

아랫방 건넌방 따뜻하게 연탄을 더 땐다. 시간이 돼가니 식구들이 돌아온다. 열이가 덜덜 떨며 비를 납죽 맞고 학교에서 온다. 내가 근심한 것과 달리 어딘지 모르게 생기가 있다. 얼굴을 닦아주며 이불속으로 들어가라고 하였다. 다음엔 남편이 초조하게 들어오고, 조금 이따 진이가 온다. 여느 때 보다 얼굴을 잔뜩 찌푸리고 오며 "비신(장화)은 얼마 주면 사는 거야?" 하고 볼 멘 소리를 한다. 속이 상해 나는 말을 비꼬았다. "엄마는 돈이 많아도 비신은 살 줄 모른다."고.

숙이가 "문 열어." 한다. 비를 납작 맞았다. 우산 들고 갔는데 왜 비를 맞았냐고 묻자 바람에 비닐우산이 홀딱 뒤집어져 창피해서 우산을 접어들고 비를 맞았다며 씩 웃는다. 웃는 숙의 얼굴을 보니 상했던 내 마음이 담박 씻어지고 안정이 된다. 나는 또 입을 열었다. "엄마는 너희들이 집에 들어올 때 웃는 얼굴로 나를 대해주는 게 제일 이뻐. 우리 숙이가 제일이야. 억수 같은 빗줄기를 이기고 집까지 왔으니." 하고 등을 어루만지며 칭찬해주었다. 진은 미안한지 골난 얼굴을 감추고 웃는 소리를 낸다.

저녁 식사가 끝난 뒤 남편은 내일 교통비가 없다며 "당신이 어디 가서 꾸어라도 와." 한다. 네 식구들로부터 한 가지 한 가지 단련을 받던 나는 화가 나서 내가 어디 가서 꾸어오느냐고 언성을 높였다. 남편은 "못 꾸면 애들 학교에도 못 보내는 거지 뭐." 하고 한심한 말을 한다. 내 속이 더 상했다. 아버지답지 않게 '없으면 학교 못 가지' 하는 말이 귀에 거슬렸다.

1964년 4월 15일

우리 집 경제난이여, 안녕을 수없이 청하거늘 왜 이리 작별을 주저할까. 제발 가버려줘. 나의 할 일 시간이 너무 많이 흐르기 전에, 내 이마에 주름이 그어지기 전에 소원성취하고 싶어. 나라고 왜 호강을 사양할까봐? 아니야. 고생보따리만 지고 이 세상에 태어났을까봐? 천만에요. 내 눈앞에 고생덩어리가 보이기만 하면 복수를 할 텐데 그러나 보이지 않기에, 이것이 나에게 주어진 운명이라 당할 뿐이야.(중략)

오늘은 내가 반은 미친 것 같다. 왜냐고? 오늘 아침은 조금씩 나눠 먹고, 세 애들 도시락은 못 싸주고, 저녁거리도 없고, 반찬도 고추장 간장뿐이고, 비는 부슬부슬 내리고, 어두워 올 때가 되니 한 가정의 주부요 또 내 손길만 쳐다보는 삼 남매의 어미로서 끼니를 굶긴다는 건 참말로 말로는 형용할 수가 없어. 그렇게 좋아하는 라디오도 오늘 만은 듣기 싫고 그저 찬비 맞으며 먼 산만 바라보고, 뭐라도 있으면 팔아야지 하고 집안을 뒤져보기도 하고, 남아 있는 무에 살며시 소금도 넣어 먹어보니 그런대로 허기는 면하겠어. 하나둘씩 돌아오는 애들 보고, 이 세상은 이처럼 살기 힘드니 정신 차려 굳세게 살아가라고 타이르자, 심각하게 듣는 애들은 무엇인가 결심하는 표정이다. 누구에게 신세 지는 사람이 제일 못난 사람이라고 강조하는 내 답답한 마음.

돈으로 해결할 수 없는 텅 빈 우리 집 쌀독에 신의 기적을 베풀어 주소서. 아멘.

아무리 기억을 돌이키려 해도 이토록 고생을 했다는 게 실감나질 않는다. 뇌리에 내장돼 있던 궁핍의 서사는 세월에 분절되고 탈색되어 버렸는지 단지 '가난하고 우울했다'는 한마디로 응축된 문장만 남아 있을 뿐이다.

북한 속담에 '먹을 것이라곤 하늬바람밖에 없다'라는 말이 있는데 엄마의 일기를 보니 우리도 그 속담이 실감날 정도로 살아온 것 같다. 세월이 간다는 건 얼마나 큰 축복인가. 인간에게 망각 기능이 있다는 건 또 얼마나 다행한 일인가. 이러고도 살아냈구나 싶어 나는 엄마와 우리 가족이 새삼 대단하게까지 여겨지는 거였다. 더 나아가 불특정 다수의 역경을 헤쳐 온 모든 사람들도 다 대단하다는 생각이 들었다.

〈훈장〉이라는 글에서 나는 이렇게 썼다. 산다는 건 괴물의 잔등에 꽃을 피우라는 임부를 부여받는 거라고. 우린 모두 아홉 대가리 괴물 히드라를 쳐 죽여야 했던 영웅 헤라클레스의 분신들이라고. 끝자락에 한 줄 쓴 엄마의 기도문이 내 콧날을 아리게 한다.

1964년 4월 20일

지루하게 내리던 비가 개여 오늘은 해를 보게 되었다. 어둠에서 깨어난 기분이다. 상쾌한 마음에 구석에 쌓인 빨래를 빗물에 담그며 빨기 시작하였다. 부드러운 물이라 때가 잘 진다. 높은 지대라 언제나 물 고생을 면치 못하는 이 동네는 비만 내리면 물 호강을 한다.

이번에 쌀 한 말 사 온 것은 밥이 늘지 않아 3일을 못 먹겠다. 저녁밥을 식구 수대로 담아놓고 보니 내 밥이 없다.

오늘은 여느 때 보다 남편이 늦게 들어온다. 담 너머로 버스길을 바라보며 오늘은 기분전환이라도 해서 왔으면 하는데 저 아래서 오는 사람이 바로 우리 집 양반같이 보인다. 부지런히 내려가 손에 들고 오는 우산을 받았다. 남편은 어두운데 어떻게 알고 내려왔냐며 반가워한다. 나는 "당신 땀 냄새가 구수하게 납디다. 그래서 어두운데도 알고 쫓아 나왔지." 했다. 남편은 "영감 냄새가 정말로 구수한 모양이지?" 하고 놀린다. 구름에 가리어졌던 달이 더한층 밝게 비춘다. 이대로 어디론가 산책이라도 하고 싶은 기분이 문득 솟구쳤다.

삼복염천 맹 더위에도 이따금 시원한 바람이 불어올 때가 있다. 아주 잠시만 불다가 사라져도 그 바람 맛은 더없이 달디 단 생기를 안겨주었다. 산모가 산고를 치를 때도 곧 죽을 것 같은 진통 속에서 아주 잠깐씩 고통이 멎는 시간이 온다. 불화하며 지내던 아버지와 엄마가 모처럼 달콤한 부부애를 보이고 있다. 이 장면을 적어 내리며 나 또한 흐뭇해져 한참 머물러 보았다.

1964년 5월 1일

오늘도 비가 내린다. 다 떨어진 우산을 꿰매 놓고 나니 먼저 갖는 놈은 새것, 나중에 갖는 놈은 헌 우산 차례다. 열이는 눈물을 짜며 만날 자기만 헌 우산 준다고 그냥 나간다. 나는 재빨리 붙잡고 10원 줄게 빵 사 먹고 헌 우산 받고 가, 하니까 그제야 입이 넙죽해서 나간다. 아휴~ 하고 숨을 돌리곤 따스한 아랫목에 누워 라디오에서 흘러나오는 멜로디에 헝클어졌던 마음을 정리해본다. 과연 라디오는 나의 유일무이한 벗이다. 그러기에 빚쟁이들에게 라디오를 빼앗겼을 때 눈물을 흘리며 구구한 사정하여 돌려받았다.

저녁 때 또 언니네로 신 김치 얻으러 갔다. 언니가 대문을 열어준다. 형부가 오시기 전에 가야한다. 눈치챈 언니는 얼른 담아준다. 나는 입이 떨어지지 않는 걸 용기 내어 "언니, 나 참깨 좀 조금만…." 하고 부탁하자 김치, 참깨, 콩나물, 묵을 부지런히 싸가지고 가라고 한다. 눈이 훤하다. 내일 아침은 진수성찬이겠다. 그러나 언니네 애들 보기가 부끄러웠다. 이모라고 늘 와서 먹고 뜯어간다고 흉볼 것 같다. 형부 오실까봐 얼른 대문을 나와 어둠 속으로 내 몸을 감춰버렸다. 높은 하늘에 별빛만이 반짝인다. 차가운 밤바람 속에 발걸음을 재촉한다.

1964년 5월 6일

성모 마리아여, 불효자식이 부모에게 돈만 달라니 바르지 못한 양심이라고 당신께서는 그만 화가 나셨나이까. 불효자라고 버리셨나이까. 왜 이리 헤어날 수 없는 고통 속에 저를 버려두시나요? 원망스럽습니다. 한 끼만 굶주려도 그 쓰라림이란 비할 데가 없군요. 앞으로 우리 가정은 어떤 비극이 올지 어느 누구도 알지 못하지만 매일같이 죽겠다고 저만 찾는 남편 소리에는 소름이 쪽 끼치곤 합니다. 사실 죽음을 재촉하고 싶은 건 바로 이 사람이랍니다. 허나 입속으로만 담아 둘 뿐이지요.

희망 없는 나날을 숙제인양 살지요. 하루 종일 찾아주는 사람 없는 조용한 방구석에 누워 공상만 한답니다. 그저 하루살이로 오늘은 무슨 희소식이라도 가져다줄까 하고 눈이 빠지게 기다리지요. 그러면 남편은 해쓱해진 얼굴로 긴 한 숨 쉬며 맥없이 마루로 올라오지요. 너무 가여워서 저는 용기 내어 말로 약장수를 한답니다. 외로운 사람에게 동무가 돼주고 싶어서랍니다. 제 심정은 우는 사람 있으면 같이 울어주고 싶고 외로워하는 사람 있으면 동무가 돼주려고 합니다. 지루하던 봄장마도 이제는 끝난 모양입니다. 우리 집 앞에 있는 아카시아 잎이 피어 가지 사이를 메워주는군요. 봄바람이 세게 불어옵니다. 파도가 일다가도 잔잔히 잠들 때가 있건만 우리 집 가난은 면할 때가 없을까요. 제게 주신 운명이라면 도리가 없겠지요. 공수래공수거. 욕심부리지 않겠어요. 혀를 깨물고.

1964년 5월 14일

항상 집 속에 박혀 낮잠만 자고 밥이나 끓여먹고, 이것이 고작 나의 일과다. 벚꽃이 피었네, 목련이 피었네, 하지만 이것은 오고 가는 말소리로만 들었을 뿐 내 눈으로 본 일은 없다. 그러나 우리 숙이가 책가방 열고 학교에서 꺾어온 몇 송이 꽃을 문갑 위에 꽂아준다. 장미, 수국. 며칠 동안 일손을 멈추고 탐스럽게 핀 꽃을 내 볼에도 가만히 대본다. 과연 꽃은 고운 것. 헝클어진 내 마음에도 봄이 온듯하다. 그러나 며칠이 지나서 꽃은 시들어진다. 누구의 미움도 받지 않고 그저 조용히 축 늘어진다. 나는 우울했다. 한 인간의 생명과도 같기에 나의 40 평생을 말없이 숨겨가는 꽃에 비교해보지 않을 수 없었다. 남은 생이나마 조용히 살아보는 게 평생소원이다. 남편도 나와 동감인 것 같다. 어느 사이에 출근할 때는 쌀독 조사 먼저 하고 가는 습관이 생겼다. 진즉 이렇게 집안에 관심을 가졌더라면 지금 이런 불행은 없었을 텐데.

오늘 저녁에는 진 옷 걱정을 하면서 여대생들 옷차림만 눈에 들어온다고 말하기에 너무 고맙고 미안한 생각이 들었다. 당신 일도 골치 썩이면서 애들 옷 걱정까지 하는 바람에 동정이 갔다. 왜 진즉에 그런 아버지가 못됐냐며 나는 너무 기뻐서 "여보, 정말로 당신이 아버지가 되었구려." 하고 기쁨을 감추지 못하였다. 이것이 진실한 부모 심정일지 모른다. 지금 우리 집은 조금만 경제적 여유가 있어도 보람 있게 살 것 같다. 그러나 오복은 못 갖고 태어난 모양이다. 사는 게 이다지도 어려운 걸 보면 말이다. 오늘도 저녁거리가 없어서 빈 솥만 들여다보며 밥 달라는 애들을 "조금만 기다려." 하고 부드럽게 위로한다. 그때 남편이 문 열어, 한다. 내다보니 쌀자루를 쌀장수가 들고 온다. 반가웠다. 이렇게 저렇게 몸 건강히 세월이 가다 보면 끝이 있겠지.

쑥스러운 고백이나 여고 시절 나는 곧잘 학교 교정에서 한 두 송이 꽃을 꺾어 집으로 가지고 가곤 했다. 우리 학교는 타교에 비해 캠퍼스가 넓고 꽃이 많았다. 중학 입학시험을 볼 때 세칭 최고라는 K여중을 갈 수 있는 실력이었음에도 E여중을 택한 것도 캠퍼스가 아름답고 두발의 자유가 있었던 때문이었다. 꽃을 꺾어간 것은 사는 게 우울했기 때문이었다. 꽃을 꽂아 놓으면 내 현실이 달라 보였다. 우리 방은, 내 책상은 꽃이 있는 방, 꽃이 있는 책상이 되는 거니까.

1964년 5월 15일 금요일 맑음

사람이란 모두가 허무 속에 발버둥 치며 사는 것 같다. 그게 세상이다. 모두가 좀 더 잘 살아보려고 좀 더 행복을 찾아보려고 하지만 모두가 소용없는 불장난과도 같은 거라고 나는 말하고 싶다. 이유는 그 누구도 믿을 사람이 없기 때문이다. 남편도 자식도

다 한 가지다. 각자 자기주장대로 사는 실정이니 믿을 곳이 없다. 자식들도 장성함에 따라 정이 멀어진다. 이유는 부모라는 존재보다 자기들의 개성을 주장하기 때문이다. 옳은 것이든 그른 것이든 부모 명령을 벗어나 자기 뜻대로 살려한다. 진자리 마른자리 보살피며 애지중지 길러온 자식들, 그 무엇보다 소중히 길러온 자식들. 그러나 요즘 진은 제 아버지에게 인사 한마디 하기 싫어한다. 그 속이 어떻게 생겼기에 부모의 가르침을 실천 안 하고 또 하기 싫어하는 건지. 나는 불량배들은 부모가 무관심하게 키워서 그리 된 줄 알았는데 그것도 아닌가 보다. 그러고 보면 믿을 것이 하나도 없다. 제일 가까운 남편도 못 믿고, 자식도 못 믿고, 믿을 거라곤 내 육신뿐이다.

오늘도 진에게 부드러운 말씨로 "너도 그만큼 성장했으니 이제는 인사체면도 똑바로 차려라. 너는 왜 아버지에게 인사를 못 하니?" 했더니 "인사를 꼭 해야 하나요?" 하고 반박을 한다. 온갖 고생 다 하여 고등부 거쳐 대학까지 보내줬더니 계집애가 대답이라곤 한심하다. 보람이 없다.

1964년 5월 17일

왜 이렇게 머릿속이 텅 빈 것만 같을까. 뭐가 뭔지 흐리멍덩하다. 성신강림첨예 날이다. 그러나 의무적으로 성당에 갈 뿐이다.

나는 바보인가 봐. 너무 머리를 얻어맞아서 골속이 그만 바보가 되었나봐. 그러나 남편하고 임■■의 관계만은 하나도 잊혀지질 않았어. 길을 가다가도, 버스를 탔을 때도 키가 작고 빼빼 마른 여자만 보면 전부 임■■로 보인다. 오늘도 언니 따라서 극장엘 갔는데 유심히 살펴지는 건 임■■였다. 저녁마다 극장을 무대로 다니던 남편과 그녀인지라 나는 극장 문전만 보면 남편과 임■■가 나란히 나오는 걸로 보인다.

오늘도 남편은 지방으로 낚시질을 갔건만 내 정신은 그렇게 쏠린다. 너무 추하게, 너무 무질서하게 놀던 두 남녀. 그러고도 나에게 정식으로 사과도 없이 사는 남편. 임■■란 계집년이 오늘 이 극장에 또 어느 남자를 꼬여 오지는 않았을까 하고 오가는 사람들을 유심히 바라본다. 이것은 내가 하고 싶어서가 아니고, 만나보고 싶어서도 아니다. 항상 복잡하게 살면서도 그 일만은 내 머릿속에서 떠나가질 않기 때문이다.

1964년 5월 22일

비가 쏟아진다. 조반이 끝나자 학교 갈 애들은 제각기 우산 때문에 발을 멈추고 있다. 남편 주머니 속에 든 총재산이 100원인데 이 돈을 셋으로 나눠야 한다. 우산도 사야 하고 열이 40원도 줘야 하고 남편 교통비도 남겨야 한다. 참말로 울고 싶어. 우산 30원

주고 사고 열이 40원 주고 또 차비 10원 주고 나니 남편 교통비는 20원밖에 없다. 남편은 말없이 눈살을 찌푸린다.

3일째 배가 아프다. 혹시 이질은 아닌지. 죽을병에 걸려도 약 사 먹을 도리가 없다.

해가 서쪽으로 기우니 마음이 불안하다. 언니에게 방출미 좀 얻어 달라고 부탁은 했건만 소식이 없다 간단히 찬밥을 먹고 언니네로 갔더니 방출미 사기가 힘들다고 한다. 사실 표를 얻어도 돈이 없어 못 살 지경이다. 언니는 근심스럽게 어떻게 지내느냐 물었지만 구질구질한 말은 누구에게도 들려주고 싶지 않았다. 언니가 두둑이 담아주는 저녁밥을 먹고 쓸쓸히 집으로 돌아왔다. 풀벌레 울음이 처량하게 들려온다. 내가 작년 이맘때 날이 가물어 우물가에서 물을 짜내며 들었던 풀벌레 울음소리다. 1년 후면 무슨 뾰족한 수가 있으려나 하고 기대했건만 생활난은 조금도 변화가 없다.

나의 유일한 벗이었던 잉꼬가 죽었다. 어쩌다 병이 났는지 빳빳하게 죽어 있다. 가여워라. 나의 벗이었던 잉꼬야, 나를 버리고 네 영혼은 어디로 갔느냐. 고이 잠들어라.

1964년 5월 26일

대문을 나서는 남편에게, "여보. 저녁거리가…." 하다가 말문을 닫았다. 남편은 "응, 알고 있어. 내가 일찍 올게." 하고 부드럽게 말하곤 비탈길을 내려간다. 남편 뒷모습을 보며 조용히, "주여, 빈곤 속에 허덕이지만 화목을 제일로 살리고 노력하는 가난한 지붕 밑의 다섯 식구 밥줄을 한몸에 걸머지고 나가는 제 남편에게 주님의 기적을 내려주소서. 동시에 당신 품에 이끌어주소서."라고 기도한다. 남편은 이느새 나뭇가지에 가려 보이지 않는다 가장의 책임이란 참 무겁다고 생각한다. 온 집안 식구들이 장부의 얼굴만 보고 사니 말이다.

해질 무렵, 나는 눈이 빠지게 아랫길만 바라본다. 남편 오기를 기다린다. 그때 남편 비슷한 사람이 고운 색종이에 무엇인가를 싸서 들고 올라온다. 남편 같기는 하나 열이더러 내려가 보라고 하였다.

대문에 들어오는 사람이 틀림없는 남편이다. "아니, 이게 뭐요?" 하고 남편 손에 들린 걸 받았다. 늘 필요했던 파라솔과 진과 숙의 옷 한 벌 씩이 들어있다. 고마우면서도 돈이 많이 들었을 텐데, 하고 걱정스러웠다. 남편은 주머니에서 돈 2,000원을 꺼내 주며 쌀 사고 외상값도 갚으라고 한다. 방금 전에도 가게 집에서 쌀값 달라는 재촉을 받았기에 생기가 돌았다. 오늘은 수지가 맞는 날이다. 급히 돌아다니며 외상값도 갚고 쌀 한 말, 보리 조금, 콩 조금씩 사 가지고 왔다. 파라솔은 내 마음에 꼭 든다. 옷은 초라한데 파라솔은 1,000원짜리고 보면 과분하다.

그날 아버지가 사 오신 건 원피스였다. 언니 거랑 내 것 두 벌의 원피스였는데, 나는 그 원피스가 너무 마음에 안 들었기에 지금도 색상과 무늬를 기억할 정도이다. 다소 큼직한 나뭇잎 비슷한 무늬였고 색상은 연두와 수박색이 어우러져 있었던 것 같다. 내 피부색과 맞지도 않고 좋아하는 색상도 아니었지만 아버지에게 마음에 꼭 든다고 마음에도 없는 말을 하면서 그 옷을 입을 때마다 색상에 대해 아쉬워했었다.

1964년 6월 15일

벗, 미안해. 나는 나쁜 버릇이 있어. 조용한 시간이 없으면 일기를 안 쓰는 습관이지. 그러나 별다른 일은 없었어. 그저 심심하고 출출하면 곧장 언니네 가서 밥 얻어먹으러 가는 찝찝한 버릇이 있지.

뭉게구름이 왔다갔다하는 게 소나기라도 내릴 것 같다. 아침 지으려고 일어나니 머리가 어찔하다. 조반을 지으려 해도 점점 더 할 뿐이다. 연탄가스 중독인가 하고 방으로 들어와 남편을 깨웠다. "당신도 머리를 들어보아요. 나는 어지러워 죽겠는데 당신은 괜찮아요?" 하고 자리에 푹 쓰러졌다. 정신이 점점 더 흐려진다. 나는 언제고 빈혈로 죽을 거라 생각하니 허무하다. 죽을 것 같다고 하자 남편이 서둘러 애들에게 약을 사러 보내는 모양이다. '스파루긴' 한 병을 마시니 정신이 좀 드는 것 같으나 좀체 회복은 되지 않는다. 주일 미사도 가지 못했다. 그러나 남편은 낚시 간다고 나선다. 만일 내가 죽는다면 혼자 죽겠지 하는 외로움이 앞을 가린다.

엄마는 일기를 거의 매일 썼는데 얼마간 공백을 두려니 일기장에게 미안했던 모양이다. 무슨 말이든 할 수 있는 일기야 말로 엄마의 둘도 없는 소울 메이트였을 터.

1964년 6월 16일

오란 말도 없는데 언니 네로 간다. 초인종을 누르니 식모가 나오며 "아주머니, 어쩐 일이세요?" 하며 호들갑을 떤다. 어쩐지 쑥스러웠다. 나는 "응, 개근상 받으려고." 하며 대문을 들어서니 언니가 반가워한다. 재관 엄마가 왔다. 부잣집 마누라답게 토실토실 살이 쪘고 목에는 굵직한 금목걸이가 번쩍 빛난다. 언니하고 번갈아 가며 둘이서 남편 자랑을 한다. 나는 묵묵히 앉아있었다. 자랑거리는 없지만 입을 열어, 요즘 진이 아버지는 참말로 온갖 성의를 다 보여주고 잘하려고 애를 쓴다고 했더니 재관 엄마가, 제 버릇 개 주겠냐며 난봉쟁이 그 버릇은 못 버린다고 톡 쏜다. 거북하고 민망해도 내 자랑이라곤 그것밖에 할 게 없다.

집으로 돌아오며 팔아먹은 내 패물을 생각했다. 나도 누구 부럽지 않게 목걸이 반지 가락지 다 있었지만 가난이 버거워 눈물 머금고 팔아서 이것저것에 보태 쓰고 말았다. 그러나 아직 절망은 아닐 것이다.

그녀는 언제나 '나는 부자요'라고 하는 듯이 보였다. 팔목과 손가락엔 금붙이가 주렁주렁하고 맵시 있게 차려 입은 비단옷은 번들거렸다. 남편은 철물상을 했는데 '알부자'라는 말이 따라다녔다. 하지만 절절매며 기 한번 못 피며 살아가는 엄마에게 하필 그런 말을 하다니. 그날따라 이모님도 남편 자랑을 한 걸 보면 재관엄마에게 살짝 샘이 나셨던 모양이다. 아무려나 그 상황에 외톨박이가 된 건 우리 엄마다.

일본 작가 엔도 슈샤쿠는 그의 소설 〈침묵〉에서 죄란 한 인간이 다른 한 인간의 인생 위로 통과하면서 자기가 거기에 남긴 발자국을 잊어버리는 일이었다, 고 썼다. 알고 보면 인간은 누구나 자신도 모르게 범한 죄에서 자유로울 수 없을 것 같다.

1964년 6월 29일(음력 5월 20일)

날이 몹시 가물어 식수난이 이만저만이 아니다. 물 얻으러 눈치를 살피며 다닌다. 요새는 왜 수돗물도 잘 안 나오는지 모르겠다. 섭씨 32도를 오르내리는 더위 속에 물도 실컷 못 쓴다.

요새는 귀여운 토끼 새끼가 무럭무럭 자라서 얼마나 귀여운지 모른다. 안아주고 쓰다듬어주기도 한다. 아범인 수토끼는 얼마나 잘 생겼는지 나는 '미남'이란 별명을 붙여주었다. 정말 이쁘고 점잖게 생겼다. 주석으로 풀 뜯으러 헤매며 토끼가 좋아하는 풀을 찾아다니기에 바쁘다.

아침 9시부터는 동아방송 희망음악 시간이라 즐겨 듣지만 요새는 물 짜러 다니느라 아쉽게도 못 듣는다. 내일은 내 생일. 작년에도 생일날 죽을 먹으면서 복이 없음을 한탄했는데 올해도 여전히 쌀독이 바닥났으니 한탄밖에 안 나온다. 뜨뜻한 불고기 한 접시 생각만 간절할 뿐.

우리 식구들 모두가 동물과 식물을 좋아했다. 없는 살림에도 개와 새와 토끼를 길렀다. 토끼는 새끼를 많이 낳고 잘 자라서 우리 식량이 되기도 했다. 지금 같으면 애완동물처럼 키우던 토끼는 못 먹을 것 같은데, 그 시절엔 먹을 게 궁해 그런지 잘 먹었다. 토끼 잡는 일은 이웃 아저씨가 했다. 가죽은 아저씨가 챙기고 고기는 우리 몫이다. 토끼 고기 맛은 닭볶음과 비슷했던 것 같다. 엄마의 일기엔 계속하여 물, 쌀, 연탄 타령이 끊이질 않는다. 그게 일상이었으니 어찌 비껴갈 수 있겠는가. 32도 무더위에 물을 짜고 있는 서프리카(서울 아프리카)의 엄마.

1964년 8월 25일

8월 27일까지 등록금 마감인데 날짜는 가까이 다가온다. 내 가슴이 이렇게 조여 오는데 진의 속인들 편할 리 없다. 무언가 고민 속에 갈망하는 것 같다. 나의 일심(一心)은 자식들 호강은 못 시켜도 공부만은 시켜야겠다는 것이다. 그러나 장담할 수 없는 게 경제난이다.

물을 길어다 빨래를 하는데 얼굴과 잔등에 땀이 도랑물처럼 흐른다. 흐르는 땀을 닦을 새도 없이 빨아서 다리는데 진이가 맥없이 들어온다. 죄 많은 어미는 자식 눈치 보느라 정신을 못 차린다. 진은 "엄마, 오늘까지 말은 안 했지만 등록금 때문에 여러 가지로 노력해봤어, 근데 P 신부님께 가서 부탁하니까, 너는 졸업 후 희망이 뭐냐 하시기에 수녀원에 가겠다고 했더니, 그럼 딴 수녀원에 가지 말고 독일 수녀원에 가라고, 네가 승낙하기만 하면 지금이라도 학비가 나온다고 해서 승낙했어." 한다. 그러니 엄마는 자기한테 관심 갖지 말라는 것이다. 나는 금세 눈앞이 캄캄했다. 당장 가는 것도 아니건만 말문이 꽉 막히면서 눈물이 쏟아졌다. 간신히 입을 열어, "이년아, 아무리 네가 수녀원엘 간다고 해도 그렇지. 지금부터 이름 걸어 놓고 그 돈으로 공부한 단 말이냐?" 했다. 나는 평소 수녀님들을 보면 머리 위에 쓰고 다니는 검은 보자기만 봐도 속이 답답하고 안타까웠는데 둘 밖에 없는 딸년이 수녀원엘 간단 말이냐고 또 나무랐다. 어디 가서 실컷 울어나 보고 싶었다. 안타깝고 가엾다. 모두가 나의 죄가 많은 탓인가. 이렇게 평생을 고생할 바에야 독신 생활이 부러울 것이다. 갈수록 태산이라더니 나를 두고 하는 말 같다.

언니는 가난한 집안의 장녀로서 많은 고민을 했을 테고 불화하는 부모님을 보며 결혼에 대한 환상도 깨어졌을 것이다. 수도자가 된다는 건 세상을 비관해서 도피적인 목적으로 가는 게 아님에도 언니로선 충분히 그런 생각이 들었을 수도 있었겠다.

1964년 8월 28일

29일이라는 숫자가 가슴 조이게 다가온다. 진의 등록금. 도둑질하는 사람이 이런 심정으로 탈선되어 남의 집 담을 넘는 모양이다. 나는 한 시간 여 진과 수녀원을 그려본다. 며칠 전에 진은 자기가 소중히 간직하고 있던 편지와 필기한 것들을 모조리 불살라 버렸다. 나는 그걸 보며 진이 무슨 생각으로 제 책상 정리를 하나 근심했다. 진은 너무 외고집쟁이라 다스리기가 참말로 힘들다. 그러나 내겐 세상에 없는 소중한 자식들이다. 나는 일생토록 자식과 헤어져서는 못 살 것 같은 기분이다. 누구에게 속마음을 털고 울고만 싶다. 때 아닌 가을비가 세차게 쏟아진다. 내 눈물처럼 쏟아지는 빗줄기여 내 우울한 마음 저 멀리 씻어가거라.

1964년 10월 10일

동경 올림픽. 라디오를 듣기만 해도 호화찬란한 것 같다. 나는 어제저녁 신문기사를 읽고 눈시울이 뜨거웠다. 15년간 남북으로 헤어져 만나지 못한 채 생사를 모르고 살던 신금단(辛今丹) 마라톤 선수가 동경에서 꿈에도 그리던 아버지를 만나 단 10분간 눈물로 안부를 나누며 헤어졌다는 기사를 읽고 나도 같이 울었다. 얼마나 할 말이 많았으랴. 그동안 고생인들 얼마나 심했으랴. 원수의 휴전선. 언제나 통일이 올까. 신금단 선수 가족이 하루빨리 합쳐 살기를 빌었다.

1964년 10월 11일 일요일

드디어 내일이 열이가 손꼽아 기다리던 소풍날이다. 열이는 단단히 벼르고 있다. 지난봄에도 돈이 없어 못 갔는데 이번은 초등학교 마지막 소풍이라고 한다. 말 안 해도 나도 잘 알고 있다. 저녁에 아버지 돌아오시면 시장에 가자고 하였지만, 오늘은 일요일이라 돈은 못 만져본다고 남편은 아침에 출근하며 말했었다. 속으로 근심이 된다. 돈 꿈질도 진저리가 난다. 해는 점점 석양으로 기울어져 간다. 열이는 점점 조르기 시작한다. 끝내는 울음으로 돌변하여 지나간 푸념까지 입에 담기 시작한다. 5학년 때 소풍

갈 때도 도시락 하나랑 돈 10원만 줘서 교통비만 하고 말았다는 넋두리다. 나는 입이 열 개라도 할 말이 없다. 다만 어미 구실 못 해 미안할 뿐이다. 또다시 용기 내어 꿈질을 하기로 하고 언니에게 보내는 쪽지 편지를 썼다. 애들은 막 웃는다. 엄마 쪽지 편지는 늘 돈 꿔 달라는 편지라고. 울고 있는 열이와 숙이를 언니네로 보냈다. 약 한 시간 후 요구대로 돈 400원을 숙이가 들고 왔다. 급히 시장으로 가서 열이 소원대로 사 들고 집으로 왔다. 진과 숙은 사 온 게 많다고 뺏어 먹느라 쌈박질이 터졌다. 과자 봉다리가 공처럼 방바닥에 굴러 떨어져 다 부서지고 말았다. 나는 화가 치밀어 "이 개 쌍놈의 계집애들."이라고 욕을 퍼부었다. 사다 놓은 과자 봉지를 이 꼴로 만드느냐고 주먹으로 마구 때렸다. 이래도 속상, 저래도 속상, 참말로 못 살겠다. 밤 열한 시가 넘어 남편이 과자와 과일을 사들고 왔다. 진즉 일찍 들어와 주었으면 이런 속을 썩지는 않았을 텐데.

인생은 가까이 보면 비극, 멀리 보면 희극이라더니 이 날 일기를 읽으며 혼자 킥킥 웃었다. 꿈질의 달인 우리 엄마, 쪽지 배달의 달인 우리 형제들. 언니와 내가 쌈박질하다 부스러기 된 애먼 과자들. 하하하하, 참말 웃프다.

1964년 10월 22일

지금은 한 밤중. 바람도 자고 모든 생물이 깊은 잠에서 무슨 꿈들을 꾸고 있을 것이다. 그러나 나는 웬일인지 한 잠도 이룰 수 없어 이불 속에서 이리 뒤척 저리 뒤척이다 보니 시계가 두 시가 울린다. 자리에서 벌떡 일어나 일기장을 열었다. 어디선가 개들이 몹시 짖는다. 밤손님들이 다니는 모양이다. 나는 뜬 눈으로 공상을 수없이 한다. 기와집을 짓고 또 헐고 또 짓는다.

날씨가 싸늘해짐에 따라 부모님 생각이 간절하다. 겨울만 되면 해수로 바깥 구경을 못 하시는 아버님, 허리로 고생하시는 어머님 생각하면 마음 아프다. 뽐내고 살다가도 황혼에 접어들면 자기 몸도 맘대로 움직이지 못하는 게 인간이다. 나는 몇 살이나 살다가 어떻게 죽을 건지 캄캄하다. 굳이 오래 살기 원하지 않는다.

어디선지 순경의 호루라기 소리가 급히 들린다. 도둑을 쫓는 모양이다. 몸이 오싹해지며 정신이 또랑또랑해진다. 불안한 세상, 못 믿을 세상이다. 오랜만에 부모님께 편지나 한 장 올릴 것을 약속한다.

1965년 2월 5일

몇 달 동안 일기도 못쓰고 그저 분주하게만 보냈다. 오늘은 숙이 고교 입학시험 날이다. 파란 속에 중학을 들어가고, 삼년이란 세월 동안 궁색한 살림살이로 등록금 한 번 납기 내에 못 내고, 정학 통지서 받고 부랴부랴 꾸어서 모면하고 지냈지만 어언 졸업이고 보니 숙이가 한편 가엽기만 하다. 숙아, 아무쪼록 굳세게 살자. 우리 집 식구 모두 고생 끝에 낙이 오는 날도 오겠지. 나는 아침 일찍 일어나 밥을 지으며 조금 남은 찹떡을 구워서 철썩 붙으라고 축원해주었다. 중학 졸업식 날도 돈이 없어 못 가보고 숙이한테는 미안한 일이 한두 가지 아니다.

요새는 수돗물도 밤 열한 시나 열두 시에 차례가 와 물을 긷는다. 달도 없는 요새는 얼음길에 물을 길으려면 십 년 감수한다. 물지게를 진채 몇 번이나 빙판에 넘어져 본 나는 한 발 두 발 옮길 때마다 성모님을 부른다. 내 위험을 보호해 달라고.

어이없게도 나는 이날 입학시험에 지각했다. 입학시험 날 아침에 참고서를 보다가 좀 늦게 나갔는데, 집에서 버스 길까지 거리도 멀었거니와 하필 버스도 늦게 왔다. 시청 앞에서 내려 덕수궁 돌담길을 뛰어 교문을 지나 고사장인 고등학교 건물까지 가는 동안 죽을힘을 다해 달렸다. 지각했지만 본교생이란 특혜로 고사장엔 들어갔으나 시험은 이미 시작되었고 첫 교시 시험을 완전히 망쳐버렸다.

한 밤중에 물을 긷는 엄마. 달빛조차 없는 빙판길을 물지게 지고 힘겹게 올라가는 엄마. 그 모습은 아무리 읽어도 콧날이 시큰해진다. 얼마나 힘이 들고 얼마나 마음 졸이셨을까.

1965년 2월 8일

모든 경제난에 머리가 어지럽다. 날씨가 풀리니 이사 문제, 애들 입학금 문제 공상 속에 하루해는 어느덧 석양 노을이 진다. 진이도 돌아왔는데 숙이는 안 온다. 저녁밥을 먹고 라디오 뉴스를 들을 때 얼핏 합격자 발표가 나왔다. 시간은 여덟 시. 틀림없이 숙이가 떨어졌나 보다 싶어 오바를 걸치고 돈암동 언니네로 가서 전화를 걸어보았다. 통화 중 한 참 만에 통화가 되었는데 619번은 없다면서 전화를 끊는다. 미칠 지경. 숙이를 어디 가서 찾는담. 울고 거리를 헤매는 숙이 모습이 눈앞에 그려진다. 어딜 가서 숙을 찾는담. 집으로 갔다가 다시 돈암동으로 갔으나 깊어가는 밤거리는 자동차 불빛만 보일 뿐이다. 맥이 빠진 채 집으로 와 마당에서 기다렸다. 시계는 밤 11시를 알리고 있다. 숙아, 죽지는 마라, 하고 입속으로 부르짖을 때 문간에 시커먼 그림자가 서 있다. 숙이다. 나는 숙을 끌어안고 한참 동안 울었다. 너무 가엾어서 엄마가 잘못 했다고 울었다.

그날 나는 학교에서 불합격을 확인하고 친구들과 얘기하다 헤어진 후 혼자 명동 성당엘 갔다. 부끄럽고 면목 없어 집에 가기 싫었다. 명동 성당에서 주님과 독대하며 날밤을 새울 작정이었는데 밤이 되자 웬 남자분이 와서 나가라고 하였다.

1965년 4월 13일

허무한 건 인생살이다. 내가 존경하는 가수 이난영 씨가 49세 일기로 세상을 떠났다. 가슴이 터지도록 슬펐다. 나는 당년 40세, 이난영 씨는 49세다. 내가 이난영 씨를 처음 본 것은 23년 전 수도극장에서였다. 춘향전을 고 남인수 씨와 하는 걸 보고 알게 되었다. 언제 들어도 싫지 않았던 '목포의 눈물'이 고인이 되고 보니 더욱 생생하다. 나도 울었다. 많은 자식들과 고생도 많았을 것이다. 고인 이난영 씨, 고이 잠드소서.

1965년 4월 22일

오랜만에 단비가 내린다. 소리도 없이 조용히 내리는 봄비. 버들잎도 파릇파릇, 앵두꽃도 방긋 벌어진다. 처녀 총각이 놀아나는 봄이 아닌 중년 신사 양반이 놀아나는 계절. 우리 집 남편은 밤 열한 시 반이 돼서야 돌아오더니 요즘은 열두 시 초침이 꼭 붙어야 "문 열어." 하는 소리가 들린다. 요즘은 연거푸 며칠째 춤을 추고 들어온다. 밤 열두 시까지 나는 비를 맞고 물을 긷는다. 남편은 들어와 본체만체 술 취한 채 자리에 눕는다. 물론 피곤할 것이다. 하루 종일 장사에 시달리고 밤이면 춤추느라 시달리니 당연지사다. 나는 땀을 쭉 흘리며 물을 다 길었다. 식구들은 모두 깊은 잠에 빠져 단꿈이라도 꾸는지 잠꼬대를 지껄이며 잔다. 마루에 앉아 이마에서 줄줄 흐르는 땀을 씻고 또 씻어 내렸다.

멀리 보이는 가로등 불빛도 비에 가려 희미해 보인다. 모두 고요하다. 얼마 동안 몸을 식히고 방으로 들어왔다. 어제도 뜬 눈으로 밤을 새웠는데 오늘이라고 단잠이 올 리 없다. 술을 마시면 잠도 잘 온다는데, 나는 문갑 위에 놓인 '진로' 병을 열어 소주 세 컵을 꿀꺽꿀꺽 마셔버렸다. 소주가 목구멍에서 뱃속까지 들어가는 동안 뜨끔뜨끔하다. 팔다리가 후들거린다. 나는 옆에서 자고 있는 남편을 흔들고 또 흔들어 깨워 일으켰다. 목구멍까지 차오르던 억울한 넋두리가 줄줄 새어 나온다. 오늘날까지 그늘에서 살았지만 남은 생은 좀 보람 있게 살겠다고 목멘 소리를 했다. 남편은 묵묵히 듣고만 있다. 두 뺨에 눈물만 하염없이 흐른다. 참다운 보람을 찾고 싶다. 뒤늦게라도 찾을 수 있는 행복이 있다면 어디까지라도 찾아보겠다고 울다 울다 잠이 들었다.

아버지는 자신이 원하는 일엔 절제가 안 되는 분이다. 아버지 나름의 애환과 스트레스가 많으셨을 터. 하지만 엄마는 밤늦도록 물을 긷는데(환할 땐 물 긷는 사람들이 워낙 많으니 엄마는 밤 시간에 길었다. 동네에 하나 있는 수도도 밤에만 물이 나왔다) 아버지는 밤늦도록 댄스홀에서 몸을 풀고 오다니. 친구들 중 훌륭했던 자기 부친 얘기를 들려주며 추억하는 걸 보면 새삼 부성에 대한 결핍으로 마음 아팠다. 그래도 나는 아버지를 그렇게 싫어하진 않았던 것 같다. 우선 아버지가 나를 예뻐하셨고 서로 대면할 시간이 적어서였는지 모른다. 정작 싫은 건 엄마였다. 엄마는 우리에게 욕 잘하고 신경질을 자주 부렸으니까. 그때는 엄마의 그런 모습만 보였으니까.

나중에 자식을 낳아 보니 나 또한 형편이 힘들거나 부부간에 문제가 생기면 곧잘 그 스트레스를 자식에게 쏟는 거였다. 그게 가책이 되어 어느 날 고해성사를 봤더니 신부님은 이런 말씀을 해주셨다.

"자녀를 소유물로 여기지 마십시오."

그런 거야 이론상으로 알고 있었지만 그다음 말씀이 귀에 꽂혔다.

"주님이 항상 곁에서 지켜보신다고 생각하며 사세요."

맞다, 나도 집에 손님이 있을 땐 자식에게 화가 나도 우아하게 야단치지 않았던가. 항상 그분이 우리 집에 계시다고 생각하자. 제발, 부디, 그렇게 해보자.

감정이 치솟을 땐 그 마저도 잊기 마련이지만 그래도 그 약발은 어느 정도 효과가 있었다. 하지만 이게 어디 자식 문제뿐이랴.

1965년 4월 28일

촉촉이 내리는 봄비가 목마른 나무를 적셔준다. 푸르게 돋아나는 잎이 좋아라고 춤을 춘다. 요새 며칠 째 남편이 일찍 돌아온다. 정말로 고맙다. 나는 요새 너무 신경을 써서 노이로제에 걸릴 지경이다. 나 혼자 별거를 할까 죽어버릴까 등등의 고민도 많았다. 그러나 남편이 다정하게 해주면 한 끝은 안심이 된다. 이럴 때 나는 남편에게 온갖 정성을 다 쏟아야 한다고 결심한다.

오늘도 아홉 시에 들어왔다. 매일 이맘때 들어오겠다면서. 나도 내일부터는 기다렸다가 이맘때 남편과 저녁 식사를 같이 하기로 약속했다. 우리 집에 평화와 화목이 깃들기를 바라면서.

4. 가뭄과 대홍수

1965년 5월 7일
~
1967년 9월 13일

1965년 5월 7일

많지도 않은 삼 남매 자식들이 잘 배워서 잘 돼야 할 텐데 마음대로 안 되는 게 자식이다. 요즘 숙은 반항심만 늘어 걱정거리다. 동무를 잘 못 사귀었는지 사춘기에 접어든 탓인지 내 말엔 반항만 한다. 공부도 안 하면서 큰소리만 펑펑 친다. 장차 어찌 되려하는지 천주님께 굽어 살펴 줍시사고 기도한다.

1965년 5월 21일

몇 달 계속해서 가물어 물난리는 날이 갈수록 심해진다. 내가 정릉으로 이사 온 지 만 삼 년인 오늘까지 물 고생인데 점점 가구만 늘어나고 있다. 수도는 단 하나. 그것도 밤에만 물이 나온다.

요새는 밤 한 시, 두 시까지 물 긷는 게 보통이다. 달도 별도 바람도 다 잠잘 때 나는 물지게를 지고 비지 같은 땀을 흘린다.

올봄처럼 바람이 심하게 부는 해는 처음 같다. 진땀 흘려 물 길어다 해놓은 빨래를 진창에다 쓸어 넣기 일쑤다. 그럴 때면 누굴 보고 꾸짖어야 하는지 화가 머리끝까지 치민다.

열이가 소풍 가서 찍은 사진을 보여준다. 제법 성인 티가 난다. 진이도 애인 사진을 보여 준다. 미끈하게 잘 생겼다. 가정도 좋다 하니 잘 어울렸으면 좋겠다. 같은 신자니까 더한층 마음이 놓인다. 오가는 사랑 편지도 달콤한 내용들이다. '피 한 방울 숨 쉬는 것 까지 진을 위해서'라고 진심을 고백했다. 영원토록 사랑이 이루어지기를 어미는 마음속으로 빈다.

1965년 6월 4일

어둠에 쌓인 밤. 그이는 왜 여태 돌아오지 않을까. 방송국에서 나오는 한밤의 멜로디 음악 소리에 조이는 가슴을 달래 본다.

심한 가뭄에 요즘은 인수동까지 물을 길으러 간다. 힘이 들고 허리가 아파 내 수명이 단축될 것만 같다. 갈수록 태산이라더니 갈수록 고생이 극심해진다. 비, 비, 비. 입에 침이 마르도록 부르짖건만 메마른 강산엔 바람만 분다. 꿈에도 기다리는 비. 성당 신부님도 천주님께 비를 내려달라는 기구를 많이 드리라고 주일마다 말씀하신다.

자정 넘어 두 시가 되니 밖에서 "열이야." 부르는 소리가 난다. 깜짝 놀라 재빨리 나가보니 술에 곤두레만드레가 된 남편이 썹던 껌 딱지를 이마에 붙이고 들어온다. 꼴을 볼 수가 없어 내 기분이 180도 뒤집어진다. 뭐가 못마땅해 매일 늦게 돌아오고 술에 취해 들어오니. 말도 하기 싫고 부축도 하기 싫다. 여자에게도 자존심이 있지 않은가. 여편네가 노예인가. 내 자존심을 지키고 싶다. 희생, 희생이란 무서운 것. 보람 없는 희생을 받쳐왔지만.

1965년 6월 25일

목이 타도록 가물어가는 날씨에 이제 지쳤는지 비를 기다리는 마음이 마비 상태다. 오늘은 진이가 장학금 받은 돈을 주며 원피스 하나 해 입으라고 해서 맞춘 옷을 찾는 날이다. 일찌감치 양장점에 가보았더니 벌써 해 놨다. 입어보니 마음에 들지 않아 실망했다. 다시 고쳐 달라하고 그냥 집으로 왔다.

저녁노을이 지면 나는 마음이 바쁘다. 오늘은 여느 때 보다 더 많은 물을 길어야 한다. 진에게 조금만 도와달라고 부탁하자 수도가로 간다. 하지만 물통을 가져온 사람들이 줄지어 있다. 얼마만에 차례가 되어 삐거덕거리는 지게 소리에 맞춰 비탈길을 걷는다. 가뭄에 길바닥은 흙먼지가 콩가루 같아 발등에 뽀얗게 묻는다. 가로등 밑에 물지게를 내려놓고 땀을 씻으며 하늘을 처다본다. 무수한 별들이 총총히 반짝인다. 큰 별을 세어본다. 큰 별은 부자 별, 작은 별은 가난한 별. 그러나 작은 별이 더 많다. 별의 형태만 보이는 것도 있고 수십 층으로 보인다. 저 별처럼 이 세상은 가난한 사람들이 더 많을 거라고 나를 위로하며 얼굴 땀을 한 번 더 닦아내고 물지게를 다시 진다.

집에 와보니 벌써 열두 시다. 학교에서 돌아오면 피곤에 지쳐 있는 진을 깨우는 게 내키지는 않지만 한 지게만 도와 달라고 깨웠다. 부스스 일어나는 진의 태도는 불쾌한 표정이다. 어미를 멸시하는 것 같기도 하고, 자식을 낳았으면 왜 호강을 못 시키느냐고 반항하는 것 같기도 해 스스로 비판이 들었다.

눈에 보이는 별과 실제 별의 크기는 물론 다를 터나 엄마는 밤하늘을 바라보며 큰 별은 부자 별, 작은 별은 가난한 별이라고, 한데 작은 별이 더 많다고, 이 세상에도 가난한 사람이 더 많을 거라고 썼다. 이 대목을 읽다가 문득 이탈리아 경제학자인 '파레토의 법칙'이 떠오르며 하늘의 별도 작은 별과 큰 별의 비율이 80대 20은 아닐까 하는 의문이 들었다. 언제고 별빛 맑은 밤을 누릴 기회가 온다면 확인해보고 싶을 정도로. 사념은 여기서 다시 비약해 BTS로 까지 튀었다. 그들이 노래한 '소우주(Mikrokosmos)'의 가사가 떠올랐다. 시류에 둔감한 편인 나도 방탄소년단의 이 노래는 안다. 내가 이 노래에 빠진 것은 가사 때문이었다. 우주와 인간과 세계를 아우르며 위로하는….

'… 어떤 빛은 야망, 어떤 빛은 방황… 가장 깊은 밤에 더 빛나는 별빛, 밤이 깊을수록 더 빛나는 별빛, 한 사람에 하나의 역사, 한 사람에 하나의 별, 70억 개로 빛나는 70억 가지의 World……우린 우리대로 빛나, 우린 그 자체로 빛나…….'

가난하고 작은 별인 우리 엄마도 그 자체로 빛난다. 그리고 다른 작은 별인 나도, 또 당신들도. 그리고 우린 모두가 하나의 별이며 별에서 왔다. 지구 위의 생명체를 구성하는 원자들, 인간 몸을 구성하는 원자들은 별의 중심에서 가벼운 원소들이 엄청난 온도와 압력 하에 무거운 원소들로 만들어진 결과물이라고 하기에 우리는 우주의 일부이고, 우리 안에 우주가 있는 거라고 천체물리학자 닐 디그래스 타이슨(Neil deGrasse Tyson)은 말하지 않던가.

다시 BTS의 소우주를 듣는다. '싱어게인'이란 오디션 프로그램으로 알게 된 이승윤이 부른 소우주도 연이어 듣는다. 열 번도 더 넘게 들었다. 나도 노랫말을 따라 열 번도 더 넘게 흥얼거렸다. 우린 우리대로 빛나, 우린 그 자체로 빛나…. 의자에 앉아 좌우로 몸을 흔들어대며.

1965년 7월 4일

기다리고 기다리던 비가 어제부터 내리기 시작한다. 기분이 상쾌하다. 내리는 비를 맞고 어디론가 끝없이 가고 싶다. 엄마답지 않게 애들과 휩쓸려 가고 싶은 생각이 난다. 숙이가 아버지에게 엄마하고 가라고 구경 값을 얻었다. 듣던 중 반가운 소식이다. 원피스를 입고 우산을 쓰고 모처럼만에 시내가 들어가 피카디리극장에서 007이라는 영화를 봤다. 총천연색으로 멋진 영화였다.

물 고생이 찌들다 보니 빗물 받아놓는 기쁨을 무엇과도 바꿀 수가 없다. 산에 소나무들도 의기양양해 보인다.

나는 가끔 진의 서랍을 열어본다. 착착 정돈해 놓은 애인 편지를 잘 읽어본다. 진의 애인도 귀엽고 사랑스럽다. 철부지 소녀로만 알았던 진이가 이성을 알았을 때 기쁘기도 하고 놀랍기도 했다. 그러나 나는 가끔 진에게 당부한다. 너무 애정을 쏟으면 장차 무슨 불행이 올지 모르기에, 남성의 세계를 알려주지 않으면 안 되기에 남들 연애하다 실패한 얘기도 들려준다. 나도 진의 애인이 싫지는 않지만 장차 희망이 미술과 영화라는 것엔 마음이 걸린다. 예술인 영화인들 중에는 불우한 가정생활을 하는 사람이 많다.

1965년 7월 19일 (이승만 박사 서거)

오늘은 오랜만에 친정에 간다. 노부모님 뵙고자 아침부터 부산하다. 숙과 열도 함께 간다. 결혼생활 20년 만에 처음으로 남편이 전송하며 택시를 잡아주고 역까지 나와 손수 기차표까지 끊어주고 어비도 넉넉히 주었다. 8시 반 장창행 열차는 기저 소리와 함께 발차한다.

이윽고 천안 역에 도착. 동생이 나왔다. 같이 동행하여 복숭아 토마토 고기 등을 사 가지고 나의 출생지인 목천으로 간다. 먼 지난날, 9살 때 다니던 목천국민학교가 보인다. 널찍한 운동장. 그 옛날 손가락으로 일본 말 숫자를 배우다가 모른다고 선생님한테 뺨 맞던 시절이 떠오른다. 그러고 보니 31년이란 세월이 흘렀다. 무거운 보따리를 머리에 이고 시골길을 걷는다. 비 온 뒤 향긋한 풀냄새가 콧속으로 들어온다. 아버지 어머니가 반겨주신다. 오롱조롱한 조카딸들 얼굴이 누가 누군지 분명하지 않다. 저녁을 즐기면서 그동안 쌓였던 얘기를 주고받으며 한밤을 지새웠다.

1965년 7월 22일

언제 또 만나 뵐지 기약 없는 작별 인사를 하며 눈물을 삼켰다. 아버지 어머니 눈에도 눈물이 주르르 흐른다. 울음이 터질 것만 같아 혀를 깨물며 눈물을 닦는다. 입속으로 이번 인사가 마지막이 아니기를 빌면서 집을 떠났다.

저수지 황톳물은 성난 듯이 출렁거린다. 진땀을 흘리면서 걷는데 솔바람이 불어온다. 내가 늘 애들에게 여름 삼복중에 부는 솔바람은 친정어머니가 보내주는 바람이라고 했었는데 이 바람도 어머니가 시원하게 잘 가라고 보내주시는 바람인가. 바람에, 흐르던 눈물도 마른다.

1965년 8월 7일 토요일

내일이 입추다. 가을이 먼 줄 알고 모든 일을 가을로 미뤘는데 말이다. 내게 가장 큰 문제는 가을엔 꼭 이사를 가야 한다. 여기저기 수백 채의 한옥 양옥을 짓는데 내가 갈 곳은 어디 있는가. 곱게 단장한 양옥에 사는 사람들은 무슨 복이 많은가. 어둠이 오면 높은 곳에 올라가 이쪽저쪽 집들을 내려다보며 식구들이 오순도순 모여 저녁을 즐기는 광경을 상상하며 미칠 듯이 부러워한다. 오늘은 나 혼자 집을 본다. 숙과 열은 이모네 가고 진은 애인과 데이트하러 갔다.

4. 가뭄과 대홍수

1965년 11월 4일

　오랫동안 벗에게 속삭이는 것도 잊고 지냈다. 예정대로 1965년 9월 30일 이사하였다. 집은 얕고 네 칸 집이지만 우리 형편으론 만족한다. 안방, 건넌방, 마루. 부엌, 그리고 부엌 옆에 조그만 골방이 있다. 숙과 나는 도배장판을 한다. 몸은 몹시 피로에 지쳤으나 열심히 일을 했다. 수리하고 나니 마음에 꼭 든다. 돈이 모자라 건넌방은 30,000원에 전세 놓고 안방과 골방만 우리 다섯 식구가 사용한다. 약간은 불편하지만 우리 집이라 어떤 불편도 이길 수 있다. 전세 든 사람은 모두 세 식구다. 젊은 부부와 노 할머니. 모두가 퍽 조용하고 얌전하다. 나한테 주인 대우를 깍듯이 한다. 금전으로 받는 인간의 대우라는 걸 나는 생각한다. 사장, 장관 부인들이 우쭐하는 심정이 이해가 간다. 정릉 산동네에서 우리 집이 가장 꼭대기고 끝집이다. 공동 수도도 멀다. 그러나 꼭대기도 좋고 물이 멀어도 좋다. 마당에 우물도 있다. 물이 짜서 먹지는 못하고 허드렛물로만 쓴다. 이제는 물이 많이 드는 채소도 마음 놓고 사 먹을 수 있다. 하지만 집 사느라 남의 돈을 많이 얻은 게 많아 남편은 적잖이 돈 단련을 받는다. 천주님이 강복해주시기를 기원한다.

1965년 12월 16일 (영하 16도 맑음)

동장군이 너무 갑자기 닥쳐온 것 같다. 김장도 넉넉히 해놔서 추위가 와도 당황할 것이 없다. 다만 남편이 자금 문제로 이맛살이 펴질 날이 없다. 성탄과 정초가 가까워 애들은 무엇인가 내 손길만 바라보고 있다. 언제나 척척 옷이며 선물을 사줄 수 있을런지. 그러나 내려다보고 살자. 동네 움막집에는 연탄 한 장을 새끼에 꿰어 들고 오는 사람도 있고, 솥에는 된장국 끓는 냄새, 방 안에는 등잔불만 깜빡이고 아기는 엄마를 찾으며 울고 있다. 엄마는 아침거리 쌀을 사러 나간 모양이다. 서민 생활은 너무도 고달프다. 나는 이런 사람들을 볼 때마다 주님의 은총을 간청한다.

우리 집 골방은 매우 따뜻하다. 나의 안식처다. 지금은 밤 9시. 뜨거운 아랫목에서 얼굴이 붉어지도록 몸을 녹이고 있다. 추위에 떨고 다닐 남편이 빨리 돌아오면 좋겠다. 요새는 좁은 골방에서 신혼부부처럼 몸을 비비며 다정하게 잔다.

'설빔'이란 말이 있다. 설이나 추석이면 가난한 집 아이들이라도 설빔으로 나일론양말 한 켤레씩은 돌아갔다. 좀 더 여유가 있으면 신발이나 옷을 사 입혔다. 설빔이란 말을 뇌이면 때때옷, 꼬까옷, 까치설빔…에 얽힌 향수가 아련히 밀려온다. 아이들은 명절이 오기만을 손꼽아 기다렸다. 명절이란 세상이 바뀌는 날. 그날은 밥상도 옷차림도 180도 달라지는 날. 흰쌀밥에 소고기를 맛보는 날. 물자가 흔해진 이즈음 아이들은 명절의 그 기쁨을 도저히 알 수 없을 것이다.

1966년 2월 7일 (맑음)

아침 식사를 마치고 진이더러 이화여고에 가서 숙이 합격 여부를 알아보고 오라고 했다. 나는 이모네로 빨래하러 가니까 전화해 달라고 하며 집을 나섰다. 쌀쌀한 바람이 뺨을 스친다. 내가 항상 봇짐을 들고 다니니 남들은 내가 장사 다니는 줄 안다. 빨래하는데 전화벨이 울린다. 진이가 생기 있는 목소리로 숙이 합격을 알린다. "응, 그래?" 하면서도 내 대답은 힘이 없었다. 원인은 돈이다.

날마다 자정 넘어 돌아오는 남편은 죽고 싶다는 말을 입에 달고 산다. 나는 동정이 가면서도 한편은 밉다. 자기 잘못으로 벌 받는다는 생각은 안하고 죽고 싶다는 말만 하는 그 말투가 정녕 못마땅하다. 언제는 돈이 문제인가, 애정이 문제이지, 하던 소리가 머릿속에 생생히 남아있다. 그 생각을 하면 그까짓 고통쯤은 능히 참아 받을 수 있지 않을까 하는 게 내 생각이다. 다만 주님께 감사드릴 뿐이다. 벗, 안녕.

1966년 2월 23일 (수)

사순절이 시작되는 오늘, 이번 사순절엔 물 긷는 희생을 받치자고 결심하며 물을 세 지게 길었다. 어깨가 뻐근히 아프다. 예수님의 십자가는 얼마나 무거웠으랴. 이것쯤이야 약과다. 산등성이마다 백설이 새하얗게 덮여있다. 아름답게 보인다.

1966년 2월 28일

한 밤을 불안 속에 지새웠다. 남편한테 물어보니 몇 십만 원 밖에 안 되겠지 했던 채무 관계가 백만 원이 넘는다. 어이가 없어 말문조차 막혀버렸다. 내 팔자야, 남의 것을 탐내지 않았건만 무슨 죄인지, 남의 빚구덩이에서 헤어날 수 없는 게 한탄스러웠다.

4년 전 박 씨 부인의 악마 같은 인상이 자꾸 떠올랐다. 나는 빚쟁이들이 몰려오면 기절해 죽을 것이다. 숙이에게 정말 미안하다. 초등학교 중학교 고등학교 입학할 때면 이런 일이 생긴다. 수백 갈래 생각이 머릿속을 헝클며 머리가 무겁다. 계주들은 돈 달라고 독촉이 심하다. 이게 모두 운명일까.

1966년 3월 18일(비)

사흘 째 남편은 안 들어온다. 소식에 의하면 여관이나 돈암동 언니네서 잔다고 한다. 애들이 학교 가고 없을 때 빚쟁이 한 사람이 비를 맞으며 들어온다. 부엌문 까지 바짝 다가선다. 약간 무서운 눈초리다. 안 게신다 하니까 방안 좀 보자기에 안 된다고 했더니 부득부득 들어가 다락까지 살펴본다. 나는 긴장한 나머지 흥분했다. 남의 유부녀 혼자 있는 집안을 속속들이 뒤지다니 너무 하지 않느냐고 다투었다.

그는 가버리고 찬바람이 감도는 문전을 멍하니 바라보는데 소나기가 쏟아진다. 무엇을 어떻게 처리해야 하는지 너무 기울어진 우리 집안이다. 남편이 미워진다. 왜 이 꼴로 만든 것일까. 한 번도 아닌 20년 동안 무려 네 번이다.

1966년 3월 31일

우리 세 모녀가 돈을 벌자고 굳은 결심을 한지 일주일 만에 진이가 입주가정교사로 취직이 되었다. 진이는 기뻐하지만 나는 어미로서 무슨 죄라도 지은 것 같아 가슴이 뭉클하다. 진이는 한밤을 뜬 눈으로 새운 모양이다. 연달아 기침을 한다. 시계가 다섯 점을 칠 때 나는 자리에서 일어났다. 별식이라도 해 먹였으면 좋으

련만 환경을 보면 그저 한숨만 쏟아져 나온다.

어느새 날이 활짝 밝아 산등성에는 아침 햇살이 퍼지기 시작한다. 진은 간단한 짐을 싸들고 쓸쓸히 미소 지으며, 숙아, 잘 있어. 열아 잘 있어, 엄마 안녕, 하며 대문을 나선다. 터벅터벅 걸어 나가는 그 모습을 보니 콧등이 시큰해온다. 떠나기 직전, "엄마, 내 밥쌀은 저금해 놔. 그것도 적지 않을 테니." 한다. 알뜰한 마음씨를 되새김하며 자취도 보이지 않는 고갯길을 돌아 대문으로 들어왔다.

바람이 심하게 분다. 지금은 진이가 학교에서 돌아왔겠지. 낯선 남의 집에서 무엇을 하고 있을까. 시간마다 보채는 아이 모양 자꾸 눈앞에 진이가 아른거린다. 해가 지니 진이 모습이 자꾸 떠오른다. 방은 이층 다다미방이라니 몹시 춥겠다. 성모님께 은총 베풀어주시기를 기도하며 가별천사(가브리엘천사)에게도 기도한다.

1966년 4월 3일(주일)

어수선한 일주일이 후딱 지났다. 오늘은 주일이라 그저 습관적으로 미사 보러 간다. 신공도 잘 되지 않고 뭐가 뭔지 감각이 분명치 않다. 미사를 끝마치고 교우를 찾아보려 했으나 보이지 않아 그냥 집으로 왔다. 진이 와 있었다. 불과 사흘만이지만 무척이나 반가웠다. 그러나 극도로 흥분할 일이 생겼다. 전기료 수금 사원이 전기료 안 냈다고 전기를 끊어놓고 간 것이다. 야박한 인간. 어쩌면 주인도 없는 새에 끊다니. 그 인간도 꽤나 속 좁은 인간이라고 괘씸한 녀석이라고 욕을 실컷 해버렸다. 가슴 아픈 나를 모두가 자꾸 건드린다. 상처를 자꾸 건드리니 칼날처럼 날카로워져 아무짓도 보고 싶지 않다. 한 줌 흙으로나 돌아가 버렸으면 싶다. 너무도 큰일만 저지르는 남편도 이젠 단념해버렸다. 인간은 불쌍하나 행동은 야속하다. 돈만 있으면 나 혼자 별거해버리고 싶다. 빚쟁이가 나를 사기꾼 계집이라고 하는 게 한없이 억울하고 서러웠다. 내가 왜 사기꾼 계집이냔 말이다. 이런 억울한 껍질 벗을 수 있는 세상으로 가고 싶다. 예수님도 성모님도 모두 밉다. 나에게 너무도 가혹한 벌이다. 나는 악녀가 아니다.

1966년 4월 6일

바람이 심하게 분다. 꽃샘바람인 모양이다. 내 심경은 무감각. 그저 살아 있는 허수아비다. 매일 죽겠다는 남편의 그 말은 사실일 것이다. 허나 나로선 무슨 말로도 위로할 수가 없다. 무슨 기적이라도 일어나기 전엔 살아갈 수가 없다. 식구들을 위해 살아달라고 하고 싶지만 무얼 가지고 당장 위기를 모면할 것인가. 그렇다고 당신은 죽어야 편하니 죽으시오, 할 수도 없다. 어떻게 세상을 헤쳐 나갈 것인가. 집단 자살이란 것도 꽃봉오리 같은 자식들 앞에서는 있을 수 없다. 우리 부부만 죽자 하니 남은 자식들을 희생시킬 것이다. 또 남편 혼자 죽으면 난들 어찌 살 것인가. 머리칼이 하얘지는 기분이다.

요즘은 전깃불도 없는 캄캄한 방안에서 혼자 앉아 한숨만 쏟아낸다. 무수히 빛나는 별빛, 달빛도 원망스럽다. 어두운 곳만이 나의 안식처다. 돈벌이를 하자. 돈벌이를.

내 후세의 자식들아, 부디 굳세게 살아다오. 내 천추의 한이다. 가난, 굶주림, 사기꾼. 너무 억울하다. 벗, 안녕.

1966년 4월 17일

닥쳐오는 고통이 너무 힘들어서 하느님께 청원 기도를 하지 않았다. 반항이다. 나는 당신을 믿고 매일처럼 기도를 받쳤지만 점점 더 큰 시련과 끊이지 않는 고통뿐이니 당신은 나를 버렸다고 했다. 그러다가 몇 주 만에 진심으로 하느님께 통회하고 눈물을 흘렸다. 미사 중에, 하잘 것 없는 이 가냘픈 죄인, 당신 대전에 머리 숙여 맹세합니다, 했다. 모든 파란과 고통을 당신의 십자가를 생각하며 참겠다고, 당신이 십자가에서 흘린 핏물을 제 눈물로 닦아드리며 살겠다고, 이 모든 게 당신께서 주신 보석이라면 후세를 위해 받겠다고 맹세했다. 눈을 감고 있는데 눈앞에 천당 낙원이 보이고 예수님의 궁전이 황금빛으로 호화찬란하게 보였다. 높은 지붕 위에는 십자가가 있었다. 다음에 영성체를 하고 왔을 때는 가시관을 쓰신 예수님 얼굴이 보였다. 다음 강복받을 때는 빛나는 십자가를 보았다. 진실한 나의 굳은 맹세에 강복을 주신 것 같다. 기분이 상쾌했다. 앞으로도 항상 내가 생각하는 일이 이루어지도록 기도할 것이다.

주여, 이 연약한 죄인 당신의 딸을 영원토록 살피소서. 당신 품 안이 항시 그립습니다.

고만 거두어 주소서. 이 세상 파란을 모면할 때는 즐겁게 미소 지으며 당신 품으로 가겠나이다. 소원은 이 죄인의 자식들에게만은 뜨거운 보속을 거두어주소서, 아멘.

1966년 4월 20일

한적한 정릉 산동네 맨 꼭대기에 있는 우리 집. 나는 하루 종일 골방 속에 앉아 있다. 아무것도 보이지 않고 들리지 않는 골방은 나의 안식처다. 라디오를 벗 삼아 흘러나오는 음악에 내 뒤집힌 속을 달래 본다. 예술은 국경이 없다더니 나야말로 외국 음악을 들으며 슬픈 곡은 슬프게 듣고 상쾌한 곡은 상쾌하게 듣는다. 4월의 해는 무척 길다. 밖에서 들려오는 바람 소리엔 애들 노는 소리와 이따금 강냉이 장수 가위 소리가 들린다. 그 소리에 하루해가 저문다.

숙이는 애들 모아 과외공부 시킨다고 여념이 없다. 목이 마르면 나와서 냉수 한잔을 실컷 마시고 들어간다. 가시밭 같은 서민 생활이란 조금이라도 정신을 게을리해서는 안 된다. 마음을 굳게 다지며 애들에게 마음의 무장을 소홀히 하지 말라고 다짐시킨다.

이 무렵 나도 돈벌이라는 걸 했다. 동네 아이들을 모아 과외지도를 시작한 거다. 나는 전달력이 있는 편이라 아이들 지도를 잘 했고, 지루하게 가르치지 않으려 노력했다. 언니는 입주 가정교사. 나는 우리 집에서 과외교실을 열었다. 명색이 명문 고등학교 학생인지라 동네 엄마들은 나를 믿고 아이들을 맡겼다.

1966년 4월 27일

차분한 날씨다. 옷자락이 무거운 것 같다. 며칠 동안 밀린 세탁물을 차곡차곡 보자기에 싸가지고 돈암동으로 나섰다. 쨍쨍 내리쪼이는 봄볕은 이마에 송골송골 땀이 솟게 한다. 봄옷이 없는 탓에 격에도 안 맞게 늦은 겨울 저고리에 봄 치마를 입고 간다. 저고리 소매 자락이 무거운 것 같다. 하루 종일 빤 빨래는 엄청나게 많다. 오후 다섯 시에 겨우 끝났다.

후~하고 한참 쉬고 있노라니 문득 진이가 보고 싶다. 나는 마음을 가다듬고 전화 수화기를 들었다. 52-7373. 신호가 가고 음성이 들리기에 "거기 신당동이죠? 서강 대학생…." 하는데 답이 들린다. "학교에서 안 왔심니더." 하는 경상도 사투리다. 나는 "궁금해서 걸었어요." 하고 수화기를 놓았다. 빨래를 주섬주섬 싸가지고 집으로 왔다. 몹시 피곤하다. 방에서는 숙이 과외공부 하는 소리가 들리며 서쪽 하늘엔 초승달이 걸려 있다. 아, 피곤해. 창문에서 솔바람이 들어온다. 남편이 빨리 돌아왔으면 맘 놓고 눕겠건만….

1966년 4월 28일

훈풍 타고 몰려온 봄. 봄이 가면 또 오고, 오면 또 가고 꽃은 피고 지고 어느 덧 라일락이 피어 봄기운에 젖지만 오늘은 우울하다. 하고 싶었던 일, 보고 싶었던 사람들이 번개같이 머릿속을 스쳐간다.

옆집 강 씨 부인은 남편이 첩을 얻어서 가끔 싸움이 벌어진다. 나는 그 부인을 위로해주느라고 온갖 노력을 다 한다. 하지만 간밤에는 난리가 나고 치고받고 죽여라 죽여, 하는 웃지 못할 소리가 들려왔다. 나는 몇 해 전 남산동에서 있었던 일들이 떠올랐다. 마구 구타하여 눈두덩이에 시퍼런 멍이 들었던 일, 안 산다고 이

혼장 써 들고 다니던 일 등이. 그러고도 풍파는 계속이 된다. 아, 무서운 것.

진이가 왔다. 반가웠다. 별식이라도 먹이고 싶지만 주머니는 여전히 비어 있다. 그동안 궁금했던 일들을 묻고 알려주고 했다. 저녁때 그 집으로 가는데 그 뒷모습이 애처롭게 보인다. 가난이 빚은 운명을 헤쳐 가는 모습이 너무나 쓰라렸다. 하지만 앞날을 바라보면서….

우리 집도, 이웃집도 남편들의 첩으로 시끄럽다. 두 집 모두 궁색하긴 마찬가지였다. 이웃집 강 씨 아저씨의 부인은 후덕하고 잘 생긴 외모였던 걸로 기억한다. 때문에 자녀들이 모두 뛰어난 용모를 하고 있었다. 그런데 뭐가 부족해, 아니 변변치도 않은 살림에 무슨 여유로 첩을 얻고 그랬을까. 그 댁 맏딸은 후에 간호사가 되어 서독으로 갔다. 남자들은 광부로 여자들은 간호사로 떠났던 시절이다.

1966년 4월 29일

때 아닌 귀뚜라미 소리가 문틈으로 들려온다. 지금은 동아방송에서 나오는 연속극과 흘러간 노래를 해주는 시간이다. 그 멀고도 먼 옛날을 회상하면서 조용히 앉아 있는 이 시간에 나는 그 발

자취를 되새겨본다. 모두가 아득한 옛일이다.

어린 그 시절 꿈을 꾸면서 공부해보겠다고 대전 역에서 기차에 몸을 실은 뒤 희망찬 마음으로 서울에 왔던 일, 돈 없이 공부해보겠다고 압박 속에 눈물 삼키며 온갖 희생 다 하던 일들이 번갈아 가면서 머릿속을 스쳐간다.

구름이 훨짝 갠 하늘엔 반달이 유난히 밝다. 저 달빛을 받으면서 한없이 걷고 싶다. 어디든지 끝없는 지평선을 마구 뛰고 싶다. 어린 시절부터 억압에 눌려도 활발했던 내 성격과 달리 뜻을 이루지 못하고 이대로 살아야 하나. 나는 왜 지성인이 못 되었나. 글도 쓰고 싶고 사회생활도 하고 싶다. 허나 아무것도 쓸데없는 일. 나는 왜 이런 일들을 생각하나. 왜 원망하며 사나. 그 무엇에 눌려 안간힘 쓰며 사는 자신이 너무 안타까워서인지 모른다.

목련꽃도 피고 라일락도 피었지만 내 가슴엔 이미 꽃이 시든지 오래 되었다.

큰 외삼촌은 일제강점기 때 경성사범을 나와 교사 생활을 했고, 일찍이 엄마를 점찍어놓고 신여성을 만들려는 꿈을 꾸셨다. 형제들 중 엄마의 성격이 적극적이고 활발한 때문이었단다. 모던 보이였던 외삼촌은 어느 날 부모님도 몰래 엄마에게 지시를 내렸다. 모월 모시에 부모님 모르게 집을 나와 대전 역으로 가서 서울행 기차를 타라고. 동생 교육을 위해 가출까지 부추긴 거였다.

집을 떠난 엄마는 출가(出嫁)한 이모가 살고 있는 서울 충무로에 기거하며 이모네 서점에서 점원 일을 했다. 그때 이모의 시어머니가 엄마를 무척 구박했다고 한다. 처가 식구라 그랬는지 밥이 쉬면 그걸 엄마에게 주셨단다. 이 일기 내용에서 나는 엄마에게 들었던 사연을 다시 떠올렸다. 엄마를 끔찍이 아껴주었던 큰외삼촌이 일찍 타계하는 바람에 엄마의 푸른 꿈은 사라졌다. 신여성이 못 된 것에 대한 엄마의 한을 엿볼 수 있었고, 글을 쓰고 싶어 했다는 것도 이 일기를 통해 확인할 수 있었다. 글을 쓰고 싶어 했던 저력으로 그 환난과 곤궁함 속에서도 일기를 쓰셨던 걸까. 또한 바로 그 DNA가 내 몸속에 박혀 있어 엄마가 꿈꾸던 글을 내가 쓰고 있는 것일까.

그러고 보니 엄마는 이것저것 쓰는 것을 좋아하셨다. 수십 년 세월 일기도 썼고, 가계부도 썼고, 온갖 메모도 했고, 신구약성서 필사도 하셨다. 엄마의 가계부 기록 덕에 친척과 얽힌 빚 문제에 대한 시비를 가려냈던 경험도 있다. 이미 갚은 돈을 안 갚았다고 하는 친척에게 오래 전의 가계부를 보여줌으로 일단락을 지은 것이다. 언젠가는 내가 '그랑페롤'이라는 영양제를 사다 드렸더니 헷갈릴까 그랬는지 수첩에 '그랑페롤은 비타민이다'라고 적어 놓으셔서 웃음이 난 적도 있다.

1966년 5월 6일

아침 햇살이 퍼진다. 우리 집 문에도 눈이 부시게 퍼진다. 죽음과 삶. 인간이 막바지에서 택하는 것은 두 갈래 길이다. 허나 그 길은 정녕 피눈물 없이는 갈 수 없는 길. 어제 남편은 채권자들에게 구타를 당해 얼굴에 상처를 입고 돌아왔다. 내 가슴이 터질 듯 아팠다. 긴장에 쌓인 우리 부부는 말없이 손목만 꼭 만지고 서로를 바라보았다. 무엇을 어떻게 위로해야 할지 몰랐다. 내 입은 철창문처럼 굳게 닫혀 좀체 떨어지질 않았다. 생각을 해봐도 도무지 살아나갈 수 없는 입장이다. 그러나 그 속에서 살아보겠다고 발버둥치는 남편이 고맙고 가엾기 그지없었다. 진즉에 실수라는 걸 깨달았으면 이런 불상사는 당하지 않았을 것을. 단돈 10원이 없어 당황하는 내 신세가 가엾다. 여기저기 외상값에 꾼 돈, 학교에 낼 돈. 아, 밀물처럼 닥쳐오는 경제난. 나에게 힘을 주소서, 능력을 주소서. 오늘까지는 무사히 살아왔지만 내일은 또 어디서 꿀 것이며 어떻게 모면하며 애들 학교는 어찌 보낼까. 주님의 기적을 빕니다.

1966년 5월 8일 일요일

5월 8일 어머니날이다. 숙의 갸륵한 마음씨에 감탄하였다. 얼마 전 숙이 학교 수예품으로 손수건 네 개 만드는 것을 감이 모자라 한 개만 만들었었다. 그걸 누구에게 줄까 하다가 어머니날에 이모한테 선물했단다. 내가 늘 이모에게 폐를 끼치는 걸 보고 조그마한 성의지만 이모에게 드렸다는 것이다. 나는 감탄했다. 엄마 대신 성의 표시를 하다니 고맙고 기특했다. 진이는 서강대학에서 어머니 잔치가 있으니 꼭 오라고 신신당부한다. 나도 가고 싶다. 돈을 꾸어서라도 꼭 가겠다고 약속하였다. 어미로서 구실은 못하였지만.

심술궂은 날씨에 바람이 심하다. 가는 곳마다 흘러나오는 어머니 노래에 콧등이 시큰해 옴을 느꼈다.

그랬죠. 엄마는 그날 몹시도 흐뭇해하셨어요. 오래전 일인데도 기억이 선명하네요. 밥 먹듯이 이모 댁 신세를 져야 했던 엄마는 몇 번이나 나를 칭찬했어요. 그 손수건은 하늘색 아사 천에 자잘한 꽃을 수놓았고 색실로 가장자리를 레이스 뜨기 한 거였죠. 나는 손재주가 있던 편이라 수예 성적이 항상 좋았음에도 불구하고 수예 선생님은 내가 만든 손수건을 보고 백화점에서 사 온 거 아니냐고 의심하셨답니다. 나는 선생님께 의심받은 그 사실이 오히려 자랑스러워 엄마는 물론 이모님께도 말씀드렸고요. 이모는 자식이 아들뿐이라 그런지 내가 드린 손수건을 매우 좋아하셨고 아까워서 사용하지도 못하고 백에 넣고 바라만 본다고도 하셨죠.

1966년 5월 9일

길고 긴 4월 하루해를 지루하게 넘긴다. 공상에 공상을 거듭하며 저물어 가는 시간만 안타깝게 바라본다. 생활력이 무능한 남편을 믿고 살기에는 너무나 희생과 고통이 겹친다. 그러고도 항상 나한테 빚을 지우는 데는 딱 질색이다. 부부는 일심동체라는데 자기 부인인 나한테는 언제나 비밀로 속이는 데는 만정이 떨어진다. 사람이 살다 보면 한두 번 실수는 이해할 수 있지만 남편은 정녕 무능력자다. 자랑은 아니지만 나는 현모양처로 뼈가 부스러지도록 노력하고 또 노력하였다. 허나 무능한 남편을 돕고 보니 남은 건 빚더미 위의 몸부림뿐이다. 이제부터는 나 자신만을 믿고 이 악물고 살아보련다. 내 소원은 별거하는 것이다. 내 마음을 달래기 위해서라도. 한 집에서 미워할 필요도 없을 것이다.

마리아 모후여, 당신만은 죄인 딸을 버리지 마옵소서. 가련히 보사 저를 흉악에서 구하소서. 저의 다섯 식구 모두 당신 손에 맡기오니 너그러이 돌아보사 은총 내리시고 후세에는 모두 당신 품에 이끄소서. 당신의 딸은 목이 터지도록 외치고 부르짖는답니다. 아멘.

1966년 5월 19일 (예수승천)

꿈인 듯한 지난 4일간 나는 미치고 얼이 빠졌었다. 그러니까 16일 아침이다. 평상시와 다름없이 아침 다섯 시에 일어났다. 조반을 해놓고 안방에서 자고 있는 삼 남매를 깨운다. 그중 진이 먼저 일어났다. 나는 열어주는 마루 문을 통해 안방으로 들어갔다. 열이와 숙은 깊은 잠에 빠져있다. 숙의 얼굴이 좀 이상하였다. 그러나 나는 밥을 차려주려고 재빨리 나왔다. 그때 진의 비명이 들려왔다. 나는 당황해 방으로 뛰어 들어가 보니 숙이 혼수상태에 빠져 의식불명이다. 이게 웬일인가. 나는 숙을 부르며 울었다. 눈동자가 곤두서고 입 속에 떠 넣어준 물이 도로 흘러나왔다. 연탄가스도 아니고 이게 무슨 일이냐며 소리쳐 울었다. 책상 서랍을 보니 유서가 들어 있다. 극약을 먹었다고, 이유는 단순히 꿈이 없는 세상을 살기 싫다는 거였다. 손목의 맥박은 아직 뛰고 있다. 의사, 의사, 어쩌면 좋아, 숙아 죽다니 왜 죽어 숙아… 나는 목이 터지도록 울었다. 남편이 뛰어나가 의사를 데려왔다. 진찰 결과 소생할 수 있다며 빨리 치료가 급하니 병원으로 데려가라고 했다. 급히 택시를 불러 충무로 이통훈병원으로 달려갔다. 몇 시간 지나도 의식이 돌아오지 않는다. 무슨 약을 먹었는지 죽으면 안 돼 숙아. 너희들이 없었더라면 나는 죽고 또 죽어 지금쯤 백골이 됐을 거야. 하지만 목숨은 질기더라. 지금까지 살아왔으니 말야. 24시간이 지나서야 숙이 헛소리를 한다.

"불쌍한 우리 엄마. 우리 엄마…"

오늘 19일에야 완전히 제정신을 회복했다.

책상 앞에서 자판을 두드리다 말고 한참 천장을 쳐다봤다. 엄마에게 지은 잘못을 돌이키니 가슴이 미어졌다. 입학시험 보던 날

지각하여 시험을 망치고 1년 동안 재수하며 들어간 고등학교였지만 실은 그전부터 죽음을 생각해 왔었다. 암만 생각해봐도 인생이란 게 살아내야 할 만한 가치가 없는 것 같았다. 내 현실의 불만을 그렇게 투사하면서 쓸데없는 몸부림을 치느니 지구를 떠나야겠다고 생각했다. '지구'라고 지칭했던 것엔 그럴만한 사유가 있다. 당시 나는 친한 친구와 편지를 주고받으며 겉봉에 주소를 쓸 때 우주 태양계 지구 대한민국 서울특별시… 운운하며 치기를 드러낼 때였으니 말이다. 그러나 재수 기간 중에 그 일을 벌이면 내가 입시에 떨어져 비관해서 죽은 것으로 여길까봐 그게 싫었다. 몇 달 동안 '세코날'이란 약을 40알여 정도 마련했다. 당시 그런 약을 먹고 자살하는 사람들이 적잖이 있었기에 약국을 전전하며 한두 알 씩 사 모았다. 그리고 결심을 실행하던 날 집에 아무도 없는 틈을 타 알약을 입속으로 털어 넣으며 묵주 알을 굴렸다. 자살이 대죄가 된다는 걸 알기에 나는 하느님과 성모마리아에게 나를 의탁하는 기도를 드렸다. 그리고 깊은 잠.

1966년 5월 20일

끼니를 찬밥이나 수제비로 연명한다. 비누가 없어 빨래도 못하고 있다. 오늘은 염치불구하고 빨래를 싸가지고 언니네로 갔다. 빨래하고 정오가 지나자 끼니가 걱정이다. 쌀이 있으면 연탄도 있어야 하고 찬거리도 있어야 한다. 시장에 배추는 싸다 하지만 단돈 몇십 원이 있어야 산다. 빨래 보따리를 들고 고개를 숙이며 "언니, 돈 50원만." 하니 언니는 말없이 돈 50원을 내준다. 아까 나는 언니에게 심각한 얘기를 들었다. 목천 동생한테 장사 밑천 좀 도와달라고 내가 간청한 적이 있었는데, 돈은 못 주고 보따리 장사는 시켜주겠다는 거였다. 그 말도 일리는 있다. 하지만 생각해 볼 문제, 우리 집에 혁명을 일으켜야 한다. 혁명을. 나는 알뜰히 살아왔다. 그러나 뜻대로 이루어지지는 않았다. 훗날에 이룰 수 있는 것일까.

1966년 5월 21일

일주일 간 정신을 못 차리던 숙이가 오늘 가방 들고 학교로 갔다. 정신 잃고 있는 동안 수시로 했던 숙의 헛소리는 "아버지, 용기 내어 우리 집안을 바로 잡으세요." "엄마, 엄마는 한평생 고생만 하셔서 불쌍해요. 엄마를…." 하며 울었다.

나는 피가 말라붙는 것 같았다. 돈을 벌어야 한다. 돈을. 봇짐이라도 이고 이 집 저 집 돌아다니며 장사를 하자. 허나 그것도 밑천이 있어야 한다. 이대로는 살지 않을 것이다. 무슨 일이든 돈만 벌 수 있다면 할 것이다.

열이는 중학교에 들어가서 공부를 안 한다. 내가 공부하라고 하면 찡그리고 피한다. 태산처럼 믿고 사는 자식들 의지가 점점 멀어진다. 그처럼 믿었던 숙이가 자살을 했지 않은가. 나는 남편을 보고 충고했다. 당신 정신 상태를 고치라고. 회전의자에 앉아 전화 다이얼 돌려가며 벌던 시대는 지났다고. 내가 나가서 광주리장사라도 할 테니 집이나 지키고 있으라고 애원하였다. 남편은 나도 아무거니 할 용기가 있으니 안심하라고 한다.

이후로 이어지는 일기에는 아침에 식구들이 집을 나서면 돌아올 때까지 불안하다는 사연이 실려 있다. 툭하면 죽고 싶다는 말을 하는 아버지와 이미 자살을 시도했던 둘째 딸이 있다 보니 식구들이 오지 않으면 무슨 일을 저지른 걸까 하고 노심초사하며 하는 엄마 모습이 연이어진다.

1966년 6월 7일

언니를 통해 동생한테 돈 좀 빌리려 했던 건 보기 좋게 퇴짜를 맞았다. 순간적으로 의절하고 싶은 생각이 들었다. 처음이자 마지막 부탁을 딱지맞고 보니 동생의 말이 생생하게 떠오른다. 매부는 바보라고, 누이는 아산 외가 집 윗방 하나 얻어 보따리 장사 하고, 매부는 농촌에 가서 모내는 데 모 줄이나 잡아주고, 애들은 학교 중단시키라고 했다니 돈 안 꾸어주면 그만이지 명색이 누이인데 가정을 파괴하라는 말은 나를 멸시하는 말로밖엔 안 들린다. 나는 어떠한 일이 있어도 지킬 것은 지켜왔지만 이제는 이것으로 끝이라 여긴다.

1966년 6월 20일

남편은 외출복을 갈아입더니 털썩 앉아버린다. 나가기 싫다고 바지를 벗더니 소주를 컵도 없이 입을 대고 마시고 자리에 누워버린다. 나는 가슴이 확확 타오른다. 나 혼자 삭이고 달래며 울고 살려니 속상한 내 심정을 털어놓을 장소가 없다. 천주님의 보속이라 생각하지만 보속 치고는 너무 가혹함을 원망한다. 방청소를 하고 빨래를 하고 나면 내 일과는 열두 시경이면 끝난다. 그러면 1시부터 5시까지는 내가 노는 공간에서 돈벌이 궁리를 해보려고 하지만 뜻대로 되지 않는다.

파리가 많다. 파리를 잡는다. 안 잡히려고 요리조리 피해 다니며 숨는 것을 볼 때 그 조그만 목숨에도 의견이 있다는 것을 알게 된다. 앵~하고 날아가는 그 목숨. 내가 너무 무자비한 인간은 아닌가 하지만 사람을 귀찮게 하니까 나는 너를 잡는다.

오늘 아침에는 세 아이들 모두가 돈 달라고 아우성이다. 하지만 줄 돈이 없다. 남편은 나를 속이고, 나는 애들을 속인다. 내일 돈이 된다. 또 내일 돈이 된다고. 내일에 희망을 걸고 사는 하루살이 인생.

1966년 6월 26일

억수같이 쏟아지던 비도 한나절 지나 개였다. 비, 비, 하고 입가에 담던 말들이 쑥 들어갔다. 우물물도 많이 불었다. 종이 봉지 부치는 일도 4일이란 시간이 지나갔다. 이틀 동안 약 200원 벌이가 된 셈이나. 갈기갈기 찢이진 노트 장을 때워가며 봉지를 접으려니 갑자기 화가 치민다. 쓰다 버린 노트장 때우는 일이 너무나 초라했던 것이다. 하지만 참아야지, 소리를 입에 담으면서 또 가서 노트 고물 한 짐을 이고 왔다.

오늘 아침부터 열이가 아프다. 기침과 고열이 심하다. 약을 먹어야 내일 학교에 지장 없이 갈 텐데 약값이 없어 이 집 저 집 다니면서 세 집 째에 가서 꾸었다. 고마움을 느끼며 약국으로 직행했지만 서글펐다.

창 밖에 달빛이 밝게 새들어온다. 달빛을 보면 외로움이 한층 더 깊게 느껴진다.

1966년 7월 5일

오늘로서 신영사(信榮社) 전화상 간판이 지워지는 서글픈 날이다. 파란 많았던 신영사. 오늘 정오에 끝이 났다. 남편이 섭섭해 하는 걸 차마 볼 수가 없다. 빚쟁이 등살에 집에는 있을 수 없는 남편 처지가 가엽기만 하다. 시골에 있는 동생에게 한 가닥 희망을 걸고 여행길을 떠나간 남편이 이 밤을 어느 곳에서 묵고 있을 것인가. 어제저녁에 그이가 하던 그 말, 마누라에게 대접받는 것도 오늘로 마지막이라고 하던 그 말이 귓전에 들리는 듯하다.

1966년 7월 8일

부지런히 봉투를 부치기 시작한다. 오금이 아프다. 앉았다 일어나고 일어났다 다시 앉고를 반복한다. 손가락 끝 살이 닳아 피가 맺힌다. 아프다. 하지만 아픔만을 생각하면 안 돼. 부지런히 50장 100장 200장을 세어가며 부치다 보면 어둠이 온다. 생활전선이라고 생각하면 무서워진다. 하지만 때는 늦지 않았으리라 믿으며 감겨오는 눈을 부릅뜨고 발악을 한다. 남편 떠날 때 동생한테 염치 불고하고 돈 만 원만 빌려오라고 했는데 꾸어줄 것인지 궁금하다. 애들 등록금이 약 8,000원이나 된다. 나는 나대로 곗돈 빚이 늘어간다. 무슨 기적을 바라면서 살 수밖에.

1966년 7월 20일

남편이 시골 가서 동생한테 애들 등록금 좀 꾸어 달라고 안 나오는 말을 비쳤더니 20일경 일부라도 해보겠다는 말에 남편은 상경했다. 남편은 물론 애들도 외삼촌을 눈이 아프게 기다리고 있다. 허나 오늘 언니 네로 온 동생은 시침 떼고 아무 말이 없다. 나는 또 한 번 실망하였다. 애들이 가여워서 외삼촌이 안 왔다고 거짓말을 했다. 가슴이 터질 듯이 아팠다.

친구 권고로 스웨터 장사를 시작하였다. 어지로 하나 팔았다. 죽으란 법은 없나 보다.

1966년 7월 25일

빗줄기가 무섭게 쏟아지고 바람이 세차고 천둥 번개가 친다. 나의 안식처인 골방이 드디어 줄줄 새기 시작한다. 여기저기 갖다 놓은 양푼에 떨어지는 빗물 소리를 듣는다. 뚝딱딱, 뚝딱딱. 흡사 베토벤의 월광곡같이 들린다.

오늘부터 숙과 열은 방학이다. 등록금을 안냈다고 성적표를 못 받아왔다. 가여웠지만 "그까짓 성적표가 뭐 필요한 거야. 내 머리에 들어간 공부가 제일이지." 하며 시침을 뚝 뗐다. 아, 비야, 좀 물러가렴. 무섭구나.

1966년 8월 7일

홍수처럼 밀려오는 자동차 불빛을 받으며 한걸음 두 걸음 돈암동 언니네 집 층계를 올라 대문에 이르렀을 대문 안에서 큰 소리가 들려왔다. 나는 귀를 기울이며 초인종을 힘없이 눌렀다. 식모가 나오면서 눈짓을 한다. 지금 아저씨 아주머니가 싸운다고 한다. 아저씨가 우리 식구들 오면 밥도 주지 말고 문전에도 들이 세우지 말라 했다고. 나는 떨리는 가슴을 억제하면서 안으로 들어가 툇마루에 걸터앉았다. 인사할 생각도 없이 거친 대화가 오갔다. 내 남편이 나쁜 놈이라는 것이다. 자신은 동기간에 잘하는데 내 남편은 아무리 돈이 많아도 자기 반절도 못할 인간이라고 했다. 빌려간 자기 돈이 30만 원이라면서. 나는 자리에서 일어나 밖으로 나왔다. 천지가 뒤집힌 듯 세상이 캄캄했다. 자기 자식들 앉혀놓고 형제 우애를 강조하는 형부가 위선자 같았다. 머리통을 뭔가로 얻어맞은 듯 정신이 캄캄했다. 거리도, 불빛도 캄캄했다. 집에 돌아온 나는 애들에게 한마디 했다. "이모 집에 가지 마라. 이모부 명령이다."

1966년 8월 8일

골방에 틀어박혀 어제 일을 생각하다가 나는 또다시 흥분했다.

볼펜과 편지지를 꺼내놓고 사연을 적은 뒤 열이에게 전하고 오라 했다. 아무 말도 하지 말고 이모네 대문간에서 들이밀고 즉시 나오라고.

약 30분쯤 있다가 형부가 헐떡거리며 온다. "사과하러 왔어요. 무조건 사과하겠어요." 부들부들 떨리는 음성으로 엄숙하게 말힌다. 니는 듣지도 않은 처하며 모든 일은 끝났다고 한마디 던지며 대문을 나섰다. 따갑던 태양은 어둠에 묻히고 별빛만 총총한 벌판엔 바람만 불어온다. 대문을 뛰쳐나온 나는 자갈이 쌓인 곳에 주저앉았다. 숲의 모기떼들이 내 팔다리를 마구 뜯기 시작하는 바람에 집으로 다시 들어갔다. 형부는 툇마루에 앉아 있고 눈이 휘둥그레진 언니가 집으로 들어왔다. 나는 언니와 형부에게 밖으로 나가자고 했다. 뒤따라 나오는 형부 언니와 축대 옆 돌층계에 걸터앉았다. 형부는 재차 사과를 한다. 나는 입을 열었다. 형부의 행동이 평소 형제애를 강조하는 애들 교육에 나빴다는 점, 돈만 가지고 인간의 전부를 판가름할 수는 없다는 점, 인간은 윤리와 도덕이 우선해야 한다는 점을 말하고, 내 남편은 돈으로 잘못을 범했지만, 형부는 윤리 도덕적으로 잘못을 했다고. 모든 말을 다 하고 나니 내 속이 좀 후련했다. 그제야 나는 마음을 돌려 오시게 해서 미안하다고 했다. 언니와 형부가 가고 난 뒤 그 자리에 서서 내 가슴을 쥐어뜯었다. 남편 존재를 떠올려 보며 모든 것이 꿈속의 것이라고. 이 꿈이 악몽이 아니기를 빌면서 자정 알리는 소리와 함께 잠을 청했다.

우리가 살던 정릉과 이모 댁이 있는 돈암동은 거리가 제법 되었지만 늘 걸어 다녔다. 정릉천변은 비포장도로라 차들이 지나갈 때마다 뿌연 흙먼지가 일었다. 그 흙먼지를 헤쳐 가며 우린 돈암동 이모 댁을 뻔질나게도 드나들었다. 이모부는 자상한 분이 아니었지만 설령 그런 분이었다 해도 가난한 처제네 식구가 그렇게 자주 드나든다면 누구라도 달갑지 않았을 게다. 나는 여기서 엄마 심정이 이해되면서도 한편 이모부의 입장도 수긍이 갔다. 엄마는 사면초가에서 받은 상처가 아파 미처 이모부를 헤아릴 여유가 없었던 모양이다.

이모네 집은 잘 지어진 한옥으로 마당에 우물이 있고 터가 넓어 놀기에도 좋았다. 이모네는 아들만 다섯이었는데 이모부는 방 안과 정원에 형제간의 우애를 강조하는 편액을 걸어놓았다. 그러니 엄마는 심정이 더욱 뒤틀렸을 것이다. 그래도 그렇지, 일기 속의 이모부께 미안한 마음이 든다. 이 글을 쓰면서 나는 몇 번이나 돌아가신 이모부와 이모님께 고마웠습니다, 고마웠습니다, 하였다.

내가 서른 중반쯤 되었을 때의 어느 날 엄마와 이모부와 이모를 우리 집으로 초대해 식사 대접을 한 일이 있었다. 딸이 없어서인지 그날 이모부께서 매우 흐뭇해하시며 음식을 달게 드셨던 기억이 난다.

1966년 8월 28일

젖 먹던 힘을 다해 비탈길 물 길어 먹는 것도 며칠 안 남은 것 같다. 아침저녁 수제비만 먹은 탓인가 며칠 전엔 물지게 지고 오다가 어느 묘소 앞에서 넘어져 아까운 물을 다 쏟고 말았다. 다행히 부상은 없었다. 내가 그 묘소에 애원의 절을 한 건지 모른다. 나는 그 묘소 앞을 지날 때마다 평화스러워 보여 그 묘소의 고인을 부러워했던 것이다. 어느 날은 넘어지면서 묘 앞에서 무릎을 꿇었었다.

악인의 세상에서 사는 것이 원망스럽다. 나는 항상 주, 성모님께 기도할 때마다 불을 끄고 컴컴한 곳에서 한다. 저 낙원의 세상에 계신 주님을 생각할 때 악한 이 세상은 그림자도 보기 싫은 것이다. 그리고 정신통일을 위하여서다.

지금 우리 집에는 쌀도 떨어지고 연탄도 떨어졌다. 내일 아침은 무엇으로 마련하나.

오늘도 남편은 연락이 없다. 식구들에게 관심은 있는지 없는지.

나의 아버지이신 당신께 일용할 양식을 구합니다.

부디 끼니를 굶기지 마시기를 마리아(엄마의 세례명)는 애원합니다.

1966년 8월 29일

기다림이 있다는 건 희망이다. 그러나 굶주림은 야속하고 눈물겹다. 요즘 우리 식구들은 얼마나 굶주렸나 모르겠다. 그야말로 기적적으로 사는 것이다. 저번에 언니가 준 밀가루가 우리 식구에게 얼마나 큰 양식이 됐는지 언니는 모를 것이다. 이틀을 수제비로 살았으니 말이야. 돈 백 원이 생기면 쌀 한 되, 연탄 한 장 사면 그만이다. 시장에 가면 그 흔한 과일 하나 못 사 먹이는 내 마음은 심히 괴롭다.

1966년 9월 7일

잔뜩 흐린 날씨는 짬짬이 비를 쏟는다. 오늘 아침에 쏟아진 비로 생긴 수재민이 오백여 명이라니 말 못할 비극이다. 사영이네 집에 전화 걸어 돈 좀 꾸어보려 했다가 차마 전화를 할 수 없어 언니에게 부탁했더니 거절해버린다. 이사할 날은 자꾸 다가오는데 돈이 12,000원 부족이다.

나의 안식처인 골방에 들어가 빠끔히 뚫린 작은 창문으로 밖을 내다본다. 아무것도 보이지 않고 앞집 마당에 서 있는 버드나무가 외롭게 바람 부는 대로 가지를 휘젓고 있을 뿐이다. 나는 외로울 때면 저 버드나무를 바라보면서 마음을 달래곤 했었지. 모두 안녕을 고한다. 나는 이사만 가면 동분서주할 것이다. 뜻이 이루어지기만을 빈다. 우리 다섯 식구 모두 천금과도 바꿀 수 없는 귀중한 식구들이다.

주여, 나의 소원을 이루어 주소서. 당신 딸 마리아가 애처롭게 부르짖나이다.

1966년 9월 9일

십여 년 만에 내 집이라고 장만해서 겨우 6개월 살고 채권자에게 명도 되어 이 집도 오늘이 마지막이다. 서글퍼진다. 내가 거처했던 골방은 연탄 광처럼 생겼지만 방을 만들어 두 사람이 거처할 정도는 되었다. 하늘만 보이는 조그만 창문이 있고 부엌으로 출입했다. 나는 이 방을 좋아하고 애용했다. 그러나 이 밤을 지새우면 남의 집이 된다.

왜 날씨마저 이렇게 웅크리고 있을까. 가끔씩 지나가는 구름 속에서 별들이 하나하나 보였다가 다시 구름에 가리어지곤 한다. 내 눈은 점점 또랑또랑해진다. 내일 닥칠 일을 종합하면 미칠 지경이다. 나를 포근히 잠재워주고 휴식을 주었던 이 방이여 안녕. 후에 들어오는 사람들에겐 불행을 거두고 만복을 주기를. 안녕, 안녕히.

1966년 11월 1일

 오르는 연탄 값이 오늘은 17원을 호가한다. 이것저것 해보고 싶은 장사는 많으나 돈이 없다. 동쪽 멀리 보이는 산기슭까지 단풍이 들었다. 주변에 급전을 얻어다 식구들 끼니를 이어가는 내 환경을 아는지 모르는지 "용돈 좀." 하고 손을 내밀 때마다 백 원 이백 원씩 주면 그 피눈물 나는 돈으로 남편은 댄스홀에 가서 춤을 추고 온다. 그 꼴을 볼 때마다 저것도 인간인가 싶어 눈이 돌아간다. 연탄 한 장에 2원을 덜 주고 사려고 연탄 공장에 가서 한두 장씩 새끼줄에 끼어들고 다니는 내 신세가 처량하다. 이게 내게 주어진 운명이라면 나라는 사람을 그만 저 세상으로 데려갔으면 한다.

1966년 11월 3일

 종이로 봉지 접는 일을 한다. 이정필네 집에 가서 쌀 몇 말 무게가 되는 종이를 지게품삯 아끼려고 돈암동 산꼭대기에서 머리에 이고 집까지 왔더니 목은 자라목처럼 들어가고 다리는 나무다리처럼 뻣뻣하다. 나는 이 종이를 이고 오면서 생각하기를, 이렇게 해야 4, 5일 동안 고작 400원을 버는데 남편은 춤 한 번 추러 가는데 150원이라고 한다. 너무 힘이 드니 목에 침도 마르고 입술이 탄다. 이대로 죽었으면 괴로움을 모를 게 아닌가. 나는 괴로울 때마다 죽는 그 순간을 상상해본다. 부모도 그렇고, 동생도 나를 배신하고, 남편도 자식도…. 쌀이 없어요, 하면 없으면 굶지, 하는 책임감 없는 남편. 애들 학교 가는데 교통비가 없어요, 하면 보내지 말면 되잖아, 하는 남편.

믿음직하고 굳센 남편이 그립다. 아무도 나를 알아주는 사람은 없다.

1967년 8월 8일 (비)

약 세 시경 캄캄한 밤중에 억수 같은 비가 쏟아져 하수구가 막혀 마당이 바다가 되었다. 여기저기 정리하다 보니 몸이 납작 젖었다. 어두운 밤 꺼진 연불도 살리고 빗물도 받는다. 지난 6월 16일 그러니까 음력 5월 21일 내 생일날로 끊어졌던 내 일기를 다시 시작한다. 그동안 많은 역경에 부딪쳤기에 이루 헤아릴 수 없는 일들이 주마등처럼 스쳐간다. 어머니의 소상(小祥)이며, 진이 은행 취직하여 기뻤던 일이며 숙이와 진이가 내 속을 썩였던 일들이며….

어느 날 숙이가 외출 나가니 여비를 달라기에 집 보고 있으라고 하자 눈물을 짜면서 어디론가 나가버렸다. 옷도 갈아입지 않고 게다짝을 끌고 어디론가 나가서는 한나절이 되어도 돌아오질 않았다. 한강물에 빠져 죽은 줄 알고 식구들이 총동원되어 강둑을 몇 바퀴를 돌아도 오질 않아 내 가슴은 놀라고 또 놀라 산산조각이 나는 것 같았다. 죽은 모습이 물에 떠있는 게 자꾸만 눈에 어른거렸다. 괘씸한 년, 내 말을 어기다니. 나에게 죄가 있다면 가난한 살림 속에 굶주려 기른 어미로서 구실을 못한 죄밖에 없다. 세상이 나를 너무 몰라주는 것이 한스럽다. 하지만 나는 피눈물 머금고 그 누구 못지않게 손바닥이 다 닳도록 온갖 노력을 할 것이라고 넋두리를 하고 있는데 숙이가 들어왔다. 머리채라도 휘어잡고 분풀이를 하려다 참았다.

6일엔 진이가 또 내 속을 뒤집어 놓았다. 저녁상을 받으며 남매가 다투기 시작하더니 마당까지 나가서 째지는 소리로 고성을 질렀다. 남들이 비웃으리만큼 시끄럽게 말이야. 나는 그만두라고 일렀으나 점점 더 거칠어졌다. 나는 집안에서 악 쓰는 일이 죽기보다 더 싫었다. 꾸중을 했더니 진이가 야밤에 옷을 갈아입고 문밖으로 나가기에 나는 눈이 홀떡 뒤집어져 먹살을 잡고 집에 들어와 옷을 갈기갈기 찢어놓고 기절까지 해버렸다. 애지중지 길러 놓은 딸년들이 나에게 하는 것이 고작 이거라니 나는 아무 생각도 나지 않았다. 취직이 되어 지방으로 내려간 남편에겐 아무 소식도 없다.

가장 힘든 건 엄마였겠으나 가족 누군들 편했을까. 모두들 심경이 칼날이다 보니 부딪칠 일이 생길 때마다 서로 광란 일보직

4. 가뭄과 대홍수

전 상태로 으르렁대며 생채기를 냈을 것이다. 어렴풋이 기억난다. 나는 그날 돈을 타내어 〈르네상스 음악감상실〉에나 가려 했을 가능성이 높다. 아버지가 궁한 살림에서도 어떻게든 당신의 쾌락을 찾아 댄스홀을 드나드셨듯이 나도 주말이면 고전음악 감상실로 도피했다. 번번한 용돈도 없었건만 용케도 마련하여 자주 드나들었다. 나는 그곳에서 세상 시름을 잠재우고 집안 일로 누더기가 된 심기를 클래식의 선율에 씻어가지고 돌아오곤 했다. 세상 어디 한 곳쯤은 정신적으로나마 귀족이 되고 싶은 내 허기를 채워줄 곳이 필요했는데 르네상스야 말로 적격인 장소였다.

게다짝을 끌고 집을 나갔던 그날, 나는 심사를 달래기 위해 큰 길로 나가 무작정 걸어갔다. 일제의 잔재인 게다는 나무로 만들어져 걸을 때마다 바닥을 스치는 나무 소리가 들렸다. 요즘 같은 샌들이나 슬리퍼가 없던 시절이라 게다는 여름에 일반적으로 많이 애용되었고 나는 게다 소리를 좋아했다. 걷다 보니 김포공항까지 가고 말았는데 돌아오는 길에 한쪽 게다 끈이 끊어진 바람에 게다를 손에 들고 맨발로 그 먼 길을 걸어올 수밖에 없었다. 얼굴은 토마토처럼 달아올랐고 발바닥도 다리도 다 아팠다. 더위라면 맥 못 추는 내가 무작스러운 8월 땡볕 아래를 걸어갔으니 나도 참 제정신은 아니었던 듯싶다.

집안 살림과 자식들에게 도무지 무관심한 듯했던 아버지의 행각이 한편으론 이해가 가기도 한다. 내가 르네상스에서 위안을 찾듯 아버지는 댄스홀에서 춤을 추는 것으로 고해 같은 세상을 잊으려 하셨는지 모를 일이다.

당시 나는 입주 가정교사를 하기도 했다. 외가 쪽의 친척집에서도 했고, 친구의 소개로 초등학교 남녀 학생을 각각 지도해준 적이 있었다. 초등학교 남자 애를 가르칠 땐 그 댁 부부가 나를 양녀 삼고 싶다며 의향을 물어온 적이 있었다. 그들은 초등학생 학부모라기엔 나이가 다소 많았는데 아이의 아버지가 어느 날 정중히 나를 불러놓고 이런 말을 했다.

"선생님(어린 나를 깍듯이 선생님이라 불러주었다)이 우리 집 딸이 돼준다면 공부는 물론, 이담에 미국 유학까지 보내줄 거예요. 그러니 집에 가서 부모님께 잘 의논해 보세요."

그 제안이 싫지 않았다. 아니 갑자기 무슨 소설의 주인공이라도 되는 것 같아 가슴이 벌렁거릴 지경이었다. 나는 그 집과 우리 집을 오갈 때마다 천국과 지옥을 넘나드는 듯 하질 않았는가. 내가 그 댁 양녀가 된다는 건 삶의 대전환점이 될 수도 있는 일이었다. 날마다 차려주는 성찬. 친절한 가정부가 정성껏 싸주는 깔끔한 도시락과 나 혼자 사용하는 깨끗한 독방. 어느 날 엄마에게 양녀 얘기를 했더니 엄마는 굳은 표정으로 눈물을 보였다. 그런 이유로 그 일은 더 이상 진척되지 않았고 나는 몇 달간 더 드나들다가 가정교사 일을 그만두었다.

1967년 9월 13일

남편 봉급날이 이틀이나 지났다. 첫 월급을 얼마나 주려나 눈이 아프도록 기다려진다. 내일까지 남편이 오지 않으면 찾아가기로 한다. 어디든지 여비가 없으면 걸어서라도 가겠다.

우리 닭 두 마리가 초산하여 알을 낳아준다. 귀엽고 대견하다. 오후에 남편이 돌아왔다. 팔 옆에는 떠날 때 들고 갔던 열이 책가방을 끼고, 짙은 회색 옷에 한문으로 '경일육운'이라 새겨진 옷을 입고 웃음을 지으며 들어온다. 그동안 그리웠기에 반가웠다. 한편 쑥스럽기도 했다. 건강 상태는 여전히 여윈 얼굴, 꿈속에서 보던 그 얼굴이었다. 월급봉투를 내놓으며 기대에 어긋나니 당신이 알아서 하라며 내놓는데 이것저것 제하고 9,800원이라고 쓰여 있었다. 앞이 캄캄했다. 지나친 기대였는지 모르나 20,000원은 되리라고 예상했는데. 이걸 어떻게 쪼개 쓰나.

5. 어머니, 왜 나를 살리셨나요

1967년 9월 19일
~
1973년 1월 17일(흐림)

1967년 9월 19일

밤은 깊어간다. 가을비가 내린다. 비가 오면 낙숫물을 받아서 모아 놓는다. 무언가 잊어버린 것만 같은 허전한 마음. 소형 라디오를 돌리면 고전음악이 잔잔히 나와 나를 달래준다. 아나운서의 고운 목소리를 들으며 부드러운 마음씨를 지닌 아가씨를 연상하기도 한다. 음악에 젖어 앞날을 설계해보고 또 지워버린다. 그리고 또 설계하는 내 머릿속은 복잡하다.

1967년 10월 15일

옛 말씀에 가을은 동동거리다 시간 보낸다 하더니 나 역시 동동 가을이라고 부르고 싶다. 몸도 마음도 내 심장까지 동동거리는 고동소리가 요란한 듯싶다. 진이 한국은행에 합격하여 기쁨 중에 발령 날짜를 기다린 3개월은 무던히 지루하였다. 오늘 날짜로 발령이 나고 보니 어쩐지 무감각해져 천정만 바라보다가 이 글을 쓴다. 우수수 부는 가을바람 소리에 마음이 서늘해진다.

인간은 천하고도 귀한 존재. 그러나 씨를 잘 못 뿌리면 천한 곳에 대이나고 잘 뿌리면 귀중한 인물이 되는 깃은 밀할 나위가 없다. 허나 요새 한강 변에 나가보면 금방 뱃속에서 나온 유아 시체가 버려져 있는 걸 본다. 가슴이 먹먹하다. 누가 버렸는지 모르지만 버려진 그 아기도 인간으로 태어난 것인데. 그러나 불우한 곳에 씨가 떨어진 것이다.

1967년 10월 16일

겨울을 재촉하는 비가 내린다. 방마다 비가 새어 불안하다. 앉으나 서나 잠을 자나 불안하다. 아침부터 빚쟁이들 독촉이다. 아이고, 두(頭)야.

자취하는 애들이 밥을 굶는다. 앞방에서는 비 샌다고 남매들이 다툰다. 인생 괴로움은 한이 없다. 밥 굶는 애들에게 내 밥을 주고, 비 새는 방에 가서는 미안하다고 사과한 뒤 꺼진 연탄불 붙여 주고 김치도 갖다 주며 위로하였다.

진이는 은행원으로서 큰 기대를 갖고 출납계에서 당분간 실습

한다고 한다.

양평동 둑 밑 동네로 이사 간 뒤 방을 세놓았다. 해태제과에 다니는 자매가 옆방에 살았는데, 둘씩이나 공장에 다니면서 왜 밥을 굶었는지 모르겠다. 월급을 시골 부모님께 몽땅 보내며 살았던 걸까. 엄마는 이래저래 고달프다. 셋집에 비도 새고, 공장 다니는 자매는 굶고 있으니.

1967년 10월 24일

깊은 잠에 묻혔다가도 비 내리는 소리만 들리면 정신이 번쩍 든다. 빗소리에 놀란 나는 우선 양재기를 들고나가 어제 이사 온 앞방에 가서 문을 두드리며 "일어나요. 비가 새요. 옷 젖어요."라고 했다. 총각 애들은 당황해서 어쩔 줄을 모른다. 그다음은 물 받느라 법석 떨다 잠이 다 달아나 버렸다.

진이 25일 날 은행에서 또 돈을 5,000원 줄 거라고 자랑을 한다. 그것으로 김장 준비 하고 싶다. 내가 소원했던 진이의 학교 과정을 밀어주신 성모님께 감사하며 이 세상이 다 환하도록 촛불을 밝히고 싶다.

1967년 11월 14일 목요일

13일 날 안성에 있는 남편에게 월급 받으러 간 열이가 오지 않는다. 궁금하다. 가불이라도 해 보내라고 했는데 왜 오지 않는지?

어제 숙은 돈이 5원밖에 없는데 시내버스가 오지 않아 길가에 서 두 시간이나 기다렸디고 한다. 도시락도 싸가지 않아 배는 고프고 날은 춥고 하여 화가 치밀어 눈이 빨갛게 울고 왔다. 가엽고 미안한 내 마음. 언젠가도 저녁 늦도록 오지 않아 찻길에 나가보니 3, 40분 만에 오는 시내버스는 흡사 콩나물시루 같이 사람을 태우고 왔다. 정류장에서 사람들이 내리는 걸 보니까 모두들 웅크리고 있었다. 내려서 옷자락을 터니 그제야 사람들이 퍼지며 커지는 거였다. 내 자식도 그 사람 틈에 끼어 내리는 걸 보고 가슴이 아팠다. 20원과 5원의 차이다. 왕복 40원이면 편히 다닐 수 있는 차가 있는데 말이다. 그러나 40원은 고사하고 10원도 없어 아침이면 법석들이다.

우리 집 닭들은 나의 귀염둥이들이다. 닭은 하루 종일 알을 낳아주고 나는 그 알을 모아 동네 집집마다 다니며 판다. 나의 큰 벗이다. 그저 대견해서 내가 닭 잔등을 쓰다듬어 주면 닭들은 좋아한다. 그걸 보는 나는 무척 흐뭇하다.

학창 시절, 도시락을 싸가지 않은 날이 많았다. 요즘처럼 다이어트를 위해서가 아니라 초라한 도시락이 싫어서였다. 내가 다닌

학교는 시쳇말로 금수저들이 많아서(물론 형편이 어려운 학생들도 있었지만) 도시락 반찬의 상대성이 두드러졌다. 뿐만 아니라 도시락을 안 싸 가면 책가방도 가볍고 김치 국물이 가방에 밸 염려가 없어 좋았다. 한창 식욕 왕성할 나이에 점심도 굶고 추위에 떨며 버스를 두 시간이나 기다렸으니 오죽이나 지치고 화가 났을까. 엄마를 보는 순간 참았던 눈물이 왈칵 터졌을 만하다. 20원짜리 인생과 5원짜리 인생의 간극은 이처럼 크다.

그 무렵, 나는 등록금 마련을 위해 얼마간 친척집에서 입주 가정교사를 하기도 했다. 입주 첫날, 친척 아줌마가 내일 아침 도시락 반찬을 어떻게 하랴 묻기에 '적당히' 싸주세요, 했더니 가정부를 시켜 싸준 도시락엔 달랑 김치만 들어 있었다. 그녀는 명문대를 졸업한 인텔리인 데다 내가 다닌 학교의 선배이기도 했다. 그런 만큼 여학생들 심리를 모르지도 않았을 텐데 부잣집 무남독녀로 자라서 그런지는 몰라도 무심했다. 도시락을 넣고 학교에 갔을 때 가방 안이 온통 김치 국물 범벅이 되어 그 냄새로 친구들 보기가 얼마나 창피했는지 모른다. 다음 날엔 좀 다른 반찬을 싸주려나 했지만 전날과 똑같아서 그날 저녁 나는 아줌마에게 내일부터 도시락을 가져가지 않겠다고 말했다. 아줌마는 그에 대해 일언반구 말이 없었다. 나는 반찬 좀 바꿔주면 좋겠다는 말이 목구멍까지 솟았으나 삼켜버렸다. 다음 날 보니 정말로 도시락이 없었다. 그렇다고 아줌마가 내게 무슨 감정이 있어 그런 건 아니었다. 단지 내 말을 그대로 받아들인 단순무식(?)이 문제였던 셈이다.

나는 속으로만 부르짖었다. "아줌마는 아랫사람에 대한 배려나 눈치라곤 눈곱만큼도 없는 사람이군요. 도시락을 안 싸도 된다고 했을 땐 왜 그러는지 한마디라도 물어봐야 하는 거 아닌가요?"

그 일이 떠오를 때면 타인, 특별히 약자들에 대한 불감증에 대해 생각해보게 된다. 나도 그랬지만 약자의 말이란 때로 진의가 빙산의 밑동처럼 감춰져 있게 마련. '예'가 예가 아니요 '아니요' 또한 아니요가 아닌 경우도 있는 것이다. 나도 문제가 있었다. 자존심 방어에만 촉각을 세웠을 뿐 자기 의사를 상대에게 전달하지 못한 점. 나보다 성격이 강한 우리 언니였다면 어떤 행동을 보였을까. 학교 선생님께도 할 말을 당당히 했던 우리 언니였다면. 내 동생이었다면 또 어떤 처신을 했을까.

나는 낮 동안 굶주린 대신 저녁밥을 싹싹 비웠다. 이 사실을 엄마가 알면 가슴 아플까봐 혼자 끙끙거렸다. 그러다 어느 날 집으로 간다는 간단한 메모 한 장 남겨 놓고 우리 집으로 돌아왔다.

1967년 11월 16일 토요일

아버지에게 갔다 맨손으로 온 열이는 근식 결혼 청첩장을 내놓는다. 오늘 11시 결혼식에는 온다 하여 눈이 빠지게 기다렸는데 남편이 오지 않아 집집마다 돌아다니며 달러이자를 얻어 황급히 결혼식장으로 갔다. 가난한 처지에 사람이 체면을 차리고 위신을 세우는 것처럼 괴로운 일은 없다. 조반도 제대로 못 먹고 달러이자 돈 얻어가지고 위신을 세우는 내가 괴로웠다. 결혼식 끝나 집으로 오며 혹시 남편이 와 있나 기대했으나 와 있지 않았다. 길고 긴 밤에 잠이 오지 않았다. 시계가 없으니 몇 시인지도 모르고 닭 우는 소리에 밤이 간다는 것만 알 뿐이다. 동창생 친구라는 작자가 남편이 빚을 갚지 않는다고 벽에 걸려 있던 시계를 떼어 가버려 오늘까지 고생이다…. 불편함은 이루 말할 수가 없고 그때마다 원망을 한다. 이 죄가 다 누구 때문인지 알 수가 없다.

1967년 12월 4일

아침 일찍 서리 내린 오솔길 따라 어머니 묘소에 갔다. 가시덩굴이 얽힌 숲을 헤치면서 소나무 밤나무 지나 목적지인 묘소에 왔다. 평화롭고 조용한 묘소 앞에는 들국화가 반기는 듯 피어 있다. 첩첩 쌓인 산속에서 첩첩 쌓인 산등성이만 바라보고 있는 우리 어머니 묘소.

소리쳐 울었으나 대답은 없으시다. 목이 마르도록 울었으나 대답 없는 어머니. 언젠가 어렸을 때 어머니가 화가 나서 나무라실 때 들은 말씀.

"이년아, 너 기를 때 얼마나 병치레를 많이 했는지 앓기만 하면 죽을까 봐서 업고 무당집으로 뛰어다녔더니 하루는 무당이, 그깟 계집애 죽게 내버려 두지 그걸 뭐 할라고 조금만 아프며 업고 뛰어오느냐고 쏴주더라 말이다. 너를 그처럼 애지중지 길렀단 말이다. 이년아."

나는 그 말씀이 영원히 잊히질 않는다. 얼마나 어머니 속을 태워드렸나. 끝끝내 근심을 끼쳐드린 이 딸년은 목이 처지도록 불러봅니다. 저 산 너머엔 우리 오빠가 묻힌 곳이다. 나를 너무노 사랑해주시던 오빠. 좋은 남편 만나 잘 살라고 일러주시던 오빠. 꿈속에서나마 보고 싶었던 그 얼굴이여, 다시 한번만 보여주소서.

구약 성서 중의 욥기가 생각난다.
'차라리 없어져 버려라, 내가 태어난 날…….
그 밤이 내 모태의 문을 닫지 않아 내 눈에서 고통을 감추지 못하였구나.
어찌하여 내가 태중에서 죽지 않았던가.
어째서 무릎은 나를 받아냈던가?
젖은 왜 있어서 내가 빨았던가?……'

엄마 또한 때때로 할머니의 탄식을 떠올리며 어머니, 그때 나를 왜 살리셨나요? 하셨을 것이다.

1967년 12월 18일

남편이 다리 아프다고 다리를 질질 끌고 왔다. 절름거리며 휴양이라도 가겠단다. 아침에 나가서 밤 11시 40분께 왔다. 춤추고 들어오느냐 했더니 그렇다고 솔직하게 대답한다. 그건 미친 사람의 태도와 조금도 다를 게 없다. 춤에 미쳐 가산까지 탕진하더니 병까지 걸려 결핵에 늑막염까지 앓으면서도 조금만 차도가 있으면 춤바람이다. 땀을 질질 흘리고 비틀거리면서도, 해만 지면 길이 보이질 않는다고 하면서도, 때때로 춤을 추고 오는 꼴이란 정말 눈 뜨고 볼 수가 없다. 죽을 때까지 거짓말을 버리지 못할 인간. 이제는 아무것도 생각하고 싶질 않다. 한 평생 속아 살며 이 해에는 올바른 정신으로 살아줄까 기대해 보지만 이때만 되면 내 가슴을 아프게 하고 슬픔을 안겨준다.

인생이란 살짝 미쳐야 즐겁다. 맹물 같은 삶보다야 뭔가에 미칠 수 있는 삶이 활력적이다. 하지만 울 아버지, 해도 해도 정말 너무 했다. 최근, 전 미국 대통령 부인인 오바마 여사가 자기 남편을 창밖으로 던져버리고 싶은 적이 있었다는 말을 한 게 보도된 적이 있었다. 그들의 전 후 사연은 모르지만 엄마도 아버지를 던져버리고 싶었으리라.

엄마가 우리에게 자주 신경질을 부리고 욕을 퍼붓는 게 그때는 정말 견디기 힘들었다. 속으로 무수히 엄마를 원망하고 때론 몇 시했다. 아무리 힘들다지만, 왜 자식에게 자기 화풀이를 하는 거냐고. 조금만 더 따스하고 우아한 엄마가 돼주면 안 되느냐고. 엄마의 넋두리 레퍼토리엔 '서방 복 없는 년은 자식복도 없다더니…'가 있었는데, 나는 그 말만 나오면 온 몸에 두드러기가 날 것만 같아 귀를 틀어막았다. 그리곤 혼잣말로 중얼거렸다.

"제발 체통 좀 지키세요. 사촌심 좀 지켜달라고요. 그 한마디가 엄마의 공든 탑을 다 무너뜨린다는 걸 모르세요?"

엄마의 일기를 보며 아버지에 대한 원망을 되새김하다가 나는 멍하니 천정을 바라보았다. 허물 많은 아버지이나 내 아버지 변호 좀 하고 싶어서였다. 아버지도 그럴 만한 까닭이 있었던 건 아닐까. 마주하고 싶지 않은 현실에서 도피하고자 댄스에 미치셨던 건 아닐까. 그게 아버지의 마약이었으리라. 하지만 엄마라고 닥친 현실이 견딜 만해서 그 악다구니 같은 환경을 버텨낸 게 아니지 않은가. 갑자기… 아버지를 변호할 말이 없어진다.

전에 엄마에게 들은 얘기론 아버지와 혼담이 오갈 때 친할머니께서 이런 말씀을 하셨다고 한다. '네가 내 아들보다 두 몫 낫다'

시어머님 될 분이 당신의 아들보다 며느리가 될 처녀를 더 치켜세운 것이다. 왜 그러셨는지는 알 수 없지만 강원도 할머니 눈에 서울 물이 든 반듯한 처녀가 아직 촌티를 덜 벗은 당신 아들보다 더 근사하게 보였을 수 있었겠다. 엄마는 이미 충무로에서 서점 점원으로 일하며 춘원(春園)의 소설까지 읽은 당대의 문화여성. 거기에다 똑똑하고 곧은 성정이었으니 그런 덕담을 하셨는지 모른다. 아무려나 우리 집안을 지켜온 것도 어머니의 공이 거의 전부라 해도 과언이 아닐 듯싶으니 친할머니의 말씀은 그냥 하신 말이 아닌 셈이다. 아버진 마음이 따뜻하고 정이 많으셨지만 삶에 대한 통찰력이나 가정에 대한 책임감이란 면에선 부족한 분이었다.

1968년 1월 4일

조반상을 받고 남편이 내려갈 준비를 한다. 한 달에 한두 번씩 오면 밤 12시까지 춤을 추고 지쳐서 들어와 새벽 여섯 시에 일어나 가버린다. 집이 그리워 오는 게 아니라 춤추려고 오는 것이다. 매달 가져오는 봉급이 줄자 나는 비웃는 말을 건넸다. 이대로 가다가는 몇 달 후엔 한 푼도 안 줄 거라고. 별별 지랄 다 하고 다니다가도 오십 세가 되어 늙으면 여편네 불쌍한 줄도 안다는데 이 사람은 끝이 없다. 그리고 훌쩍 가버리면 가엾은 생각이 든다. 이 담에 오면 미워하지 않겠다고 다짐하지만 한 인간의 자격을 지니고 태어난 나를 비참의 도가니로 몰아넣으니….

1968년 1월 13일

엄마, 엄마, 세 시 됐어요. 연탄불 갈아요, 하고 깨우는 열이가 미웠다. 어제저녁에 잠들면서 깨워달라고 부탁하곤 깊은 잠에 취해버렸다. 잠을 자며 생시의 소원이던 애정 가득한 사랑의 꿈을 꾸었다. 그 사람, 꿈속의 주인공 그 사람을 다시 한 번 만나봤으면 소원이 없겠다. 나를 사랑한다는 그 사람을 찾고 싶다. 결혼하자면서 정열이 이글거리는 눈으로 바라보던 사람. 그 눈빛에서 나는 사랑이란 걸 빌건했고, 세상 행복을 독차지한 듯 만족했다. 아, 영원한 내 사랑이여, 다시 한 번….

신년이라 새 기분에 젖어보고 싶지만 찾아오는 채권자들의 험상궂은 눈초리가 가슴을 조이게 한다. 진저리 쳐지는 빚쟁이들. 그들은 내가 죽어도 저 세상까지 찾아올 것 같다. 문밖에서 남편의 이름을 부르는 사람 목소리가 들리면 숨이 탁탁 막히고 덜덜 떨린다.

라디오에서 흘러나오는 멜로디에 내 마음을 달래 본다. 음악은 나를 위해 작곡된 건지 모른다. 여생은 음악과 함께 살고 싶다. 거칠게만 살아온 나는 성당에 가도 성가가 제대로 불러지지 않는다. 음성조차 돌덩이마냥 굳어진 모양이다. 안녕, 벗.

언제였더라, 엄마가 아버지와 결혼 전에 혼담이 오갔던 남자 얘기를 들려주셨다. 한데 외할아버지가 탐탐해하질 않으셨다고 한다. 선비였던 할아버지는 반상(班常)에 대한 편견이 있었던지라 상대가 양반 집안이 아닌 걸 문제 삼으셨던 것 같다. 그분이 나중에 은행원이 됐다는 얘기도 들은 것 같다. 왠지 이날 엄마가 꿈에서 만난 남자가 그분일 것 같은 생각이 든다. 연탄 불 갈라고 깨우는 아들이 미웠을 정도이니 꿈결이 깨나 달콤했던 모양이다. 일기 서두엔 꿈이여, 영원히 돌아오라는 글귀도 적혀있다.

1968년 1월 15일

날씨가 춥다. 어디론지 나가고 싶다. 하지만 여비가 없다. 나가도 만나는 사람마다 돈 재촉을 받게 되니 나가봐야 별 볼일도 없지만.

술이라도 마셔보고 싶다. 굳어버린 내 가슴이 흐물거리도록 마시고 싶다. 나만을 생각해주는 벗을 찾고 싶다.

닭장 속에 갇혀 있는 닭들이 갈갈거린다. 귀여워서 쓸어주면 옆에 있는 놈이 질투를 한다. 하루에 일곱 알 내지 열 알 낳는다. 계란을 모아 팔아 푼돈을 만들어 쓴다. 계란 좀 먹여달라는 애들의 눈총을 받으면서 인심이 사나운 어미로 낙인찍혔다.

요즘은 계란을 흔히 먹는다. 그때는 귀한 거라 쉽게 먹을 수 없었다. 닭들이 매일 알을 낳아주었어도 우리는 가끔씩만 계란을 먹었다. 엄마는 그 닭들이 기특해서 녀석들의 성격을 하나하나 파악하여 얘기를 하시곤 했는데, 닭들이 질투하는 표정이나 행동을 몸으로 표현하는 바람에 배꼽을 잡았던 생각이 난다.

집에는 개도 있고, 고양이도 있고, 닭들이 있어 심심하지 않았다. 해 저물어 닭들이 홰로 올라가면 쥐들이 닭장을 드나들며 닭 모이를 훔쳐 먹었다. 고양이가 있어도 한 마리로선 쥐떼들의 극성을 당해낼 수 없었다. 서생원들도 먹고살아야 하니 죽기 살기로 덤볐을 터.

1969년 1월 25일

등록금을 내지 못해 졸업 보류자로 남아 있던 숙이 등록금을 22일에 받쳤다. 오늘이 숙이 졸업 날이다. 오늘로서 끝을 맺는 학교생활. 그 얼마나 고생을 시켰던가. 국민학교 입학할 때부터 많은 풍파를 겪느라 따뜻하게 손 한번 잡고 소풍 길에도 못 따라가고, 공납금 때마다 학교에서 쫓겨 오고, 피눈물 나는 아픔을 간직한 채 교문을 떠나는 오늘 나는 눈물이 북받쳐 졸업식을 못 볼 것 같다. 어제저녁에는 숙이가 이런저런 생각을 하다가 억울한지 졸업식에 올 거면 생화나 사 오라고 한다. 중학교 때는 오지도 않았다면서. "암, 꽃 사다 주지. 빨간 카네이션 말이야. 사가지고 갈게."라고 말하는 내 속은 칼로 저미는 듯 아팠다.

어느덧 교문 앞에 왔다. 꽃장수들이 우글거린다. 꽃을 200원 주고 사들고 노천극장으로 갔다. 많은 학부형들이 번들거리게 차려 입고 활기 있게 모여든다. 나는 뭔가를 잊은 양 멍하니 서 있었다. 축사 답사 읽는 소리에 내 콧날이 시큰해진다. 모두 장하고 예쁜 딸들이다. 우리 딸도 예쁘지만 다들 예쁘다.

엄마는 이리도 가슴 아파했지만 나는 소풍날 엄마가 따라가지 않는다고 의기소침하지는 않았던 것 같다. 기분 좋은 건 아니었어도 최소한 우울하진 않았다. 이런 성향은 성인이 되어서도 비슷해서 몇 차례 문학상을 받을 때도 지인이나 가족에게 알리지 않았다. 당연히 다른 수상자들은 모두 꽃다발을 받는데 나만 빈손으로 있었던 적도 있다. 그것 역시 기분 좋은 일은 아니었어도 그렇다고 우울한 일도 아니었다. 이런 면으론 내가 둔한 건지 쿨한 건지….

1969년 2월 3일

초조 속에 운명의 심판 시간이 다가왔다. 밤새 한 잠도 이루지 못하고 일찍 열이와 학교에 갔다. 만원 버스에 올라 서울고교에 내렸다. 저 멀리 합격자 발표가 보인다. 가슴이 울렁거린다. 후들거리는 다리로 가서 보았으나 792번이 보이지 않았다. 캄캄해지는 눈을 비비며 다시 보았으나 영영 보이지 않는 792번. 순간 아찔함을 금할 수 없었다. 멍청하니 굳어버린 열이를 끌고 "가자, 8대 1인데 그 속에 네가 꼭 되리라고 믿지 않았다."라고 위로하며 서울고교 문을 나섰다. 패배자. 왜 뒷받침을 못해줬던가. 그러면서 감히 겨루기 힘든 일류고교 입학을 시키려는 너는 욕심쟁이. 으하하하하.

내 머릿속에서 악마가 휘몰아쳐오는 것 같았다. 눈물이 쏟아졌다. 내 잘못이다. 내 죄다. 이 세상에는 돈이 실력이다. 으악! 목구멍에서 울음이 터져 나온다. 오고가는 행인 속에 묻혀 미구 울었다. 옆에서 열이가 따라 울었다. 가여워서 "열이야, 울지 마. 모든 건 엄마 죄야. 너는 잘했어." 하며 집에 왔으나 아무것도 보이지 않고 말도 하고 싶지 않았다. 아, 괴로움!

중·고등학교에 들어가려면 입학시험을 치러야 했던 시절이다. 학교에도 서열이 있어, 세칭 일류학교에 들어가려면 학교 성적도 좋아야 하고 과외수업도 받으며 실력을 쌓아야 했다. 언니와 나는 과외공부 하지 않고도 일류 중고교에 진학했던 반면 동생은 운발이 닿지 않았는지 중고등학교 모두 실패해 2차 지망을 했다. 단 하나 뿐인 아들인 데다 엄마의 아들에 대한 사랑과 기대가 각별했으니 이 날 얼마나 낙담을 했을지 쉽게 짐작이 간다. 일기도 악마가 휘몰아치는 것 같다는 식으로 격렬하기만 하다.

1969년 2월 13일 (비)

새벽부터 비가 내린다. 며칠 전 폭설이 쌓여 옆방은 마구 샌다.

비가 샐 적마다 방 빼달라고 야단이다. 그럴 때마다 가슴이 두근거린다. 그러던 중 오늘 또 비가 내려 진간장 같은 빗물이 빈틈없이 줄줄 샌다. 불안하다. 괴롭다. 와도 가도 거친 대화들. 죽도록 보기 싫고 듣기도 싫다. 내일도 비가 온다니 지긋지긋하구나.

어처구니없는 어마어마한 사건. 북에서 월남한 이수근이가 이중간첩이란 큼직한 활자로 신문에 실렸다. 흥분이 앞선다. 극형에 처할 것.

비를 맞고 흰떡을 빼러 갔다. 땅이 진구렁이라 다라를 머리에 이고 진구렁에 넘어질까 정신을 바짝 차리고 왔다. 밤, 캄캄한 밤을 낮 삼아 다니는 것엔 이유가 있다. 나는 채권자들의 눈초리, 그 무서운 눈이 보이지 않는 밤을 낮 삼아 다니는 것이다. 오늘도 여전히 밤을 이용한다. 밤을 기다리는 사람이다.

1969년 2월 17일 (구정 초하루)

가슴이 답답하여 눈을 떠보니 연탄가스 중독이다. 일어나려 했으나 몸이 말을 안 들어 쓰러지고 말았다. 골이 깨지는 것 같고 가슴이 답답하다. 숙이와 열이도 밤이 오면 죽음의 소굴로 들어가는 기분이란다. 문을 열어 놓고 수시로 환기도 시키면서 자다가도 몇 번이고 문을 열어 놓는다. 그러나 오늘은 가스에 지친 모양이다.

사다 주는 약을 먹고 간신히 만둣국을 끓인다. 아무것도 사 온 것이 없고 나박김치 한 그릇에 간장과 만둣국이다. 설날이라기엔 너무도 쓸쓸한 조반상이다. 허나 남편 주머니 속에서 돈이 나오지 않으니 여유가 있을 리 없다. 매달 무슨 사정이 그리 많은지 돈을 제대로 가져오는 달이 거의 없다. 이번에는 공금을 5,000원 도난당했다고 그 돈을 배상했단다. 곧이들리지 않는다. 노름이라도 했겠지, 하고 돌리려니 속이 터지는 것 만 같았다. 얼마 내미는 돈은 이자 갚기도 모자랄 지경이다.

심란했다. 흐리거나 습도가 높은 날 밤이면 특히 그랬다. 보이지도 만져지지도 않는 무형의 살인마. 그로 인한 인명 피해도 많았던 시절이다. 이런 위험 속에서 우리 식구는 연탄가스를 죽지 않을 만큼만 마시며 살아온 것 같다.

오랜 세월 연탄과 살아와서 그런지 추억도 많다. 밤에 연탄불 갈 일이 있으면 일정 시간 아궁이 구멍을 열어 괄하게 타도록 둬야만 하는데 그래야 연탄가스 위험이 줄어드는 때문이었다. 아궁이 구멍을 열어 놓으면 새까맣던 연탄에 파란색과 초록색과 주황색 불꽃들이 피어오르며 방바닥을 뜨끈하게 달군다. 하지만 연탄 한 장 더 땔 일이 겁나서 얼마 지나 아궁이 구멍을 막아놓았다. 구멍 막는 일도 요령과 기술이 필요하다. 너무 세게 막으면 연탄이 꺼질 위험이 있어 1/2이나 1/3쯤 조절하고 그날 일기와 바람 정도를 파악하며 다스려야 했다.

혹시라도 깜빡 잠이 들어 구멍 막는 일을 잊으면 다음날 아침엔 연탄이 하얗게 타버려 낭패였다. 이런 사달이 나면 옆집으로 밑불을 얻으러 다니거나 숯에 불을 붙여 다시 연탄을 피워야 한다. 연탄불은 날씨나 온도에 따라 연소 시간이 달랐기에 주부들은 추운 겨울 신 새벽에 연탄 갈 일이 있으면 밑불이 남아 있어도 미리 탄불을 갈고 밑에 있던 연탄을 밖으로 내놓았다. 캄캄한 밤에 내다 놓은 연탄불은 간혹 화재를 일으키기도 해서 물을 부어 탄불을 죽여 놔야 안심되었다. 물벼락을 맞은 연탄은 화들짝 놀라 '치익' 하는 소리를 내지르며 허연 김을 내뿜었다. 그리고 그런 연탄은 불완전 연소되어 아직 쓸 만했기에 알뜰 주부들은 잘 말렸다가 요령껏 재사용하기도 했다. 물자를 아끼는 데엔 너도나도 선수 같던 시절이었다. 삶의 궁기 같은 일들이지만 거기에도 나름의 기쁨은 있었다. 세상엔 돈 쓰는 재미만 있는 게 아니라 돈 안 쓰고 절약하는 재미도 있는 거니까.

1969년 3월 22일 (맑음)

바람이 분다. 봄을 재촉하는 바람인 듯싶다. 치과에 갔더니 아직 잇몸 틀이 아물지 않았다며 며칠 기다리라고 한다. 돌아 나오며 언니에게 전화를 걸었다. 반겨주며 꼭 놀러오라고 한다. 86번 버스가 눈에 띈다. 올라 타버렸다. 돈암동으로 가는데 시내중심가를 돌아보는 순간 고층 건물들이 자랑스러웠다. 미아리 고개를 넘으니 우리가 살던 동네는 상상도 못 하게 발전되었다. 내 집처럼 드나들던 미아리 성당이 한눈에 들어온다. 예수 마리아여, 죄인을 용서하소서. 죄인을 사랑하라는 당신 말씀을 거역하였나이다. 마음에서 미워하는 그 사람, 수없이 미워하고 푸대접한답니다. 어쩔 수 없는 제 환경에 돌덩이처럼 굳어버린 제 가슴 한 복판을 녹일 수가 없답니다. 풀 수 없는 처지라서 자꾸만 죄를 짓는 것 같습니다. 진정한 대화와 따뜻한 손길이 무한 그립습니다. 허전한 마음 메울 길 없기에 외로움에 지쳐 자꾸만 멀어져 가는 기도의 문을 활짝 열어주소서.

1969년 11월 2일

일찍부터 분주히 돌아다녔다. 생활비 2만 원 중 고추 20근 1만 원 주고 사고, 쌀과 연탄을 들이고 나니 돈이 바닥났다. 날씨가 싸늘해지니 김장 재촉을 하는 것 같다. 집도 더 손질해야 한다.

어제의 레지오 활동보고를 생각하면서 어둠 깔린 둑 밑 길을 황급히 걷는다. 별빛이 쭉 깔린 하늘은 무한정 넓고 높다.

지난 27일 진이 전과 발령이 났다. 출납과에서 약 1년이 넘도록 돈을 세어 왔는데 지난 26일 낮 영어 시험을 치르고 9명 중 1

명이 합격하여 진이 한 명만 전과 발령장을 받았다고 한다. 그날 순간 진이 여자라는 게 아까웠다. 내 첫 말이 "너, 성전환 수술하자."였으니. 진이 여자라는 게 섭섭했다. 남자라면 영구직으로 근무할 수 있는데 처녀라서 얼마 후 결혼할 몸. 나는 욕심이 많은가?

언니는 대학 졸업 후 한국은행에 입사했다. 당시 은행은 여성들이 선호하는 직장이었다. 언니의 취직으로 집안 사정도 다소 나아졌다. 그때는 결혼하면 직장을 그만 둔다는 각서를 썼다. 엄마는 머잖아 언니가 결혼하면 더 이상 은행 근무를 하게 되지 못함을 미리 안타까워했다. 오죽하면 딸에게 성전환 수술 얘기를 다 하셨을까.

자식들이 장성함에 따라 엄마는 성당 봉사활동을 열심히 하셨다.

1969년 11월 18일

오늘은 언니 생일날이다. 지하에 계실 어머니 생각이 났다.

어머니, 불러봅니다. 제가 어렸을 적 어느 날 일꾼을 많이 얻어 모 심고 보리방아 찧던 날이었지요. 해가 석양일 무렵, 어머니는 깜짝 놀라 말씀하셨지요.

"아이구, 딱해라. 삼분아, 오늘이 네 생일인데 그만 바빠서 까맣게 잊었구나. 얼른 집에 가서 언니 보고 보리밥 다 퍼내고 찰밥과 미역국 해달라고 해라."

그때 저는 아침에 보리밥 먹은 게 너무 억울해서 그만 통곡을 하고 울었지요.

어머니, 그러던 당신 딸년은 머리가 희끗희끗 세어가지고 언젠가 닥쳐올 죽음을 예비한답니다. 안녕히 계세요.

언니네서 진수성찬으로 잔뜩 먹고 진이 코트를 사 준다기에 밖으로 나왔다. 오랜만에 택시 타고 이대 입구 몬아미 양장점으로 갔다. 반액 대매출이라고 한다. 들어가 보니 가지각색의 오바코트들이 수십 종 걸려 있다. 그중 눈에 든 것은 짙은 녹색의 빠이로 오바였다. 가격은 7,800원이라고 딱지가 붙었다. 입어보니 약간 크다. 크다고 하니 점원애가 살 거라면 줄여준단다. 가격을 싸게 할 수 없냐니까 몇 백 원 감해준다고 한다. 나는 샀으면 좋겠는데 진이가 보기 흉하니 나가자고 한다. 나는 못내 섭섭했다. 길을 걸으며 그 오바가 맘에 든다고 하니 그럼 도로 가서 사라고 하여 다시 양장점으로 갔다. 7,000원에 사서 수선을 맡기고 왔다. 이젠 날씨가 추워도 걱정이 없겠다. 혼자 기뻐서 마음 흐뭇하였다. 남편한테 얻어 입지 못하고 딸에게 얻어 입는 게 약간은 미안했다.

김소운의 수필 〈외투〉에 다음과 같은 내용이 나온다.

'눈보라 뿌리는 겨울 거리에 외투로 몸단속을 단단히 하고 나선, 그 기분이란 말할 수 없이 좋다. 어느 때는 외투라는 것을 위해서 겨울이 있는 것 같은 착각조차 느낀다. 그런데도 나는 그 외투 없이 네 번째 겨울을 맞이한다. 무슨 심원(心願)이 있어서 무슨 주의(主義) 주장(主張)이 새로 생겨서 그러는 것은 아니다. 외투 두 벌은 도둑맞았고, 서울 갈 때 남에게 빌려 입고 간 외투 한 벌조차 잃어버리고. 그러고 나니 외투하고 승강이하기가 고달프고 귀찮아졌다. 그냥 지낸다는 것이 한 해, 두 해, 벌써 네 해째이다.

겨울의 즐거움을 모르고 겨울을 난다는 것은 슬픈 노릇이다. 하기야 외투뿐이랴. 가상다반(家常茶飯)의 일체의 낙(樂)이 일시 중단이다. 나 하나만이 아니기에 도리어 마음 편한 때도 있다.'

가난한 서민은 반반한 외투 한 벌 해 입기가 어렵던 시절, 외투를 전당포에 잡히고 돈을 빌려 쓰기도 했던 시절엔 외투 한 벌도 큰 재산이었다. 엄마의 일기를 읽다가 예전에 이대 입구에 즐비하게 늘어서 있었던 양장점들이 떠올랐다. 대학가라 하기엔 민망하다 싶을 정도로 맞춤복 의상실이 많았다. 명동을 위시해 이대와 숙대 같은 여자대학 입구에도 의상실들이 많았다.

어렸을 때 나는 매주 일요일에 명동성당 갈 때마다 패션의 거리 명동 복판을 지나서 갔다. 수많은 양장점이 있었고, 인형처럼 예쁜 마네킹들이 형형색색의 옷을 입고 맵시를 뽐내었다. 그중 '송옥양장점'은 규모가 단연 커서 쇼윈도의 마네킹들도 많았다. 초등학교 3학년이던 나는 언제 커서 저 예쁜 옷들을 입어보나, 하고 쇼윈도를 하염없이 바라보곤 했다.

1970년 1월 1일

자정을 넘기며 1970년의 새해가 밝아온다. 모든 숙제를 남겨둔 채 69년은 어디론지 자취를 감췄다. 안녕, 안녕, 영원히 오지 않을 69년. 지난해만은 진심으로 감사한다. 꾸준히 나를 밀어주었으니 더없이 감사하다.

남편이 오지 않아 무척 궁금하다. 무슨 일이 있기에 정초마저 객지에서 보내나. 해질 무렵부터 기다렸다. 어쩐지 자꾸 그리워진다. 명절날 찰떡 좀 해놓으라는 부탁대로 떡도 해놓았는데 왜 안 오실까. 간간이 들려오는 자동차 소리. 오늘만은 통금이 없다.

우와~, 이젠 우리도 명절에 떡을 다 해 먹네! 그렇다고 형편이 넉넉했던 건 아니었다. 궁기는 늘 배음처럼 깔려있었다. 아버지는 찰떡 구워 드시는 걸 좋아했다. 일제 강점기를 거친 분이라 그런지 일본식 모찌를 좋아하셔서 어릴 땐 팥 앙금이 듬뿍 들어간 찹쌀떡도 많이 먹었다. 엄마가 만든 찹쌀떡은 살집이 두툼하고 앙금도 푸짐해서 하나만 먹어도 속이 든든했다.

1970년 3월 17일 (흐림)

창밖엔 때 아닌 함박눈이 내린다. 라디오에서 들리는 아나운서

소리. 곳곳에 교통이 두절되었다는 소식에 긴장된다.

우리 아들 딸들을 위해 내 기도 중 첫 부분은 '오늘 밤 연탄가스에서 지켜주시고 내일엔 교통지옥에서 안전을 지켜주소서'이다. 어려운 가정에서 자존심도 위신도 눈감고 사는 나와 달리 내 피와 살을 나눈 자식들만은 잘 되었으면 한다.

중병을 앓고 나니, 어렸을 때나 지금이나 엄마 따라 살고 죽는다는 우리 아들과 내 손으로 배필 골라 시집보내야 하는 두 딸들이 걱정이다. 만약 내가 죽는다면 생전 못 보던 피도 살도 다른 서모 손에 눈총 받으며 살게 될 것이다.

1970년 7월 18일 토요일 (비)

많은 양의 비가 연 나흘간 내린다. 때로는 무시무시한 소나기로 잠을 못 이룬다. 물 고생에 지친 나는 빗물을 받아 독을 채운 뒤 먼저 받은 물이 지저분하면 퍼내고 다시 받느라 옷 젖는 줄도 모르고 받는다. 흘러내리는 맑은 빗물이 무한정 아까울 뿐이다.

세계정세가 험악해지다 보니 근심이 머리에서 떠나지 않는다. 내가 죽는 걸 고민하는 건 절대 아니다. 한 생명이 45년 세월을 값없이 살았던 게 속상할 뿐이다. 나는 몇 번이나 세상을 비관했지만 일찍이 배운 신앙 공부가 신경 쓰인 것이다. 자살은 대죄(大罪)라고 한다. 그것이 항상 내 머릿속을 맴돌고 있다.

바닥 인생은 너무도 비참하다. 고르지 못한 인간 사회. 최고급 호화로운 집은 문도 단추 누르면 열리고 하절기와 동절기엔 냉온방이 되어 추위도 더위도 잊는다. 이 동네엔 루핑 한 장으로 지붕을 덮고 방 한 칸에 십여 명 식구들이 새우잠을 자는 집도 있다. 폭우가 내리는 오늘도 전신을 비닐 한 장으로 덮고 양배추 베러 가는 사람도 있다. 그러나 이 세상 마칠 땐 차별 없이 빈손으로 흙으로 돌아간다.

1970년 7월 22일

구름이 오락가락하며 비가 오더니 멎었다. 도루(개)가 밥을 먹지 않아 궁금하다. 속탈이 났는지 아니면 식욕이 없는 건지 안 먹는다. 오늘은 잠만 잔다. 나의 동무이기도 한 도루다.

뜻밖에 언니가 왔다. 국수 한 그릇 대접하려니 미안했다. 허나 궁한 사실은 숨길 수 없는 것. 서로 밀리고 쌓였던 얘기들이 오고 간다. 부모님 사별 후의 외로움을 언니 동생끼리 달래 보는 것이다.

일주일 전 꿈에 오신 아버지 어머니. 특히 어머니의 말씀이 생시처럼 또렷했다.

"진 에미야, 너와 나는 가는 길이 달라서 너의 치성 못 드리니 네가 네 집안 위해 잘 치성드려라." 하더니 자취를 감추신 어머니. 언니도 비슷한 꿈을 꾸셨다고 한다.

먹구름이 떠오른다. 하늘을 쳐다보며 도루 집(사과상자)을 잘 손질해주었다. 집도 없는 우리 도루, 빵을 사다 주어도 못 먹는다. 어디가 불편한지 알 길이 없다.

1970년 7월 23일

새벽 4시 30분. 도루가 궁금해 문 열고 나가보니 가엽게도, 가엽게도 시체가 되어 마당에 누워있다. 도루야, 도루야, 불러 봐도 움직이지 않는다. 말 못 하는 짐승이지만 내 벗이고 동무였던 도루.

집도 없이 비만 오면 사과 상자 속에서 불안해하던 도루. 네게도 영혼이 있다면, 영혼이 있다면 네가 낙원으로 가 영원히 행복하길 진심으로 비노라. 둑 너머에 묻었으니 고이 잠들라. 누가 너를 파내어 먹을까봐 어둠이 밝아오기 전에 둑 너머에 묻었노라. 내 가슴에 가여운 생각이 가득 서렸노라.

1970년 8월 28일 금요일 (비)

일주일 넘도록 궂은비가 내린다. 내 마음도 울적한데 날씨마저 찌푸린 채 며칠째 비가 계속이다. 그날, 그날 혹시나 하고 기다려지는 남편의 직장. 이럴 줄 알고 사표 내지 말라고 신신당부하였건만 일 년만 뱃속이 편하면 또 딴생각이다. 약간 힘든 걸 못 참고 후딱 올라와 고생하는 꼴 진정 보기 싫다. 내 운명인지 팔자인지 진정 속상해.

용돈도 대줘야 하고 딸이 갖다 주는 돈은 헤프기만 하다. 가을은 문턱에 왔는데 월동은 어찌할 것인가. 생각하지 않으련다. 세월은 후딱 산다. 몇 달 후면 26살이 되는 진이 결혼 문제. 모아둔 돈은 없고 어찌할 건지 아득하기만 하다.

1970년 9월 3일 (맑음)

억수같이 쏟아지던 비가 멎고 청명한 날씨다. 언젠가 신부님이 강론 때 들려주신 말씀이 생각난다. 사람 한 평생이 평탄할 수만은 없다. 한 때 좋으면 한 때는 반드시 슬픔이라든가 고통이 온다고 하신 말씀이. 돈암동 언니 네가 이제까지는 잘 지냈으나 앞으로 걱정이다. 장사가 적자 나서 빚을 졌다고 한다. 언니가 눈물을 글썽일 때 몇 년 전 내가 겪던 일이 떠올랐다. 돈 때문에 인간으로서 못 볼꼴을 당했던 일들이. 밝은 세상이 두렵고 사람 만나는 게 두려웠다. 빚쟁이 구두 소리가 소름 끼치게 무서웠다. 그 습성으로 지금도 낯선 사람이 오면 가슴이 마구 뛴다.

1970년 9월 11일

백로가 지나니 가로수 색이 변하기 시작하며 한 잎 두 잎 질서 없이 어디론가 사라진다. 사람의 육신을 생각하면 나뭇잎과 흡사한 것 같다. 흙으로 돌아가는 인간. 하지만 한 세상 사는 것도 발버둥 치며 발악을 해야 하고 피눈물 나는 역경을 치러야 하니 모두가 비극적이다.

나는 지금 표현하기 어려울 정도로 괴롭다. 많지도 않은 자식들 셋이 가지각색으로 나를 괴롭히고 슬픔을 안겨준다. 자식 교육 이렇게 말도 많고 속상해서야 많은 자식을 둔 사람은 어찌 키우나.

1970년 11월 2일

초겨울이다. 정신적으로나 육신적으로 분주하다. 오랜만에 석유난로를 들여놓았다. 그것도 월부로 진이가 샀다. 방에 놓으니 제일 먼저 눈에 띈다.

몇 달 잠잠하던 빚쟁이가 찾아와 괴롭힌다. 상이군인까지 데려와 협박한다. 무섭지도 않고 창피하기만 하다. 욕설하는 데는 몸서리가 친다. 집에 있어도 편치 않고 불안하기만 하다. 진이가 해인사 간다고 31일 날 떠났다. 올해도 저물어 가는데 26세다. 결혼시켜야 하는데 큰일이다.

1971년 1월 24일

지금 시각 0시 20분이다. 남편이 오지 않아 꾸벅꾸벅 졸다 정신 차려 밖에 나가보니 함박눈이 쌓인다. 수북한 눈에 발자국이 묻힌다. 자정 이건만 남편 오라고 마당을 쓸어놓았다. 하지만 남편은 오지 않는다. 오늘도 외박하는 모양이다. 어디에 가서 밤을 새우나. 내일은 꼭 나가서 알아보리라. 나는 동기간에, 남남 간에 걸머진 빚 때문에 말 못 할 고생을 하고 있는데 이 꼴이란 이해할 수 없는 일. 많지 않은 형제 남매간에 돈 문제로 뼈에 사무치도록 푸념과 원망을 들었는데 죽을 때까지 이런 속을 썩기는 싫다.

귀가하지 않은 지아비를 위해 수북 쌓인 눈을 치우는 여인. 어서 오시라고 길을 만들지만 기다리는 님은 오질 않는다. 지금 시각은 0시 20분. 그 장면이 무채색 영상으로 내 눈앞에 어른거린다.
사위를 하얗게 덮은 눈을 보며 엄마는 무슨 생각을 했을까. 입으론 허연 김을 내뿜으며 혹시라도 오시나, 혹시라도 눈길에 발길 미끄러질까 목을 빼며 어둠 너머 먼 곳에 눈길을 두었으리라. 그 깊은 밤에, 그 추운 밤에, 그 외로운 밤에.

1971년 2월 22일

밖에는 궂은비가 온다. 지금은 0시 30분. 온 동네는 차분히 잠에 들어 암흑인데 우리 집은 방이랑 부엌에 불을 켜놓고 오지 않는 남편을 기다린다. 어디서 무슨 사고라도 난 걸까. 노름을 하고 있나. 답답하다.

라디오에서 고 마릴린 먼로가 부른 '돌아오지 않는 강'이란 노래가 흘러나온다. 인생은 짧고 예술은 길다더니 10년이 되어가는 고인의 노래가 생생하게 들린다. 나 같은 사람은 오십이 가까워도 사람 구실을 못해 자랑거리가 없다.

남편은 요새 장사도 안 된다고 하는데 나가면 밤늦도록 노름을 하는 모양이다. 내일은 어떤 일이 있어도 전화 걸어 알아볼 것이다. 그리고 진이 돈 빼달라고 할 것이다. 그 돈이 얼마나 피눈물 나는 돈인데 자식까지 못살게 하는 건 아닌가 모르겠다.

1971년 3월 6일

날씨가 쌀쌀하다. 옷깃을 여미게 하는 봄바람이 차갑다. 앞집 할머니가 왔다. 한참 머뭇거리다가 끼니를 굶고 있으니 좀 도와달라는 말을 한다. 나는 얼른 일어나서 돈 200원과 연탄 3장을 주었다. 방에 연탄불까지 꺼졌으면 얼마나 추울까 마음이 괴롭다. 팔십 노인이 자식 잘 못 둔 탓일까. 할머니는 너무나도 고맙다며 가더니 접시를 들고 와 이거라도 쓰라고 한다. 나는 더욱 괴로웠다. 밤새도록 근심을 하다가 가족회의를 열고 식구들의 도움을 받아 돈을 얻어 밀가루 한 포대 850원 주고, 연탄 10개 180원 주고 사다가 그 집 할머니에게 전했다. 고마워서 어쩔 줄을 모르는 할머니 눈에는 눈물이 글썽였다. 그 집 아들은 이불 쓰고 누워서 운다. 인간의 최대 고통은 배고픔이다.

"지금은 선거 시기라 동회 가면 극빈자 무상 배급도 있으니 밥 잡숫고 기운 차려 동회에 가서 사정해 무상배급이라도 다다 접수 세요."라고 귀띔해 주었다.

주여, 이 어렵고 가련한 인간들을 구하소서.

아무리 없는 살림살이라도 나눌 마음만 있다면 자신보다 더 빈곤한 이들을 도울 수 있다는 걸 일기 속의 엄마가 보여주고 있다. 고마움에 눈물을 글썽이던 할머니가 보답으로 들고 온 접시 하나가 인상적이다. 어떻게든 감사의 마음을 전하고 싶은데 할머니가 줄 거라곤 접시 하나다. 삶은 비록 비루했어도 자존감만은 살아있던 어르신 같다.

이 대목을 읽다가 콧등이 시큰해지며 당대 빈민들의 애환이 어른거렸다. 그 동네는 기와지붕과 루핑 지붕과 슬레이트 지붕이 섞여 있었다. 이름 하여 무허가촌이지만 거기에도 나름 빈부 차가 있어 가옥 지붕의 형태로 분류되었다.

무허가촌이라면 판자촌을 연상하게 된다. 1970년대만 해도 서울 집의 32%는 판잣집이었다고 한다. 어릴 때 보았던 청계천 풍경이 내 기억엔 박수근의 그림 같은 무채색으로 남아있다. 우리는 중구 충무로와 필동과 남산동을 경유하며 살았기에 나는 더러 부모님과 청계천 근방을 지나갔던 적이 있었는데 그땐 왜 사람들이 저런 더러운 곳에 사는지 이상하기만 했다.

 1950~1960년대의 가난한 서울 사람이 살던 청계천 판자촌은 6·25전쟁 이후 전국에서 몰려든 무작정 상경 러시로 형성되었다. 서울 땅에 정착했지만 돈 없고 비빌 곳 없는 이들이 모여든 곳이 청계천 무허가 판잣집이다. 집 짓기에 만만한 게 천변과 산기슭이라서 내가 사춘기를 보냈던 정릉 천변에도 천막촌이 물길 따라 길게 늘어서 있었다. 그 천막촌엔 드문드문 주점이 있어, 얼굴과 목 부위가 나뉠 만큼 얼굴에만 밀가루 분 화장을 한 여성들이 알록달록 원색 한복을 입고 젓가락 장단을 두드리며 술을 팔았다. 호기심에 슬쩍 곁눈질을 하면 그녀들은 내게 눈을 흘기며 욕을 하였다. 번듯한 지붕은 언감생심. 판자가 날아가지 않도록 벽돌이나 돌을 얹어놓는 게 고작이었다.

1971년 4월 3일

 남편은 올해엔 소원인 텔레비전을 꼭 산다고 하더니 진이 돈을 꾸어서 텔레비전을 들여왔다. 그러나 갚아야 할 빚이 있기에 나는 양심이 찔린다. 빚도 못 갚는 주제라 내 물건 같지가 않다. 돈을 갚아야 하니까.

속담에 음지가 양지된다는 말도 있지만 언니네가 그렇게 망할 줄은 몰랐다. 빚투성이란다. 무척 동정이 간다. 10년 전에 내가 당하던 생각이 머릿속에서 사라지지 않는다.

1971년 6월 14일

사업에 실패하고 숨어 다니는 형부가 이틀 전부터 우리 집에 와 계시다. 쫓기는 몸, 돕고 싶다. 허나 힘이 없다. 날씨는 무덥다.

물을 긷고 있는데 우편배달부가 온다. 기다렸던 서 수녀님의 친필 편지다. 무척 반가웠다. 읽고 또 읽었다. 수도원 생활도 평탄하지만은 않은 모양이다. 나는 그 성스러운 생활을 부러워했는데. 문병 차 한 번 가고 싶다.

1971년 7월 14일

꼭 한 달간을 벗과 속삭이는 시간을 잊고 살았다. 분주하게 지낸 탓도 있지만 한 달 동안 형부 일로 많은 신경전을 벌였고 또 생각도 많이 했다. 하지만 뾰족한 수는 없는 일.

오늘은 초복이다. 무더위에 숨이 막힐 것 같다. 조그만 루핑 집 속에서 방에서 부엌으로 무대를 삼고 있는 내 신세가 가엽다.

나는 전례없이 흥분하고 있다. 나도 몰라. 내가 지금 왜 이렇게 마음이 상하는가를 말이다. 남편에 대한 불만이 너무 크기 때문이다. 모든 불만 눈감고 살려해도 인간이기 때문에 솟구치는 감정을 달래지 못하겠다. 돈푼이나 번답시고 밤이면 뚝섬이다 정릉이다 돌아다니며 외박하는 인간. 나도 맛있는 것 좋아하고 돌아다니는 것 좋아한단 말이다. 이건 집식구는 고작 세끼 풀칠이나 해주면 남편 구실 애비구실 다하는 걸로 아는 모양이나 강원도 무식한 감자바위들에게나 있는 일이다. 내일 들어오면 쌓인 분풀이를 다 할 것이다.

우리 아버진 언제쯤이나 아버지와 남편으로 돌아오실까. 엄마의 길고 긴 고통의 기록을 읽어나가며 나도 모르게 자꾸 한숨이 나왔다. 아버지는 강원도 태생이다. 강원도 분들에겐 죄송한 얘기이나, 엄마는 아버지에 대한 분노 때문에 이 날 일기에선 강원도 감자바위 타령까지 해가며 원망을 쏟고 있다.

1972년 7월 28일 목요일

푹푹 찌는 날씨는 날로 더 극성을 부린다. 오늘도 35도라나. 어제저녁에 고양이 밥통에 좀 상한 걸 부어주었다. 개와 고양이가 밥을 잘 먹지 않아 쓰레기통에 나가는 일이 많았다. 오늘 아침에 일어나니 고양이가 밥을 싹싹 쓸어먹었다. 그런데 잠시 후 고양이가 토하기 시작한다. 입을 벌리고 군침을 질질 흘리며 몸이 괴로운 듯 어쩔 줄을 모르고 날뛰다가 축 늘어져버린다. 나는 죄책감을 느꼈다. 내가 왜 상한 음식을 주었을까. 새끼까지 합해 여섯 마리 고양이들. 내가 잘못했다. 고양아, 살아다오. 살기만 하면 상한 것은 절대로 안 줄게.

궁한 살림에 짐승까지 먹여야 하니 조금 상한 밥을 주셨나 보다. 냉장고가 없었으니 자칫 밥이 상할 수도 있다. 엄마는 밥이 조금 쉰내가 나도 버리지 않고 팔팔 끓여 드시곤 했다. 개와 고양이 밥이 모자라면 비지를 사다 섞어줬던 생각도 난다. 새끼까지 달린 어미 고양이가 죽어갈 듯하니 얼마나 당혹스러웠을까. 가난한 집은 고양이 신세마저 고달프다.

1972년 8월 18일 금요일 (비)

어제 신경전을 벌인 탓인지 머릿속이 또 희미하다. 오늘 영등포 시장에 갔다 오다가 차에서 내린 뒤 정신을 잃어 약 10분간 길을 헤매고 다녔다. 집에 오는 길을 까맣게 잊어 비를 맞고 앞을 향한 채 걸었단 말이다. 정신이 들자 부끄러운 생각이 들었다. 이러다 내가 무슨 변이라도 당할 것 같다. 열이가 나 때문에 걱정돼서

공부에 지장이 있을까 두렵다.

집에 오자 비가 억수같이 쏟아졌다. 나는 무릎 꿇고 주님께 기도를 받쳤다. 무사히 집에 온 것은 모두 당신의 안배하심이라고. 온 가족이 외부에서 무사히 돌아오도록 기도드렸다. 내일은 맑은 정신이 돌아오기를.

1972년 8월 19일 (대홍수. 1972년 9월 22일에 기록함)

오늘 새벽 3시경부터 부엌에 물이 찼다. 정신없이 자리에서 일어나 비명 소리와 함께 정신을 잃었다(이 글은 약 1개월 후인 오늘 기록한 것이다). 온 마을은 붉은 흙탕물에 잠겨 아우성이다. 억수같이 퍼붓는 빗속에 부엌과 방이 흙물 속으로 들어갔다. 내 몸 이상으로 아끼던 살림과 집인데. 나는 악을 쓰며 짐을 꾸렸다. 짐을 꾸린들 어디로 간단 말인가. 나는 남편보고 회선에게 전화 걸어 차 좀 한 대 가져오라고 부탁하라고 했다. 먼동이 트기 시작했다. 테이블 위에 이불을 올려놓고 차를 기다렸다. 차는 한 시간 후에 왔다. 물은 벌써 허리까지 찼다. 물속에 있던 그릇들이 둥둥 떠나간다. 고양이랑 개도 살겠다고 사람 곁에서 몸부림을 친다. 비를 맞으며 짐들을 차로 날랐다. 지붕이 없는 차라 이불은 물에 흠씬 젖었다. 항아리들이 불끈불끈 솟아 쓰러지며 떠나간다. 아우성 속에 무엇을 건져야 하는지 알 수 없다.

대충 중요한 건 건졌으나 물은 삽시간에 한길 넘게 들이찼다. 더 이상 어쩔 도리가 없었다. 짐들을 차에 싣고 미아리 회선네 집으로 갔다. 살림은 미아리로, 식구들은 이 집 저 집으로 분산됐다. 주여, 이 집을 도우소서.

집수리에 정신이 없다. 지붕은 빨간 기와로 올리고 벽은 흰 양회를 발라 물이 찼던 얼룩을 덮었다. 약 10일 동안 눈코 뜰 새 없이 분주다사했다. 고쳐놓고 보니 좋긴 하지만 수리비가 너무 초과되어 돈 근심이 떠나지 않는다. 마루도 놓고 추녀 끝에 챙도 새로 해서 남들이 부러워할 정도다. 피로에 지친 나는 아직 안식을 할 수 없는 형편이다. 이사는 9월 21일에 왔다.

엄청난 비가 쏟아지더니 드디어 양평동 둑 밑 동네가 물에 잠겼다. 칠흑 같은 어둠 속에 들이닥친 수마였으니 공포에 숨이 막혔을 것이다. 당시 나는 집에 없어 수마의 끔찍한 현장은 목격하지 못했다. 물이 차오르자 개와 고양이가 살겠다고 가족들에게 다가왔으나, 개는 순순히 주인을 따르고 고양이는 반짝 안아 든 순간 엄마 손을 차버리고 달아났다고 한다. 주인을 따르는 개와 달리 고양이는 자기 거처를 떠나지 않는 습성이 있는데 그대로 나타난 셈이다. 동네에 물이 빠져 다시 돌아왔을 때 어디선가 '야옹' 하며 고양이가 나타나 엄마에게 안기고 몸을 비비며 반가움을 표현했다고 들었다.

자연재해는 오늘날에도 피해 갈 수가 없어 장마나 태풍이 몰아칠 때면 곳곳에 수재민이 생겨나고 인명과 재산 피해를 입는다. 세상이 무너질 듯한 좌절과 슬픔 속에서도 그들 또한 우리 식구들이 그랬듯 일어설 것이다.

1972년 10월 6일 금요일

가을이 왔다. 올 가을엔 집이 팔리면 이사하련다. 높고 안정된 곳으로 가고 싶다. 올 여름에 겪은 고통은 이루 말 할 수가 없어 지금도 피로가 풀리지 않았다.

남들은 우리 집을 부러워한다. 그러나 나는 마음이 편치 못하다. 진이 은행 빚으로 고쳤으니 말이야. 얼른 이 집을 팔아야지 얼마라도 건지게 될 것이다.

철거라는 말에는 진저리가 난다. 이 집은 내 집 같지 않고 항상 불안하다.

(내 일기장을 자꾸만 뒤지는 버릇들이 있는데, 그런 건 삼가 주길 바란다)

당시 살던 동네는 시유지에 지은 무허가촌이었다. 그러니 항상 철거 염려 시달리느라 내 집이어도 편치 않았다. 우리 가족은 드디어 그 집을 팔고 화곡동과 붙어 있는 신월동 문화주택으로 이사 갔다.

엄마 일기장엔 간간이 당신 일기를 뒤져보는 식구들에게 경고문을 써놓은 대목이 나온다. 나도 몇 번인가 몰래봤지만 아마 다른 식구도 봤던 모양이다. 당연하지. 매일매일 정성스레 뭔가를 끄적이는 엄마였으니 얼마나 궁금하고 보고 싶었겠는가.

1972년 10월 30일

오늘은 우리 집 매매계약 날이다. 680,000원에 경상도 아줌마가 산다. 시원섭섭하다. 그 돈은 우리 전 재산으로 간주할 수 있다. 그러나 이 돈으로 어디 가서 집을 산담.

만 5년 7개월 만에 양평동을 떠난다. 그동안 풍파도 고생도 많았다. 하지만 가족들이 무사함을 감사한다. 분주하게 뛰었던 양평동을 영원히 잊지 않으리. 배운 것도 많았고, 은혜도 받았다. 인수동 셋방에서 트럭에 짐을 싣고 한강 다리 건너 양평동으로 올 때 나는 온갖 고통을 참을 길 없어 자살을 생각한 적도 있었다. 모든 고난을 이긴 곳이 양평동이다. 성당 레지오 마리에에 입단하여 분주한 시간을 보낸 곳도 양평동이다.

남산동을 떠난 이후 정릉 산동네 살 때 잠깐이나마 우리 집이란 걸 지니고 살았다. 그러다 다시 인수동 셋방으로 밀려났다가 새 터전으로 잡은 곳이 양평동이었다. 연이어 바닥 인생으로 추락하며 어두운 터널을 지나는 동안 자식들은 머리가 커갔기에 아버지는 셋방살이는 안 되겠다는 생각으로 당시로선 변두리의 변두리였던 양평동 집을 마련했을 것이다. '핑크 로즈를 추억함'이라는 내 수필에 당시의 사연이 잘 그려져 있다.

엄마는 그 동네에서 성당 봉사활동을 많이 하셨고 삶의 고난과 더불어 하느님의 은혜를 많이 체험한 동네 같았다.

1972년 11월 4일

약 일주일 동안 서울 변두리는 다 다녔다. 허지만 모두가 비싼 집뿐이고 내가 살 수 있는 집이란 없었다. 단돈 68만 원 가지고 어디에 집을 산다는 자체가 황당한 생각일지 모른다. 개봉동에 가보니 주택은행 융자받아 지은 집들이 많았다. 그러나 아무리 싼 집이라도 100 단위가 넘었다. 너무 지쳐 오늘은 화곡동을 헤매다가 남편과 노상에서 싸웠다. 왜 집을 팔아 이 고생을 하느냐고, 집 판 돈으로 전셋집이나 얻자고 했다. 남편은 집을 해약하면 했지 전셋집은 안 가겠다고 한다. 돌아서다가 복덕방에 들렀다. 장씨라는 복덕방 주인이 화곡동 옆 신월동 197-7이라는 문패가 붙은 집을 안내한다.

들어와 보니 참으로 아늑한 남향집이다. 마음에 쏙 든다. 피로가 단숨에 풀리는 듯했다. 계약하기로 하고 귀가했다.

68만 원에 팔린 양평동 집. 드디어 둑방 동네를 벗어난다. 그 동네에 살던 시절, 우리 집 마당엔 펌프가 있었으나 그 물은 이상한 냄새가 나고 기름기가 돌아 허드렛물로밖에 쓸 수 없었다. 엄마는 어떻게든 돈푼을 더 마련하기 위해 봉투를 만들어 이웃 가게나 국수집에 납품하기도 했는데 손가락으로 일일이 풀을 발라야 했기에 엄마의 닳아진 손에선 이따금 피가 흘렀다.

아버지는 늑막염을 앓고 있기도 했지만 물지게를 지신 일이 한 번도 없다. 아버지의 병세가 어느 정도 회복되자 아버진 단추와 구두 부속품 같은 걸 만드는 공장을 운영하며 동대문 종합상가에 점포를 열었다. 그러면서 기존 집을 부수고 그 자리에 새로 집을 지었다. 68만 원에 팔 수 있었던 것도 그 집이 개축한 가옥이었기 때문이었다.

시유지에 집을 짓는 건 불법이라서 나름 편법을 썼던 걸로 알고 있다. 집은 속성으로 지어졌다. 담장도 세웠다. 닭장도 번듯하게 들어서고 녀석들은 열심히 알을 낳아주었다. 우리는 계란말이 반찬을 먹고 싶었지만 엄마는 가족들 교통비에 보태느라 계란이 모아지면 동네에 파는 적이 많았다.

그러던 어느 날(일기에는 이 대목이 나오질 않지만), 엄마가 부엌에서 김치를 버무리고 있는데 웬 남자들이 문을 걷어차며 들어왔다. 뒤이어 엄마가 부엌 바닥에 놓고 버무리던 김치 다라이를 발로 차 엎어버렸다. 그들은 소위 그 동네를 잡고 있던 깡패였는데 자기들에게 신고 없이 집을 고친 것을 문제 삼아 돈푼이나 뜯어낼 생각으로 온 거였다. 그때 아버지는 무서워서 그들 앞에 나오지도 못한 채 안방에 숨어 있었고 엄마 혼자 그 일을 겪었다. 당시 양평동 주민들은 무허가 집을 수리하거나 새로 지을 때마다 해당 관공서 사람들에게 돈을 쥐어주고 동네 깡패들에게도 그렇게 하였다. 그들 중의 두목은 자칭 명문 오산고보를 나왔다고 뻐기며 그 동네를 주름잡던 사람이었다.

나는 현장에 없어 목격하진 못했으나 엄마는 그때 당한 일을 몇 번이고 되풀이해 회상하셨다. 그날 엄마 역시 무서워서 벌벌 떨며 그들의 행패를 지켜봤다고 한다. 그들이 물러갔을 때야 비로소 엄마는 부들부들 떨리는 손으로 바닥에 내패댕이쳐진 김치를 쓸어 담으며 울분의 눈물을 흘렸다. 그날 엄마는 분을 참지 못해 밤새도록 한잠도 이룰 수가 없었다. 결국 이튿날 새벽이 미처 밝아오기도 전에 혼자 그 깡패 두목의 집을 찾아가 숨을 한 번 깊이 들이쉰 뒤 대문을 발길로 걷어찼다. 아무개 나오라고 소리 질러대며 몇 번 걷어차자 깡패 왕초의 마누라가 나오고 뒤 이어 문제의 남자가 나왔다.

엄마는 그 앞에서 큰 소리를 질렀다. 그래, 소위 명문 오산고보를 나왔다는 인간이 가난뱅이 집 좀 고쳤기로서니 벼룩이 간을 못 빼먹어 그 난동을 부렸느냐고, 아녀자만 있는 집에 떼거리를 몰고 와서 그 행패를 부리고 가느냐고 소리소리를 질러대었다. 명문학교 나왔으면 학교 망신시키지 말고, 자랑질만 하지 말고, 불알 달고 다니는 사내 망신시키지 말고 처신 똑바로 하라고 목청껏 퍼부었다. 그러자 그 남자는 엄마 앞에 무릎을 꿇고 두 손으로 싹싹 빌며 용서를 청했다. 자기가 잘못했으니 제발 돌아가 마음 풀라고. 엄마는 그제야 분이 풀려 발길을 돌렸지만 독기가 사라지고 나니 비로소 제정신이 돌아와 집으로 돌아가는 길 내내 두 다리가 후들거렸다고 한다.

나는 이 이야기를 몇 탕씩이나 들었지만 매번 통쾌했고 우리 엄마 도삼분 여사가 그렇게도 멋들어지게 보일 수가 없었다. 엄마는 그 얘기를 들려줄 때면 온몸으로 당시 벌어졌던 행동을 재연했다. 대문을 발로 찰 땐 감정이 그 당시로 돌아가 행여 엄마 발길에 부상을 당할까봐 지레 몸을 피신해야 할 정도였다. 역시나 어릴 때 사내아이들을 부하삼아 놀았다던 엄마답다 싶었다.

한데 오산고보 출신이란 그는 비록 깡패이긴 했어도 염치를 아는 인간이었나 보다. 비록 인생이 삐끗하여 불량배로 풀렸을망정 속까지 문드러진 인간은 아니었나 보다. 의리를 아는 깡패답게 그날 그는 제 잘못을 시인했다. 한 동네를 휘젓던 남자가 힘없는 아녀자에게 몸과 마음으로 자신의 과오를 인정하는 일은 결코 쉬운 일은 아니었을 것이다. 이후론 길에서 엄마를 만나면 90도 각도로 허리 굽혀 깍듯이 인사를 했다고 한다. 90도란 표현은 엄마가 과장을 보탠 것이지 싶지만 30도였든 15도였든 정중했던 것만은 틀림없었다. 그리하여 그는 우리로부터 사면(?) 받은 사람이 되었고 그의 모습은 해피 엔딩으로 기억되고 있다. 이렇게 사연 많던 집을 팔고 새 동네로 이사를 준비하는 것이다.

1972년 11월 5일

아침 일찍 조반을 마치고 신월동 집 계약을 하러 왔다. 주일날이어서 오늘은 계약을 사양한다. 월요일에 하기로 하고 돈만 맡기고 돌아왔다. 더 이상 집 보러 방황하지 않겠다. 다시 보아도 아늑하다. 그 집과 천생인연이 아닌가 한다. 속히 이사하고 싶다. 날씨는 산산하다.

1972년 11월 23일 목요일 (눈)

오늘 이사했다. 고생도 많았고 보람도 많았던 양평동을 떠났다. 나의 안식처였던 정든 집을 떠날 때 나는 이 집에 이사 오는 사람을 위해 영원한 축복이 내리라고 기도를 드렸다. 떠날 때 잔금 10,000원을 못 받아서 새집 들어갈 때 무척 고생하고 기분이 상했다.

이사하는 날 눈이 오면 복이 온다고들 한다. 만나는 이마다 이사하는 날 눈이 오면 복이 가득 담아진다고. 축원을 즐기며 이삿짐을 날랐다.

1972년 12월 10일 일요일 (흐림)

이사는 오고 집도 샀지만 진이 돈을 다 쓰고 집 사는 데 보태고 가게에서 쓰고 했으니 결국 이 집은 진의 힘으로 산 것이다. 남편의 힘이란 겨우 45만 원뿐인 셈이라고 보면 한심하다. 또다시 괴로움이 밀려온다. 남편의 재력이 얼마인지 궁금하다. 단 2, 3만 원을 집 사는데 못 보태는 형편이고 보면 근심이 떠나질 않는다. 신경이 곤두선다. 진이 당장 미국 유학이나 시집을 간다 해도 돈 융통이 문제다. 오늘은 왜 그런지 짜증이 나서 집에 돌아온 남편에게 신경질을 부렸다. 돈도 없으면서 왜 집을 샀느냐고. 마음 편할 리 없는 남편이 노발대발한다. 나 혼자 한 일이냐고. 왜 지금 와서 신경질 부리느냐고. 제발 이 집에서 후회나 안 하고 살았으면 하는 게 내 소원이다.
　주여, 저의 작은 소원을 이루어 주소서. 아멘.

1973년 1월 2일

오늘은 선경 일가, 종욱 일가, 승애 일가, 회선이 등 여러 사람들을 초대하여 모였다. 집이 널찍하여 마음대로 할 수 있어 좋았다. 애들이 시끄럽게 뛰어놀아도 좋았다. 점심 식사 후 하나하나 돌아갔다. 내가 집안 친척을 초대해도 부끄럽지 않으니 흐뭇했다. 날씨가 서늘하다. 몹시 추워질 모양이다.

1973년 1월 9일 (열이 입학원서 마감 날)

대입 경쟁률이 4대 1이다. 꼭 들어가야 할 텐데 걱정이다. 돈도 준비 안됐지만 아무튼 꼭 들어가야 한다.

테레비 좌담에서 나온 얘기다. 요리강습, 봉제강습에 대해 상세하게 설명한다. 그 말을 들은 나는 굴뚝같은 생각으로 배우겠다고 다짐한다. 늦은 감은 있지만 과히 늦은 건 아니라고 결심한다. 집에서 살림만 열심히 하면 훌륭한 주부가 아니란 뜻도 알겠다. 매달 쥐꼬리만큼 갖다 주는 생활비에 감질나며 게다가 남편은 돈을 어디에 쓰는지 항상 비밀로 한다. 의심하지 않으려 해도 믿어지질 않는다. 48세가 된 내 나이를 돌이켜보면 억울하지만 탓해서 무엇 하리.

1973년 1월 17일 (흐림)

열이 생일이다. 어제 대입을 치렀지만 안심할 성적을 올리진 못한 모양이다. 어제는 하루 종일 묵주알을 굴리면서 아들 합격을 빌었다. 눈을 감으면 천사들이 축복하는 모습이 아른거리지만 수험 번호 26번은 새겨지지 않으니 무슨 뜻인지 알 수 없다.

열이는 얼굴이 해쓱해져 밥도 못 먹는다. 날씨마저 웅크리고 있다. 남편은 이제야 몸이 단 모양이다. 떨어지면 성수(聖水) 물도 다 필요 없으니 내다 버리라고 한다. 다급하면 하느님 아버지, 하고 부르짖는 게 당연하다. 그러나 평소엔 자기가 잘 나서 잘 되는 줄 아는 무리들. 모든 일을 주님께 맡길 뿐이다.

6. 그래도 해피엔딩

1973년 3월 3일 토요일
~
2015년 6월 22일

1973년 3월 3일 토요일

대학 입학금 마감 날이다. 달라 이자 얻으러 동분서주한다. 언제나 내 힘이 들지 않고는 해결되는 게 없는 집.

1973년 4월 11일 (비)

나의 벗과 속삭이지 못한 공백이 너무 많았다. 너무도 변화 없는 생활이라서 똑같은 말만 되풀이하는 게 싫었다. 그간 쪼들리는 생활 속에서 정원에 꽃나무 몇 그루를 사다 심었다. 돈이 적어 볼품없는 싼 것으로 샀지만 내 소원을 조금은 이룬 셈이다. 길을 가다 남의 집 뜰에 심은 정원수를 보면 내 생전에 저런 양옥에서 저런 꽃나무를 심어놓고 살 수 있으려나 싶었다.

라일락 꽃봉오리가 날로 커진다. 조석으로 들여다본다. 고난주일이 닥쳐온다. 별로 한 일은 없지만 사순절에 몇 가지 고쳐보려고 자신의 부족한 점을 정리해보았다. 하지만 역시나 환경 변화가 있기 전에는 고치기가 어려운 일이다.

1973년 4월 25일 수요일

경제난은 변함이 없다. 어제저녁에는 남편에게 화풀이하며 따졌다. 나는 정말 살림을 알뜰히 꾸려왔다고, 누구에게나 떳떳하게 자랑할 수 있다고, 그러나 아무리 짜고 또 짜면서 생활을 해도 모이는 것 없이 빚만 늘어가니 짜증난다고 했다.

지금 이 시간 나는 남편이 세상 바보 같아 미웠다. 가정에 무관심하다. 짜증이 가시지 않은 채 오늘 하루도 저물어간다. 밤늦게 돌아온 남편이 큰기침을 하며 방으로 들어간다. 나는 속으로 오늘은 장사가 좀 된 모양이지. 하고 중얼거렸다. 식사 후 남편이, "여보, 나 10만 원 월급 나오는 데 취직할까? 오라는 데가 있는데…." 한다. 나는 귀가 번쩍 뜨였다. 정말이라면 생각해 볼 문제다. 밤새도록 10만 원 월급을 생각했다.

1973년 5월 4일 금요일 (맑음)

차분한 봄 향기가 곁들여진 화창한 날씨다. 어제는 내가 너무 과로했다. 일거리가 있으면 그날로 다 해치워야 직성이 풀린다. 미련한 일이나 천성은 어쩔 수가 없다. 내 신조라고 하고 싶다.

어제는 저녁을 먹으려는데 남편이 들어왔다. 오랜만에 소고기를 사들고 와서 지금 당장 '스끼야끼'를 해달란다. 너무 피곤하니 짜증이 났다. 하지만 꾹 꾹 참고 시장에 나가 재료를 사다가 만들어주었다. 일을 끝내니 너무나 피곤했다. 이것이 장년인가 보다. 남편은 나를 보고 어디가 아프냐고 퉁명스레 말했다.

엄마는 평생 몸이 피곤해도 일을 미루는 법이 없었다. 허리 고부라진 노인이 돼서도 매일 방청소하고 걸레질을 해야 직성이 풀린다며 일을 마치곤 끙끙거리셨다. 안타까운 마음에 내가 대충 하시라 하면, 너나 그렇게 살라며 고집을 꺾지 않았다. 한편 아버지는 뭐가 생각나는 음식이 있으면 그 즉시로 만들어 대령해야만 직성이 풀리는 분이라, 언젠가 라면을 끓여 달라 하는데 엄마가 조금 늦게 들여갔더니 생각 없다고 물리셨다. 뭔가 먹고 싶을 땐 당신이 원하는 바로 그 시각에 번갯불에 콩 볶듯 대령해야만 했다.

1973년 6월 27일 수요일 (비)

오랜 가뭄 끝에 단비가 내린다. 정말 약비 같다. 집에서 비도 안 맞고, 수돗물도 나오고, 변소도 수세식이라 깨끗하고 마루에서 문만 열면 바로 변소다. 양평동의 다 허물어진 변소는 비 오는 날이면 우산 받고 들어가도 엉덩이에 빗물이 튀었다. 구더기가 방까지 들어오기도 했다. 하여튼 이제는 집이 황홀하기만 하다. 이 모두가 예수, 마리아의 은총인가 한다. 그저 묵묵히 감사할 뿐이다.

'푸세식'이라는 말을 누가 만들었는지? 재래식 화장실을 수세식에 빗대어하는 말이나 예전 세대는 모두 푸세식을 이용했다. 푸세식 변소에서 빼놓을 수 없는 게 파리의 애벌레인 구더기들이다. 뒷간 오물 더미에 밥알처럼 생긴 놈들이 한 뭉텅이로 엉겨 쉼 없이 꼬물거리는 광경은 구역질이 나면서도 한편 생명의 치열성을 확인하게 하는 현장이기도 했다.

양평동 집 변소는 밖으로 나가 마당을 돌아가야 했는데 너무나도 허접하여 비가 오면 우산을 받고 들어갔다. 빗물로 변기가 그득해지면 구더기들은 똥물에 둥둥 떠다니며 꼬물거렸다. 뿐만 아니라 녀석들은 변기통에만 있지 않고 자꾸 밖으로 기어 나왔다. 살이 통통 찐 놈, 아직 영글지 못해 홀쭉한 놈, 몸통이 유백색인 놈이 있는가 하면 때깔이 조금 칙칙한 놈도 보였다. 더럽고 징그러워 외면하고 싶어도 혹시나 내 발등으로 기어 올라올까봐 놈들을 예의 관찰해야 했다. 이 구더기 녀석들은 번데기로 변하면서 짙은 홍갈색의 마른 껍데기가 되었는데 변소 주변 흙 속에 널려 있으면 얼핏 누군가 작은 팥알을 흘린 것 같은 착시를 일으켰다.

또한 푸세식 변소는 저마다 그 악취의 정도가 달라서 어떤 변소에선 오물이 잘 삭아 나름 구수한 똥내를 풍기는가 하면 또 어떤 곳에선 유난히 오줌 양이 많아 그 지독한 암모니아 냄새가 코를 찌르고 옷에까지 침투해 곤욕을 치렀다. 특히 학교 화장실은 아이들이 소변을 주로 보기 때문에 암모니아 냄새가 진동했고, 어쩌다 학교에서 대변이라도 볼라치면 똥물이 엉덩이까지 튀는 바람에 아이들끼리 똥물이 엉덩이에 튀지 않게 볼 일 보는 비법을 교환하기도 했던 일이 생각난다.

변소는 몸의 배설물만이 아닌 성적 욕망을 그림이나 문자로 배설하는 장소이기도 해서 국민학교 변소나 공중변소의 벽엔 어김없이 낙서들이 보였다.

1973년 7월 29일

오늘도 여전히 무더운 날씨가 계속된다. 나는 하루 24시간을 마루에서 지낸다. 소원이었던 마루 있는 집. 마루가 널찍하다. 마루에서 더위를 피하며 지낼 때마다 주님과 성모님께 소원을 이루어주심을 진심 감사드린다. 또 다만 몇 달 동안만이라도 진과 깨끗한 집 속에서 살기 원한 것도 이루어주셨다. 감사, 감사한 마음을 금할 길 없다.

남은 소원은 자식들의 원하는 뜻 이루어지기를 빌며 우리 부부에게는 파란만장했던 지난 과거를 정리하며 폐 끼친 모든 이들에게 은혜를 후히 갚을 길 열어주시기를 빈다. 인간 나이 오십이면 황혼 길이라 하였는데 풍성한 은혜 베푸시어 뜻 이루게 해주소서 라고 기도한다.

마당에 채송화와 장미꽃이 너무 너무 예쁘게 피었다.

1973년 8월 18일 (맑음)

갑자기 혀가 돌아가지 않으며 정신이 희미해지더니, "아이구." 하며 마루에 쓰러졌다.

진에게 조반 좀 차려 먹으라고 말을 하려니 혀가 돌아가지 않는다. 남편이 툭툭 건드리며 "왜 그래?" 한다. 그러나, 그러나, 눈물만 나올 뿐 말도 못하고 희미할 뿐이다. 1년 전에도 이런 증세로 고생한 적이 있었다. 하루 종일 멍청하니 누워 있었다. 이러다 하고 싶은 말도 못한 채 병신이 되면 어쩌나 하는 근심에 사람이 할 말을 자유로이 한다는 것만도 행복한 일이라는 생각이 들었다.

오후에 또 실신. 택시를 타고 삼양동에 갔다. 열이는 땀을 뚝뚝 흘리며 마음 졸이는 표정이다. 정신없이 침을 몇 방 맞았다. 나는 그저 눈물만 찔끔찔끔 흘리며 성모님께 연발 기도했다. 세상에서 제가 해결해야 할 숙제를 해결할 수 있게 해달라고, 이대로 죽을 수는 없는 죄인을 살려달라고. 결혼 30년 동안 흔들리지 않고 살아온 것은 오직 자식들 보살피기 위한 거였다. 뼈아픈 인생을 그렇게 살아왔다.

1973년 11월 5일 (맑음)

벗, 그간 단절됐던 대화를 또 계속하겠어. 나는 그간 병고에 시달렸지. 아주 무서운 병이었어. 나 자신만은 내가 왜 그런 흉한 병에 걸렸는지 알고 있지. 쇳덩이로 만들어진 기계도 기름을 치지 않으면 녹이 슬 듯 나도 몸에 녹이 슨 모양이지. 뼛속까지 사무친 사연들로 말이야. 그 뭉친 덩이들이 마찰이 되면 터져버리고 증세는 악화일로로 치닫고 말지. 태산 너머 태산이라더니 갈수록 태산이 첩첩이네.

가끔 꿈속에서 즐겨 노는 그림 같은 산이 그립다. 자꾸만 자꾸만 여행이 하고프다. 그러나, 형편상 갈 수는 없고 나무는 단풍이 지나 낙엽이 진다.

며칠 전 남편은 술이 얼큰해 들어와서는 "여보, 오늘도 돈이 안 됐어. 수금이 걷히질 않아. 여보, 나, 이대로 죽었으면 딱 좋겠어.

나 하나 죽으면 식구가 줄어 부담이 줄어들 거야. 만일 내가 죽거든 당신은 나 불쌍하다고 울지 말고, 당신 고생한 거 억울하다고 울어줘. 한평생 고생만 지긋지긋하게 시켰지." 하기에 나는 이렇게 대답했다.

"우리가 못 사는 건 두 사람에게 주어진 복이 모두 이것뿐이기 때문이에요. 그러나 당신이 나에게 한 배신행위는 영원히 지울 수 없을 겁니다. 어찌 됐든 과거는 생각하지 말고 남은 생이나 보람 있게 살아갑시다." 했다.

1973년 11월 12일 월요일 (맑음)

한 여름 곱게 피어 내 마음을 달래주던 장미와 사루비아 꽃이 오늘 아침 영하의 날씨를 견디지 못하고 축 늘어져 버렸다. 수십여 일간 돈에 쪼들리니 신경이 날카로워지고 머리도 아프고 짜증만 가열된다. 뻔히 알면서도 심사를 달랠 수가 없다. 무슨 계라도 부어볼까. 저축 생각이 난다. 동전이라도 저축하여 동전 쌓이는 소리에나 취미를 가져볼까.

모든 물가가 상승하고 점점 살기가 어려워진다. 김장철도 돌아왔다. 그러나 올해엔 그다지 마음 졸여지지 않는다. 집에 수도가 있으니 우선 안심이 된다.

저금통에 동전 떨어지는 소리에나 취미를 붙여볼까 하는 엄마 일기를 보다 말고, 수업 중에 딴생각하는 아이처럼 문득 내 지난 날이 떠올랐다. 삶이 심술궂게 옥죄며 나를 힘들 게 할 때 나는 곧잘 바느질을 하곤 했다. 입던 옷들을 뒤져내어 낡은 데를 손보고 깜냥껏 모양도 달리 손보다보면 시름이 슬쩍 물러갔다. 내 아들이 어렸을 때도 나는 곧잘 아들의 옷과 양말을 기워주곤 하였다. 궁해서가 아니었다. 이는 내 어릴 적 일상적으로 보아왔던 엄마를 통해 자연스레 전수된 거라고 보는 게 옳을 것 같다.

옛 어머니들은 자식의 옷과 양말을 기워 입혔다. 양말을 기울 땐 알전구를 넣고 바느질을 했다. 물자가 귀하고 가난했던 시절의 풍경이지만 그게 꼭 궁상스럽기만 한 건 아니었다. 바느질이란 마음을 안정시켜주는 면도 있어 손끝이 닿은 만큼 해진 옷이 모양새를 잡아가는 걸 볼 때면 기쁨이 솟기도 한다. 엄마 역시도 그랬을 것이다. 이는 내 경험을 통한 역 추적이긴 하다만.

유년기의 겨울옷은 주로 엄마가 손수 떠 입힌 뜨개질 옷이었다. 대부분의 엄마들이 그랬다. 아이가 자라 옷이 작아지면 실을 풀어 다시 뜨개질을 해 입혔다. 형이 입던 스웨터는 풀어서 아우의 털 바지가 되고 모자도 되었다. 방 안엔 공처럼 동글게 말아 놓은 공작실들이 아롱다롱한 색상으로 놓여 있었다. 그 광경은 언제 떠올려도 정겹고 따스하고 그리운 장면이기도 하다.

때론 가시덤불 인생이지만 우리를 위로하며 작은 기쁨을 줄 수 있는 요소는 누구에게나 있는 게 아니겠는지. 하찮은 헌 옷을 집는 일에도 즐거움이 따르는 걸 보면 행복을 잡겠다고 허공의 무지개를 쫓아다닐 일은 아니다. 찾아보면 작은 풀꽃처럼 영혼을 순화시켜주는 소박한 즐거움들이 의외로 많다. 등잔 밑이 어둡다 했듯, 그런 소소한 기쁨들은 바로 우리 발아래 놓여 있다. 한데도 먼 데 것을 찾으려 한다. 모든 하루는 하루치의 행복을 숨기고 있을지도 모를 일이다. 각자의 발아래에, 혹은 발밑에, 혹은 겨드랑 속에, 어쩌면 손톱 밑에 꼭꼭.

김장값을 걱정하는 엄마는 집안의 수도를 보며 안도하고 행복했을 것 같다. 물 긷는 고생을 던 것만도 어디냐면서. 이런 게 바로 행복 찾기, 행복 만들기다.

1973년 11월 22일 (맑음)

김장값이 껑충 뛰어 주부들의 발길을 당혹스럽게 한다. 진이 월급 받은 걸 빌려 김장채소를 사 왔다. 배추는 접 당 13,000원, 무는 한 접에 4,000원이다. 비싸지만 어쩔 수 없는 일. 단골집이라고 찾아갔지만 가격 에누리는 없었다.

다듬고 절이느라 분주하다. 무가 얼었다. 남편은 무를 잘 못 샀다고 잔소리다.

석유파동이 세계를 떠들썩하게 하고 국내도 야단이다. 이럴 때마다 서민은 힘들고 서민 중의 한 사람인 나도 그저 마음 졸이고 당황스럽다. 모든 필수품이 부르는 게 값이다. 돈이 왜 이다지 헤픈지 요새 장사도 안 된다고 남편은 심란해한다.

또 일 년이 지나간다. 짧고도 어수선했던 이 한 해. 딸들 문제도 해결하지 못한 채 보람 없이 49세를 넘기고 50을 바라본다. 50이면 중늙은이. 여지껏 뭘 하고 살아왔나 돌아보기도 싫다. 험난한 발자취다.

예나 지금이나 사람 사는 풍경은 어찌도 이리 비슷한가. 올 여름내 풍족히 사 먹던 야채 과일 값이 근래 얼마나 뛰었는지 나도 장을 볼 때마다 놀란다. 생선도 육 고기도 생필품도 다 뛰었다. 그 시절과 오늘을 비교하니 사는 일이 다 거기서 거기구나 싶다. 한데 우리 아버진 정말 잔소리도 많으셨나 보다. 시어머니도 아니면서 무가 얼었네, 어쩌네 잔소리하시는 것 좀 봐. 아마 아버진 무를 드시고 싶었는지 모른다. 김장철 무는 배보다 맛나지 않은가. 그런데 무가 얼어빠졌으니 한 실망을 하셨던가보다.

1973년 12월 16일 일요일

주일 미사 후 구역장 회의가 있었다.

남편은 오랜만에 휴일을 집에서 지내며 1년 반 가량 모은 동전 저금통을 털어 5,700원에다 자기 돈 7,700원을 얹어 괘종시계를 사왔다. 오래두고 벼르던 시계다.

저녁을 스끼야끼(일본식 전골)로 한 가족 구미를 돋구어주었다. 즐거운 한 주일을 주님께 감사.

고양이 새끼도 오늘 다 팔았다. 5,600원 들어왔다. 여태까지는 낳는 대로 선심 썼지만 이제부턴 팔아서 이익을 남겨야겠다.

1974년 3월 9일 토요일

오늘은 진이 유학 시험 발표 날이다. 몇 번이나 성모님 상 앞에 촛불을 켜놓고 합격을 기원했지만 번번이 낙방이었다. 이번엔 기대를 하지 않고 나의 혈육인 자식들의 가야 할 길을 인도하시어 이 죄인의 실망을 거두어 달라고 기도하여 영성체를 하였다.

집을 3,000만 원에 내놓았다. 사람들이 집을 보려 드나드니 마음이 심란하다. 복덕방을 여기저기 다녀보지만 요새는 매매가 뜸하단다.

진이 들어오며, "엄마, 나 합격 했어." 한다. 축하, 축하. 주님께 감사드렸다.

당장 내일이라도 미국으로 떠날 것처럼 설치는 진이. 나이가 그만하면 침착할 줄도 알아야지, 그저 설치고 자기 위에 아무도 없는 양 법석이다.

1974년 3월 14일 목요일

영분이가 집 생각이 나는지 울고 있다. 달래주며 빵도 사 주고 떡도 사준다. 어린 나이에 낯선 집에 와 있으니 집 생각 하는 게 당연하다. 숙이 집에 데려다줘야 하는데 가서 있을까 문제다.

고인이 되신 친정어머니께서 이르시기를, 첫 자식의 배냇저고리는 외할머니가 해줘야 명이 길고, 또 그 옷을 내리 동생에게 입히면 우애가 좋다고 하셨다. 미신 같은 얘기 같으면서도 이치에 맞는 얘기인 듯싶다. 나도 어머니가 지어주신 배냇저고리를 삼 남매에게 입히고 지금도 보관해 두지 않았는가. 그 말씀이 생각나 나도 내 손으로 숙이 애기 저고리와 포대기를 사주고픈 심정이나 돈이 없어 차일피일하고 있다.

석유파동으로 장사도 불경기다. 요즘은 단 돈 만 원을 못 만져 보고 산다. 그러나 우리 장사는 실패한 세 사람이 모여 무(無)에서 유(有)를 이루려고 애를 쓰기에 나도 뒷바라지를 위해 생활비를 절약하며 운영 방법에 대한 코치를 남편에게 하기도 한다.

오래 전의 어느 날, 친정에 들렀더니 엄마가 장롱을 열고 내게 뭔가를 꺼내 주셨다. 외할머니가 만들어주신 내 배냇저고리였다. 그때는 보드라운 천을 구하기 힘들었는지 저고리는 광목 같은 천으로 만들었고, 옷고름은 이불 꿰매는 실 다발로 달아놓았다. 명줄이 길라고 실을 달아놓으신 모양이다. 순간 뭉클한 뭔가가 가

숨을 스치고 지나갔다. 나도 내 아들의 배냇저고리를 이제껏 지니고 있다. 엄마 일기에 나오듯 가난했던 엄마가 사 보내신 그 배냇저고리다.

1974년 3월 27일 수요일 (맑음)

오랜만에 화창한 봄기운이 돈다. 영상 12도. 먼 산엔 아지랑이가 끼고 지붕엔 참새 떼들이 재잘거린다.

우리 집 고양이는 만삭이 되어 따스한 곳만 찾아다니며 낮잠을 자고, 나는 부업거리는 마땅찮고 돈은 필요하고 해서 조석으로 고양이에게 새끼 많이 낳고 암놈도 많이 낳으라고 부탁한다.

퇴근해 돌아오는 진이는 들어오자마자 집 팔렸느냐고 묻는다. 그 소리가 심히 괴롭다. 요즘은 장사도 안 되어 수입 없는 가계 꾸리기가 진정 짜증스럽다.

영분이는 마음이 좀 잡혔는지 고분고분 일손을 놀린다.

나는 해산일이 가까웠고, 언니는 숙원이던 미국 유학을 앞두고 부모님이 빌려간 돈을 받아내려 채근한다. 자식이 또 다른 빚쟁이다.

영분이는 초등학교 고학년쯤 된 아이였다. 내가 해산할 때 잡일이나 봐주라고 시골에 부탁해서 데려온 아이인데 체구가 하도 작아 보기만 해도 가여운 생각이 들었다. 옛 시절엔 시골에서 딸들을 서울로 식모살이 보내곤 했다. 부잣집엔 두어 명의 식모들이 있고, 서민들 가정에도 식모가 있어 애들을 봐주거나 잔심부름을 도우며 지내다 나이 차고 돈이 모아지면 시집을 갔다. 영분이는 너무 어려 별로 도움이 되질 않고 신경만 쓰여 나는 며칠 있다 돌려보냈다. 단발머리에 그늘진 표정의 영분이 모습이 지금도 또렷이 남아 있다. 과자를 쥐어주면 잠시 환히 피었다가 이내 쓸쓸하게 가라앉던 얼굴이.

1974년 3월 31일 (주일)

이대부속병원에서 한밤을 꼬박 새웠다. 어제 입원한 숙이는 아침에도 여전히 진통하는데 분만 시간은 까맣다. 남들은 아들 딸 낳아가지고 나가도 또 낳고 순산하여 분만대기실에는 숙이뿐이다. 자리를 비울 수 없다. 너무도 답답해 도와달라고 언니를 불렀다. 언니가 달려왔다. 오후 4시 30분경에야 분만했다. 남아란다. 주님께 감사하나이다. 감사하나이다.

내 친구 아무개는 첫 아이를 변을 보듯 쉽게 낳았다고 우스갯말을 날리곤 했다. 그러나 내 출산의 진통은 정말로 오래갔다. 산통에 대해선 익히 알고 있던 터라 나는 산모의 품위 운운하며 적어도 짐승 같은 소리만은 내지르지 않으리란 결심을 지레 다졌다. 남편이 출근 한 뒤 출산 징후가 보여 나 혼자 택시를 타고 달려갔던 이화대학병원 분만 대기실. 초긴장 상태로 들어선 초보산모는 처음엔 잘도 참아 내었고 내리 그렇게 잘 해낼 줄 알았다. 하지만 오산이었다. 시간이 흐를수록 산통이 심해지자 나는 신음과 함께 십자가의 예수님을 떠올리며 극기할 수 있게 해달라고 기도했다. 그러다 마침내는 이 아픔만 피할 수 있다면 죽어도 괜찮을 것 같다는 극단적 생각까지 들었다. 무엇보다 힘든 것은 분만 대기실에 나보다 늦게 온 산모들이 하나둘씩 나가다가 마침내 일곱 명이나 분만실로 옮겨가는데 나만 혼자 여전히 진통과 싸운다는 사실이었다. 나는 정확히 진통 시작 후 25시간 12분 만에 아들을 낳았다. 나중에 알았지만 심한 임신중독증이라 위험했다고 한다. 긴 시간 동안 엄마는 딸이 난산하는 과정을 보며 무지 애를 태우셨을 것이다.

1974년 4월 7일

유학 초청장이 왔다. 6월 10일까지 입학하라는 초청장이다. 몇 년을 벼르며 간다. 간다 하더니 정말로 가는구나. 인생 반생을 함께 살았는데 허전해서 어찌 살까. 보고 싶어 어찌 살까.

1974년 4월 14일 (부활주일)

11시 미사 드리고 집에 와 숙이 애기 데리고 중곡동으로 간다. 봄바람이 차가워 조심조심 안고 택시를 탔다. 썰렁한 방에는 먼지만 쌓여있다. 방을 치우고 장을 봐주고 집으로 돌아왔다. 한 가지는 덜었는데 진이 문제가 근심이다. 모녀간이란 성장하면 헤어지게 마련이지만 이국땅으로 보내려 하니 안심이 안 된다. 29년 데리고 살며 많은 고생만 시켰다. 결혼이라도 해서 한 쌍이 가면 몰라도 혼자 자립해야 하니 어찌 하나. 가난한 가정에서 잘 먹이지도 못하고 경제적 고통도 많이 주고 모진 소리도 많이 퍼부었다. 모든 울분을 자식들에게 신경질 부리는 것으로 풀고 살았으니 나 자신의 죄가 많을 것이다. 내 탓이요, 내 탓이요, 내 큰 탓이로소이다.

언니는 맏자식답게 집안을 위해 많은 힘을 쏟았다. 명석했던 언니는 직장 생활하면서도 투잡으로 당시의 차관 부인들에게 영어를 가르쳤다. 그 돈을 모아 자기 힘으로 미국 유학을 떠난 것이다. 그러느라 당시로선 늦은 나이에 떠났다.

사는 일에 피진해 모두의 신경이 날카로울 때였으니 때론 집안에 찬바람이 돌았으리라. 가족이란 가장 가깝기에 가장 많은 상처를 주고받는 관계가 아닌가. 우리는 모두가 예민한 성정이었으니, 특히 엄마는 아버지로 인한 숱한 마음의 상처와 생활고로 늘 가슴에 불덩이를 안고 살았으니 너그럽고 따뜻한 모성을 보여주기엔 각박한 현실이었다. 큰딸의 미국 유학을 앞두고 엄마의 마음은 착잡하고 아파서 통곡이라도 하고 싶었을 것 같다.

1974년 4월 25일 목요일 (비)

지금은 밤 11시 30분이다. 창밖엔 낙숫물 소리가 요란하다. 늦게 귀가한 남편은 저녁상을 물리고 피로에 지쳐 잠이 들었다.

낮에 얘기 들었던 열이 입대 문제가 자꾸만 머릿속에서 맴돈다. 진이 떠나고 열이 마저 군대 가면 외로워서 어찌 사나. 생각만 해도 눈시울이 뜨거워진다. 안 갈 수도 없는 군대.

"엄마, 제가 군대 가면 홀가분히 무슨 장사라도 하세요." 하던 열이 말이 일리가 있다. 무슨 장사를 해볼까. 무슨 기술을 배워볼까 하는 공상을 하며 하루 내 떨어진 내의를 기워 입었다. 기워놓고 보니 공짜 옷이 생긴 것 같다.

우리 집이 팔리면 많은 변화가 올 것 같다. 돌처럼 굳어 있는 내 두뇌를 움직일 때가 오지 않았나 싶다. 주님, 오늘도 무사함을 감사하나이다. 이 밤을 편안히 잠재워주소서.

1974년 4월 26일 금요일 (흐림)

웅크린 날씨다. 오늘도 차분히 해진 내의를 깁는다. 경제난으로 스웨터나 내의를 사 입는 일이 그리 쉬운 일이 아니다. 한 바늘 두 바늘 꿰매면서 공상하며 설계를 한다. 머리를 움직여 보려 해도 굳어진 뇌가 돌아가질 않는다.

요즘은 금융계에 불상사들이 많다. 꼬리를 물고 터져 나온다. 헤아릴 수 없는 거액들이다. 왜 그런 모험적 사기를 칠까. 그것도 거액의 돈을. 무섭다. 사람들이 맹수처럼 무섭다. 거울 앞에 서면 내 얼굴에 퍼져있는 기미가 보기 싫다. 돈은 없을망정 허울이라도 피둥피둥해보는 게 소원이다.

바람이 분다. 간혹 들리는 행상소리. 비행기 굉음. 또 옆에서 집 짓는 소리들이 들려온다. 오늘은 유난히 지루하다.

1974년 5월 2일 목요일 (맑음)

참새 떼들이 재잘거리며 먼동이 튼다. 쳇바퀴 같은 내 일과. 오늘도 출근하는 가족들의 무사를 빌며 하루를 설계한다. 진의 여권이 오늘 나온다. 우리 모녀가 헤어져야 할 시간이 자꾸 조여 온다. 한 달이 후딱 간다. 가기 전에 이것저것 즐겨 먹던 음식을 다 해먹이고 싶다. 아쉬운 생각하면 자꾸 눈물만 나온다. 좀 더 화목하게 살았더라면 하는 아쉬움과 남편에게 못 부린 신경질을 자식에게 부렸던 일들이 마음 아프다.

석양이 지면 식구들이 제시간에 돌아온다. 어김없는 6시 30분에 진이가 왔다. 여권이 나왔다고 한다. 한 번도 본 적 없는 여권을 진에게 보여 달라 해서 보았다. 조그만 수첩 같다. 이것만 있으면 이제 후따 간다.

오랜만에 언니와 재관 엄마가 왔다. 반가웠다. 재관 엄마는 올 부활절에 영세를 받았다고 한다. 여러 가지 미숙한 점을 배우러 왔다고 한다.

이웃사촌이라더니 내 유년에 보았던 재관 어머니는 평생 오가며 지낸 것 같다. 언제나 금붙이를 몸에 걸고 여유 부리며 살던 그녀가 가톨릭에 입교했나 보다. 한때는 엄마 가슴에 상처를 주기도 했던 여인, 하기야 산다는 건 피차 상처를 주고받는 것이긴 하다. 기쁨도 주고받고 아픔도 주고받고 고운 정 미운 정이 굳어져야 진짜 살가운 정이 된다.

1974년 5월 25일

하룻밤만 자면 아주 멀고 먼, 수륙만리로 진이가 떠난다. 즐겨 먹던 음식도 해주고 싶다. 그저 아쉬움만 남는다. 남편은 피복 납품 관계인지 몰라도 요새는 돈 한 푼을 내놓지 않는다. 아버지의 정성을 내보이지 않는다. 그 모습에 어미인 내 마음이 아프고 쓰리다.

저녁 식사 때 남편은 맥주와 콜라를 사들고 와 다섯 식구가 축배를 들자고 한다. 나는 묵묵히 자리에 앉았다. 남편은 진에게 "집에서 부쳐오는 돈만 기다리고 있지 말고 한 푼 벌이라도 벌어서 쓸 생각해라. 그리고 집 근심은 말아라. 엄마를 아껴줄게. 여보, 당신도 할 말 있으면 해봐." 한다. 하고 많은 말 중에 그 말 밖에 없더란 말인가. 심장이 미어지는 기분이었다. 이국 멀리 떠나가는 자식에게 안정감을 주지는 못할망정 돈 벌어 쓰라는 정떨어진 교훈이라니. 나는 할 말이 있다면 무능한 어미였다는 말 밖에 없다고 하며 북받치는 눈물을 혀를 깨물며 참았다.

1974년 5월 26일 일요일

아침을 일찍 준비하고 미사에 갔다. 진을 위해 성모님께 촛불을 밝히고 꽃대도 바치며 멀리 가는 자식 위해 미사 드리고 오니 마음이 홀가분하다. 조반을 치우고 나니 시골에서 동생네 애들이 올라오고, 형부와 언니네 애들도 들어온다. 점심 식사 후 택시 세 대를 대절해서 이별의 김포공항을 향해 떠났다. 집 떠날 때 숙이가 흐느껴 운다. 좀체 눈물을 흘리지 않는 진이도 운다. 공항의 바람은 세찼다. 어둠이 깔리는 공항에는 시동을 거는 비행기의 웅장한 폭음 소리와 함께 100여 명의 승객을 태우고 하늘 위로 사라졌다. 문주란이 부른 〈공항의 이별〉이란 노래가 흡사 내 심정을 그린 것 같다. 주여, 당신의 딸을 살펴주옵소서.

1974년 5월 27일 월요일

미칠 듯이 허전하다. 눈물이 자꾸 나온다. 갈피를 잡을 수 없이 허전하다. 의지할 곳이 없다. 정신없이 창동 언니네로 갔다. 창동엔 왜 갔는지 몰라.

1974년 5월 28일 화요일

오늘도 창동에 간다. 피로에 지쳐있는 진이 모습이 자꾸 눈에 어른거린다. 비행기 갈아타는데 당황해서 잘 못 타지는 않았는지, 어디에 쓰러지진 않았는지 이 모든 걱정을 예수님께 하소하며 기도드릴 뿐.

주여, 미천한 저의 자식을 돌봐주소서. 못 보는 에미 마음 미칠 듯하답니다. 왈칵왈칵 쏟아지는 눈물을 거둘 수가 없습니다. 저의 아픈 마음 만져주소서.

흑석동 요섭이네 집에 간다. 어디론가 무작정 가고 싶은 심정에 서울 시내만 뱅뱅 돈다. 요섭이네서 저녁 먹고 집으로 온다. 퇴근 시간이 제일 눈에 어린다. 퇴근해 오면 대문에서부터 "엄마, 밥, 밥. 배고파." 하던 소리가 자꾸 고막을 울린다.

1974년 6월 10일 월요일 (비)

어젯밤 남편이 울산에서 수금을 해왔다. 30만 원을 내놓으며 진이 돈에다 보태서 부치라고 내놓는다. 눈이 훤하다. 일은 뜻대로 되는 것 같다. 남편과 택시 타고 은행에 갔다. 외국으로 처음 부치는 달러라서 시간이 많이 걸렸다. 지급으로 이틀간이면 받는다고 한다. 휴~ 하는 안도의 숨이 나왔다. 조석으로 기도드릴 때 먼 곳에 있는 저의 딸에게도 음식을 주옵소서, 라고 기도한다. 꿈속에서라도 대화를 나누고 싶다. 가느라고 얼마나 고생을 했을까.

1974년 6월 30일 일요일 (맑음)

6월도 막 가는 오늘. 쨍쨍 내리쪼이는 한나절이 몹시 지루하다. 매일 진이 편지 기다리느라 우편함을 열어본다. 오늘도 안 오는 편지. 몸이나 건강한지 무소식이 희소식이기를 기다리는 마음. 끼니때면 내 딸도 같이 먹을 수 있게 해달라고 간청하는 에미 마음이 하늘에 전해지기를 비는 나의 심정. 집 떠난 지 35일이 지났는데 1년이나 된 기분이다.

1974년 7월 2일 (흐림)

31도라는 관상대 예보다. 또 장마로 접어든다는 예보다. 우편배달부를 지루하게 기다리지만 그냥 지나간다. 제발 무사하게 해주소서.

월경이 심하게 쏟아진다. 폐경이 되면 심하게 나온다는 말은 들었지만 이렇게 심할 줄이야. 여자는 월경이 끊어지면 눈도 어둡고 성에 대한 의욕이 바닥으로 떨어진다는 옛 노인들이 말씀하셨다. 그러고 보면 여자로서 폐인이 되는가 보다.

며칠 전 어느 날, 갑자기 가슴이 마비된 듯 숨을 못 쉬고 말도 못하고 약 15분간 버둥거리다 "예수님, 저 좀 살려줘요. 아직은 죽을 수 없어요." 하며 성호를 긋자 즉시 아픔이 가시고 숨이 통했던 기억이 난다. 이 사실은 식구들이 모른다. 알면 근심하니까 알리고 싶지 않았다. 언젠가는 죽을 사람이지만 복되게 죽기를 바란다.

1974년 8월 15일 일요일

아침 11시 미사에 갔다 우리 가족 건강을 기도하고, 지학순 주교님 무죄석방을 위해 기도드렸다. 어두운 교도소 안에서 고생하시는 지 주교님께 은총을 내리시기를.

기도 바칠 때 불현듯 눈앞으로 박정희 대통령의 관통상이 스쳐 갔다. 그 총구멍에서 붉은 피가 흐르는 걸 보며 기도하는데 왜 이런 끔찍한 모습이 보이는가 싶어 불미스러운 환상을 지우려고 애를 썼다. 집으로 오는데 몇몇 사람들이 수군거려 귀를 기울였더니 영부인이 총탄에 쓰러졌다고 한다. 충격에 가슴이 두근거렸다. 인자하고 서민적인 영부인이었는데 왜 총탄에 쓰러졌단 말인가.

영부인은 8·15 광복절 기념행사장에 오전 10시 30분경 총탄에 쓰러져 5시간의 긴 수술 후 오후 7시에 애석하게도 세상을 하직하신 것이다. 애통하는 시민들, 눈물 없이 볼 수 없었다. 영부인, 외로운 자들의 힘이 돼 주었던 당신이여, 이 세상에서 못 이룬 것 저 세상에서 살피소서, 당신의 밝은 미소, 영원히 밝게 사시옵소서.

1974년 8월 19일 (맑음)

육 여사,
당신 장례식 날이요. 하늘도 울고 땅도 울었소. 마지막까지 태연한 자세로 쓸어졌소. 그 태연이란 글자는 쉬운지 몰라도 태연이란 자세만은 보통 사람은 어려운 일이라 생각하오. 나는 당신의 영결식을 보며 한없이 울었다오. 나 자신의 모든 게 부끄럽기도 하였지만 한 장부의 아내이고, 또 세 남매의 어머니라는 당신을 생각한 거요. 자식들의 울부짖음도 물론이지만 대통령이란 위치에 선 당신 부군께서 영구차에 엎디어 흐느낄 때 철통같은 대통령이라도 아내에 대한 사랑에는 약하다는 걸 느꼈소. 최선을 다하는 게 당신의 신조라고 들었소. 나도 최선이라는 글자를 새기며 영원히 당신 육영수를 기억하겠소. 또 당신 영혼을 위해 기도하겠소.

1975년 1월 1일

새해의 동이 트인다. 지난 한 해를 감사드리며 이 한 해의 숙제가 되는 모든 일을 기원하기 위해 어둠을 헤치고 첫 미사에 참예하려고 대문을 나선다. 습관처럼 묵주를 손에 잡는다. 대문 나서며 묵주기도를 시작하면 성당 문전에서 끝이 난다. 어제 만든 떡과 만둣국을 미국에도 보내고 싶고 아들이 있는 논산훈련소에도 보내 먹이고 싶다. 먹는 것에 주리고 산 우리 자식들은 특히 먹는 데 관심이 높을 것이다.

주위의 친구들이 자식 군대 보내 놓고 울지 말라고 당부하여 좀체 눈물을 안보이려고 노력한다. 나보다 더 외로운 이도 있는데….

남편은 큰댁에 세배가고 숙은 시집에 가고 나 혼자 멀고 먼 하늘 보며 진과 열을 허공에 그려본다. 얼굴은 얼마나 여위었을까. 혹은 좋아졌을까. 고생이 얼마나 될까. 지금쯤 집 생각 하며 울고 있진 않을까. 공상 속에 하루가 후딱 지나가버린다. 환율 인상으로 인한 물가고에 시름 깃든 사람들은 명절도 쓸쓸하다.

1975년 1월 2일

하루 종일 집에 박혀 편지도 쓰고 올 한 해 계획도 세워보았다. 오십이 꽉 찬 내 얼굴은 초라해서 남들한테는 나이를 늘 두 살 올려 말했는데 정작 오십이 되고 보니 중늙은이라는 딱지가 붙은 듯 착잡하기만 하다. 앞으로 10년은 활기차게 살며 부지런히 옥석을 가리지 말고 일하자. 장사도 하고 취직도 해보자. 60, 70 노인들이 자식들에게 학대받는 걸 보면 남의 일 같지 않게 걱정이 된다.

1975년 1월 15일

기다리던 열이 편지가 왔다. 편지의 사연 한마디 한마디가 어른스럽게 믿음직스럽다. 모든 일을 세심하게 완수해나간다는 소식에 콧등이 시큰하다. 읽고 또 읽는다. 하루하루 다가오는 훈련 끝나는 그날을 학수고대한다.

허전한 마음에 어디 가고 싶고 변화 있는 생활이 그리워진다. 취직을 하던지 장사를 하던지 말이다. 앞으로 10년은 활동이 가능할 것이다. 후한 없는 여생을 마쳐야 한다는 생각에 청소부라도 자리가 있다면 가리지 않고 해보겠다.

1975년 1월 17일

성당 구역 방문에 나섰다. 잡지도 전하고 또 교우들 가정 동태도 살피며 전교에 협조한다. 신월동 최○○은 성직자가 정치문제를 운운하는 건 있을 수 없다고, 반정부운동가라고 타당치 못하다며 성당에 안 나온다고 한다. 나는 정치를 잘 모르지만 장기집권엔 절대 반대한다. 물론 박정희 씨가 애국자라는 것도 알지만 한마디로 장기집권을 반대하고, 혁명을 일으킨 주동자가 장기집권을 하려 든다는 건 이해할 수 없는 일이다. 박정희를 존경했던 마음이 산산조각으로 달아나고 지루하기만 하다.

1975년 2월 6일 목요일 (흐림)

어디를 가나 용돈이 달랑거리니 불안하다. 음력 명절이 다가오지만 모든 것을 간소화하는 뜻에서 절약하자. 열이는 서울에 와 있다지만 목소리도 못 듣고 답답하다. 길에서 군인을 만나면 자꾸만 쳐다보게 된다.

언니로부터 들은 얘기다. 이런 얘기는 나로선 일찍이 맛보지 못한 고귀한 사연이다. 나는 근근이 돈 모아 금붙이를 모아본 적이 있지만 돈이 떨어지면 남편은 그걸 팔아먹기 일쑤였고, 나에게 남은 패물이 또 없나 하고 기대를 거는 습성이 있고, 더 내놓지 않나 하는 나쁜 습성이 있어 나를 수없이 울렸다. 지금도 겪고 있는 실정이다. 허나 형부는 당신 손으로 해준 금붙이를 언니가 팔아 오라고 내주었더니 주머니 속에 간직해두었다가 목걸이를 만들어 성주 도(都)씨를 새겨 넣고 뒷면에는 절 마크(卍)를 새겨 만들어가지고 와서 죽을 때 정표로 가지고 가라고 부탁하며 자식들에겐 절대로 비밀로 하라고 했다는 것이다. 지금 돈벌이를 못해 이대로 죽을까 싶어 미리 남기는 말이라 하시더라고.

나는 그 말을 듣고 펑펑 울었다. 일찍이 맛보지 못한 그 고귀하고도 애정 어린 대화가 부럽고 감동스러웠다. 내 남편은 뜨거운 호의는 고사하고 거짓말하고 빚이나 지고 다니지 말았으면 좋겠다. 나는 이대로 살다가 죽을 것을 각오한 적이 있었다. 내게 진실한 사랑은 주님의 사랑뿐이다. 영원토록, 영원토록.

1975년 2월 7일 (구역 방문)

오늘은 골롬바 단장과 함께 구역 방문 하는날이다. 맨 처음 방문 간 집은 신월동 81-8로 최○○ 씨 집을 방문했는데, 초인종을 누르자 젊은 학생이 나온다. 어머니를 만나러 왔다고 하자 성당 온 필요 없으니 가라고 한다. 상의할 게 있다고 부탁을 하자 역정을 내며 대문을 들이치고 내치고 한다. 나는 화가 나서 문전에 걸인이 와도 이럴 수는 없다 싶어 몰상식한 녀석이라고 하자 예수님의 고상을 들고 나와 도끼로 토막을 내버렸다. 다리가 벌벌 떨렸다. 어처구니가 없어 말문이 막혔다.

1975년 2월 10일 월요일

며칠 전부터 떡 다라를 이고 방앗간을 찾는 사람들이 많아졌다. 나도 남편이 얼마인가 주는 돈을 들고 시장으로 방앗간으로 분주히 다녔다. 밤늦도록 떡을 썰고 진에게 편지를 썼다. 마음 가는 대로 횡설수설한 것 같다. 허나 분명히 말한 것은 올해부터는 반은 나를 위해 살고 반은 가족을 위해 살겠다는 내 생각이었다. 입고 싶은 옷도 가끔 해 입겠다. 그 누구에게 바라지 않고 말이다. 입버릇처럼 해대던 불평도 가능한 한 하지 않을 것이다. 내가 할 수 있는 일이라면 내 힘으로 할 것이다. 남편도 필요 없고 그저 그

날 밥 얻어먹는 것만으로 나는 만족할 수 없다. 남편은 늙어가면서 조석으로 투정만 늘어간다. 이유는 알 수 없지만 갱년기라서 그런지도 모르겠다. 남편은 항상 사랑을 베풀 줄은 모르고 받으려고만 하는 욕심이 크다.

1975년 12월 7일 일요일

1975년도 저물어간다. 51세. 중늙은이가 되어간다. 서글퍼진다. 무의미하게 50 평생 살고 보니 허무하다.

늙는다는 건 서글픈 일이다. 나 자신이 무의미하게 살아온 게 후회스러워 후배들에겐 이런 사실을 잘 말해주기도 했지만 젊은 이들은 쉽게 납득이 안 될 것이다.

요즘 소원은 옷을 실컷 해 입는 것이다. 둘째는 여행을 자주 가고 싶다. 허황된 생각임을 알지만 인생 마지막 길이라 어쩔 수가 없다.

1975년 이후의 일기는 1980년으로 이어진다. 그 공백기에는 일기를 적지 않았는지, 아니 그보다는 일기를 쓰지 못할 만큼 현실이 버거웠는지도 모르겠다. 그 사이 아버지는 1979년 3월에 58세 일기로 세상을 뜨셨다. 간암이 원인이었다.

아버지는 오랜 세월 살가운 남편 역할을 하지 못했다. 세상 것에 대한 관심과 열정만큼이나 일탈과 방황도 잦았다. 그러나 황혼기에 접어들며 엄마에게 정다운 모습을 보이기도 했었다. 세상을 향한 욕망도 사위어가고 그것들의 부질없음을 그제야 깨달으신 건지도 모른다. 엄마의 일기를 읽어나가며 나는 엄마에 대한 연민과 아버지에 대한 실망과 분노로 마음이 힘들기도 했지만 그래도 분명한 건 아버지의 마지막 장면만은 아름답게 남아 있었기에 아무리 괴로운 장면이 나와도 해피엔딩 결말을 아는 영화를 보는 듯 평정을 찾을 수가 있었다.

아버지는 간경화가 간암으로 악화되어 돌아가셨다. 돌아가시기 한 해 전쯤의 어느 저녁 무렵, 아버지는 근래 암으로 타계한 당신 친구 얘기를 한 적이 있었다. 어떻게든 살아보려고 아등바등했으나 결국 재산을 다 까먹고 세상을 떴다는 사연이었다. 그러면서 "만약 내가 그런 병에 걸린다면 식구들 고생시키지 않고 자살을 하고 말겠다."고 하셨다.

그때만 해도 이듬해 아버지가 암에 걸릴 거라곤 아무도 예측하지 못했다. 아버지의 성격을 알기에 돌아가실 때까지 아버지의 병명을 극비에 부쳤다. 그런 걸 당연시 여기던 시절이기도 했다.

아버지는 임종을 몇 달 앞두고 하느님을 받아들이셨는데 평생토록 종교와 거리가 먼 생활을 했던 분이 그 이후로 성숙한 신앙인의 모습을 보였다. 나는 당시 친정과 가까이 살았기에 매일 아버지를 찾아뵈었는데, 아버지는 진통제마저 듣지 않는 말기의 고통 속에서도 의연함을 잃지 않았다. 지인들의 문병 소식을 들을 때면 머리맡에 놓여 있던 거울을 보며 매무새를 가다듬으셨고, 내게 손님 대접 잘하라는 당부를 잊지 않으셨다. 평생의 과오를 깨우친 때문이었을까. 고통스러우면 소리를 지르라고 엄마가 말해도 아버지는 음음, 하며 신음을 삼키려고 애쓰셨다. 예수님은 아무 죄 없이 우리를 위해 십자가 죽음을 당하셨는데 나는 죄도 많이 지었다고 하면서 그러셨다. 죽음 앞에서 보여준 아버지의 모습은 신앙이 한 인간의 종국에 미치는 영향을 새삼 절감케 하였다. 또한 그런 모습을 마지막으로 남기셨기에 아버지에 대한 많은 아쉬움과 원망이 지워질 수 있었다.

1980년 1월 1일

3년 전까지 열심히 기록한 일기는 일기라기보다 넋두리 수첩에 가까웠다. 나는 중단했다. 볼펜을 벗 삼아 적어오던 일기를 중단했다. 일기장을 한 날에 불태워버리려 했으나 열이가 우리 집 보물이라며 이 노트를 내주면서 계속 일기를 쓰라고 한다.

새벽. 일찍 잠에서 깨었다. 성당에 가서 연미사를 드리려 준비하는데 아파트 옥상에서 까치들이 요란하게 소리를 낸다. 기분이 상쾌하다. 뭔가 희소식을 전하는 소리 같기도 하다.

먼동이 튼다. 여전히 까치가 운다. 성당 문을 들어서며 멀리 가신 남편 영혼을 위해 기도드리며 눈을 감는다. 미사 예물을 바치며 분향한다. 주여, 불러 가신 저의 남편을 불쌍히 여기시어 편한 곳에 쉬게 하소서. 아버지 품에 들게 하소서, 라고 기도하는데 차가운 볼 위에 나도 모르게 더운 눈물이 흐른다. 남편의 마지막 유언이 생각난다.

"당신은 위대한 여사야. 꾸준한 마음으로 나를 이렇게 예수님께 인도했으니."

어언 10개월이란 세월을 보냈다. 어려웠던 일, 가슴 아파하던 말들을 머릿속에 담으며 올해에는 우리 집안에 촛불이 될 며느리를 줍시사고 기도한다.

1980년 1월 4일

약 3개월 전쯤, 나는 울면서 남편 영정 앞에 무릎 꿇고 앉아 기도드리며 눈물로 이렇게 말했다.

"여보, 당신이 못다 한 생명 자식에게 이어 주세요."

그날 밤 꿈에 남편이 나타나 이런 귀띔을 해주었다.

"여보, 인삼은 많이 먹이지 마. 많이 먹으면 눈이 멀어."

영혼은 정말 무시할 수가 없다. 어느 날인가는 꿈도 아닌데 마치 옆에서 자고 간 듯한 인상을 두 번이나 느꼈다. 어느 날인가는 "당신은 내 꺼야." 하는 꿈을 꾼 적도 있다. 성경에도 모든 계시를 꿈으로 전달하시고 예언도 꿈으로 하는 걸 보면 꿈을 무시할 수 없는 것이라 믿는다.

나 역시도 이와 유사한 경험을 한 적이 있었기에 이 대목을 읽는 감회가 남달랐다.

내 남편이 위암 말기 판정을 받고 입원 중이던 어느 날 의식불명이 되어 인공호흡기로 연명 치료를 하고 있을 때였다. 하루는 남편이 꿈결에 찾아와 생시인 듯 함께 잠을 잤는데 어찌나 생생하던지 그가 실제 다녀간 줄만 알았다. 그럴 만도 한 것이, 남편은 의식불명 전에 집으로 가서 거실 소파에 앉아 있고 싶다며 그게 그렇게 안락한 건지 몰랐다고 말한 적이 있었던 때문이었다. 그는 평범했던 일상이 새삼 그리운 듯했다. 어쩌면 그 간절한 원의가 에너지 같은 파동으로 연결되며 집에까지 다녀가게 한 건지 알 수 없는 일이다. 아무튼 그날의 꿈은 여느 때의 것과는 그만큼 판이하게 달랐던 것이다.

남편이 집에 가고 싶다는 말을 했던 그 며칠 후, 성당에서 평일 10시 미사를 드리고 있을 때의 일이다. 갑자기 내 몸이 이상해지며 심장을 조이는 듯한 통증이 몰려왔다. 남편 일로 심신의 과부하 상태라 드디어 탈이 난 모양이라고 여기며 나는 하느님께 간곡히 화살기도를 올렸다. 아직은 갈 때가 아니라고, 할 일이 많이 남은 저를 보호해달라고. 곧 죽을 것 같던 통증은 다행히 진정되었고 미사는 끝이 났다. 바로 그때 간병인으로부터 전화가 걸려

왔다. 남편이 심정지가 되어 인공호흡을 시키고 있으니 빨리 병원으로 오라는 전갈이었다. 병원은 성당 바로 맞은편이라 이내 도착할 수 있었다. 잠시 전 내 심장이 조이는 듯했던 이유를 알 것 같았다. 남편의 텔레파시가 전달된 거란 확신이 들었다. 내 몸의 이상증세를 느낀 시각과 남편에게 심정지가 온 게 같은 시각이었던 것이다. 지인들과 사는 얘기를 나누다 보면 이런 비슷한 사례가 심심찮게 등장한다. 인간이란 영육의 합일체인만큼 당연하고도 보편적인 현상일지 모른다.

　죽음학에 대한 책을 보면 그간 심증으로만 간직했던 일들을 어느 정도 확신해도 좋겠다는 생각이 들기도 한다. '사후통신'이라는 용어를 처음으로 만들어낸 구겐하임은 "사후통신 (After Death Communication)"이란 죽은 이들이 지상에 있는 친지나 지인에게 소식을 전하는 것이라 정의했다. 7년이라는 오랜 기간 동안 미국 50개 주와 캐나다 10개 주의 면담 대상자 2천 명을 면담조사를 한 3,300건의 사례로 알게 된 것으로, 영혼들의 세계와 우리들의 세계는 단절된 것이 아니라 망자(亡者)들은 우리에게 계속 소식을 전해왔으나 우리가 몰랐을 뿐이라는 것이다. 그동안 일부에서만 거론되던 이 문제는 이제 세인의 더 많은 관심을 모으며 학자들 간에도 활발한 연구가 진행되는 중이다. 미국을 중심으로 한 서방에는 이 방면에 대한 연구가 상상할 수 없을 정도로 풍부하게 이루어지고 있다고 한다. 국내에서는 이화여대 최준식 교수나 서울대 정현채 교수 등에 의해 알려지고 있다.

1980년 1월 5일

열이에게 애인이 생겼다고 한다. 반가운 소식이다. 봉급 타면 그대로 바치더니 돈도 쓸 줄 알고 요새는 좀 축내고 내놓는다. 기쁜 일이다. 인간으로서 당연히 해야 할 일을 하는 것 같다.

1980년 1월 13일 일요일

아침 일찍 성당에 간다. 오늘은 신년 들어 처음 바치는 남편의 연미사다. 어둠 속을 헤치며 빙판길을 더듬어 세찬 바람을 맞으며 남편의 평안함을 기도하러 가는 것이다. 주여, 이 세상에서 고생만 하던 남편에게 영원한 복락을 주소서, 당신 품에 들게 하옵소서.

평생 엄마를 고생시키며 애만 먹였던 아버지. 그럼에도 엄마는 아버지를 속 깊이 미워했던 건 아닌가 보다. 사람은 고운 정만으로 사는 게 아니라더니 지지고 볶으며 사는 동안 미운 정과 고운 정이 다 들었던 걸까. 어느 날의 일기엔 외할머니께서, 막내딸이 평생 고생하는 걸 보며 내 딸이 이리 고생할 줄 알았다면 뱃속에 있을 때 지웠을 거라 한탄하셨다는 사연이 담겨 있었다. 엄마의 고생이 어지간만 했어도 할머니는 고생 끝에 낙이 온다는 옛말을 들어가며 막내딸을 위로했을 것이다.

그랬던 지아비를 위해 바람 부는 새벽의 빙판길을 걸어 성당에 가서 남편이 세상에서 고생만 하다 갔다며 하느님 품의 안식을 기도하고 있다. 미우나 고우나 남편이었고 세 자녀를 있게 한 아버지였으니.

아버지의 마지막 유언이 "당신은 위대한 여자야. 꾸준한 마음으로 나를 이렇게 예수님께 인도했으니."였고 보면 그래도 해피엔딩이다.

1980년 2월 3일

주일날이다. 날마다 눈을 뜨면 주님께 마음과 뜻을 맡깁니다. 라는 구호 아래 현관에 놓여 있는 아들 구두를 닦으며 하느님이시어, 오늘도 이 구두를 바른 길로 인도하소서, 하며 십자가를 긋는다.

묵주를 들면 이 나라의 평안을 빌며 제일 버림받은 사람들을 위해 기도한다. 다음에는 아들의 건강과 행복을 빌고 다음에는 두 딸과 사위를 생각한다. 이게 그날 내 중요한 기도생활이다.

연일 영하 15.6도의 한파 속에서 떨고 있다.

1980년 2월 4일

남편과 사별한지 11개월이 지났다. 아무 생각 없이 아들이 갖다 주는 봉급으로 생활해 왔다. 허나 날마다 치솟는 물가고에 짜지 않고는 살 수 없는 현실이다. 앞으로 며느리를 보면 내 생활은 끝나고 이 눈치 저 눈치 보며 살아야 하는 처량한 신세가 될 것 같다. 친구들로부터 많이 듣고 배운 현실이 그것이다. 며느리가 들어오면 살림을 내맡겨야 하는데 그러면 나는 무엇을 하고 살아야 하나. 몸은 늙고 마음만 살아 있다. 나에게 돈이 있다면 한적한 시골에다 공소를 짓고 은퇴 수녀님들과 불쌍한 사람들을 위해 여생을 보내고 싶다. 기도 속에 그려지는 성모님을 생각하면서.

이어지는 일기를 모두 생략하고 2015년 6월로 건너뛰려고 한다.

2015년 6월 15일

메르스 전염병이 좀체 숙어지지 않는다. 이번 주가 고비라는 정부 말도 못 믿겠고 나는 매일 텔레비전 뉴스에 귀를 기울이고 산다. 나 자신은 죽어도 괜찮지만 가족에게 전염되는 게 무섭다. 그 병에 걸리면 노약자는 못 산다고 하더니 요새는 4, 50대들도 죽었다고 한다. 그래서 시장 가는 것도 겁이 난다.

어제는 오랜만에 아들이 왔다. 어제 연락을 받고 나는 집안을 뒤져 마늘장아찌와 4년 전에 담근 인삼주와 매실액 등을 내어 놓고 아들 오면 주려고 준비하였다. 집 정리도 할 겸 뒤져 내놓고 오늘 아들에게 가져가라고 했다. 내년에 또 만든다는 기약이 없어서 있는 것은 다 주고 싶다. 며칠 전에 담근 배추김치도 두 쪽 싸 보냈다.

빨리 메르스 전염병이 사라져서 사람들이 기 펴고 살았으면 한다.

2015년 6월 22일

날씨가 너무 가물어서 걱정이다. 들에 농경지가 말라서 모 심어 놓은 게 바짝 말라 농촌에서는 기우제도 지낸다. 식수도 말라 소방차로 물을 실어 나른다. 메르스는 좀체 줄어들지 않는다. 나도 요즘 기침이 심해서 성당에 3주나 빠졌다. 내가 평소 기침 재채기가 심해서 성당 가면 옆 사람에게 분심 줄까봐 못 간다.

눈만 뜨면 몇 사람이 전염되고 또 몇 사람이 죽었다고 한다. 그 병에 걸리면 열이 나고 기침 나고 설사하며 구토도 하고 목에서 가래침도 나온다고 한다. 독감과 비슷하다. 열대지방에서 많이 생긴다고 하며 사우디아라비아에서 처음 발병됐다고 한다. 몇 년 전에는 사스라는 병이 와서 성당에서 미사 중에 평화를 빌며 악수하는 인사도 금지했던 기억이 난다. 온 세상 사람들이 이 나라

저 나라 왕래하며 관광도 가니 어느 나라에서 발병이 된 건지도 모른다. 이름도 모르는 전염병이 온 세계를 불안하게 한다. 오늘도 메마른 하늘을 바라보며 비를 청한다.

1962년 1월 1일부터 쓰기 시작한 엄마의 일기는 2015년 6월 22일로 끝났다. 때론 매일같이 쓰기도 하고 때론 며칠씩 몇 달씩 건너기도 하면서 53년간 일기를 쓰셨다. 일기의 마지막은 메르스 사태에 대한 소회다.

한데 데자뷰인가. 우린 지금 코로나 19와 싸우는 중이다. 경제가 흔들리고 소상공인과 자영업자들은 늪에서 허우적이고 있다. 그럼에도 삶은 지속해야 하고 앞으로 나가야만 한다. 때론 팽개치고 싶을 만큼 난감한 인생임에도 기어이 살아야만 하는 까닭은 각자가 살아내고 풀어가며 터득해야 할 과제 이리라.

인간 삶이 확장되고 위대해지는 건 충족함이 가져다준 산물이 아니라 결핍의 반작용일 때가 많았다. 완전하지 않기에 인간은 완전을 소망하며 나아가는 것일 테다.

종교마다 표현의 양상은 달리해도 결국 인간이 사는 이유는 자신을 초월해 우리의 본향인 우주 의식이나 신과 하나 되기 위함이라 하지 않는가. 그것이 우리의 궁극적 목표라고 하지 않는가. 삶의 여정에서 우리가 벌이는 온갖 몸부림 또한 궁극의 완전성을 향해 나아가는 날갯짓 일지 모른다.

에필로그

매직 아워

아듀, 담배학생

핑크 로즈를 추억함

훈장

에필로그

    2021년 새해 한파는 유난히 매서웠다. 서울의 아침 기온이 연일 영하 15도를 맴돌다 영하 19도 가까이 내려갔던 날엔 절로 옛 기억이 떠올랐다. 오버코트가 없어 동복만 달랑 입고 학교 다니던 일들이, 겨울 바지라곤 한 벌 밖에 없어 빨래하는 날이면 내복 바람으로 방안 구석에 있어야 했던 유순하고 천진한 내 동생의 눈빛이. 지난날 그 맵찬 추위를 견뎌야 했던 건 우리만의 일은 아니었다. 궁핍했던 일반 서민들의 풍경이었다.
    그 기억을 더듬으며 딱 그만큼의 옷을 입고 아파트 밖으로 나가봤다가 진저리를 치면서 도로 집안으로 기어들어와야만 했다. 아무리 청춘이었다지만 그 추위를 어떻게 견뎠을까 싶었다.
    〈작가의 말〉에서 밝혔듯, 삶이란 일개인이 살아온 것을 너머 현재 그 사람이 기억하고 있는 것이며, 그 기억을 어떻게 해석하느냐의 문제이기도 하다.

나는 엄마의 일기 덕분에, 다 잊고 있던 옛 시절의 서사를 떠올리며 하느님께 기도를 올렸다. 지난날의 가난은 가혹했지만 그래도 그 어둔 터널을 통과하게 해주신 걸 감사드린다고, 그 덕에 내가 이나마 사람의 온기를 지니게 됐는지 모르겠다고. 사는 동안 어떤 처지에서나 가난한 자의 몫을 떼놓으려 노력했음은 그들의 슬픔을 아는 때문이라고.

병상의 엄마는 해 바뀌어 96세다. 산 넘어 산, 강 건너 강이라는 인생을 살아내는 동안 피와 살은 날아가고 뼈에 가죽만 입고 계시다. 평생을 진 빠지게 살아오며 피땀 흘린 엄마 모습이 이런 잔상으로 끝난다는 게 못내 가슴 시려서 나는 이 간추린 기록을 통해 엄마를 오래도록 기억하려 한다. 하지만 이렇게 고생하며 가정과 자식을 보살핀 엄마가 비단 우리 엄마뿐이겠는가. 하느님은 이 지구상 모든 이에게 각자의 수호천사 한 분을 보내 주셨는데 바로 세상의 어머니들이라 하지 않는가. 정도의 차이는 있어도 세상 모든 어머니는 신의 사랑에 가장 가까운 모성이란 공통분모를 품고 있기에 모든 모성은 아름답고 위대하다.

우리 형제들은 아버지와 함께 한 세월보다 어머니와 보내온 세월이 길었다. 그것도 현저히 길었다. 그래서일까. 내 작품에도 어머니가 많이 등장한다. 그중 내 수필집 〈떠난 그대 서랍을 열고〉에 실었던 졸저 몇 편과 어머니를 소재로 한 작품을 소개하는 것으로 엄마의 일기를 맺는다.

매직 아워

내 집의 자랑거리가 있다면 서창(西窓), 정확히는 그것이 보여주는 풍경이다. 확 트인 13층 창밖으로 펼쳐지는 중랑천과 동부간선도로, 그 너머의 아파트 숲들과 또 그 너머의 북한산과 도봉산의 힘찬 능선들. 나는 이들이 시시각각 연출하는 장면을 즐겨 바라본다. 특히 해질녘 분위기를 좋아한다. 촬영 시 쓰이는 용어로 '매직 아워(magic hour)'라는 말이 있지만 일몰 전후로 전개되는 풍경에서, 하루가 저물어가는 시간이 주는 쓸쓸함에서 나는 되레 안도를 느낀다. 이맘때 곧잘 스마트폰 카메라를 작동시키는 것도 그런 느낌을 담기 위해서일 것이다. 이윽고 사위에 땅거미가 드리우면 낮 동안 잠들어 있던 불빛들이 깨어난다. 비로소 하루의 수고가 마감되며 내 심신은 안정권에 접어든다. 머잖아 모든 걸 검은 망토로 휘감아버리는 밤의 여신이 강림할 시간이 다가올 것이다.

인생의 해질녘을 넘어서 살고 계신 친정어머니가 곧잘 하시는 말씀이 있다.

얘, 잘 봐라. 아파트 벤치에 혼자 앉아 있는 노인들을 보면 다 나 같은 늙은이들이야. 내 나이 되면 아무도 오라 하지 않고 받아주지도 않지. 그나마 사지육신 놀릴 수 있는 사람은 끼어들지만 노인대학도 나 같은 사람들은 오지 말라더라. 그러니 늙은이들은 어딜 가서 낄 것이며 누가 날 상대해 주겠냐? 밥을 보면 짜증부터 치밀어. 저걸 입으로 쳐 넣어야 또 하루를 살아낼 텐데, 목구녕에선 받아주질 않으니 어거지로 목구녕에 쑤셔 넣는다.

내 어머니만의 얘기는 아닐 것 같다. 생로병사라는 삶의 과정 중에서 병(病)이라는 시기를 보내고 있는 사람이라면 누구라도 느낄 법한 심리적 우울이다. 어머니의 어쩔 수 없는 하소연이란 걸 알면서도 나는 그런 얘기들이 듣기 민망해 간혹 대거리를 하게 된다. 엄마, 엄마한테 사과하세요. 엄만 왜 우리 엄마에게 막말을 하세요?

볼멘 딸의 언성이 채 끝나기 무섭게 어머니의 성마른 역습이 여름날 소나기 퍼붓듯 쏟아진다. 넌 몰라. 아직 몰라. 너도 내 나이 돼 봐. 우리 어머니 생각이 절로 난다. 할머니가 자리보존하고 누워 계실 때 하도 음식을 못 잡수시니까 이모가 안타까워 억지로라도 드시라 했더니, '이년, 터진 입이라고 말 한번 쉽게 하누나. 안 들어가는 걸 어찌 먹으라고? 그래, 어디 한번 니 에미 입에 밥 한 술 퍼붓고 절구공이로 콕콕 쑤셔 넣어봐라' 하셨지. 그때 나는 할머니가 왜 저러시나 싶었다. 살아보니 이젠 너무도 절절히 이해가 되는구나.

거지가 찾아오면 언제나 밥상에 먹을 것을 차려 대접했다는 반듯하신 우리 외할머니가 그런 말씀을 하셨다는 것이다. 세월 따라 변하는 건 사람의 외모뿐이 아니란 사실에 나는 움찔한다. 씁쓸한 일이나 가장 가까운 관찰 대상자인 친정어머니는 나의 반면

교사다. 부쩍 잦아진 거친 언어로 기억에 남아 있던 어머니의 많은 공(功)이 내 안에서 사금파리처럼 흩어진다. 동시에 어머니가 하셨던 지청구를 되새김하게 된다. 넌 몰라. 아직 몰라. 너도 엄마 나이가 돼 보라고. 엄마도 할머니가 왜 그러시나 했다잖아.

어느덧 내 인생도 해실녘을 향해 기울어가고 있다. 노령이 될수록 사람은 감동이 적어진다는데 고맙게도 아직 내 삶 안의 감탄사는 잦아들지 않은 것 같다. 수많은 사물을 향한 호기심이 비교적 건재하고 삶과 인간에 대한 탐구심도 여전하다. 글을 쓰는 이유도 여기에 있을 터. 나는 지금도 놀라고 감동하는 게 많아서 이 작업을 놓지 못한다. 젊음은 흘러갔어도 퇴락해가는 자신을 수선해가며 살아갈 힘은 남아 있는 듯하니 재창조하는 마음으로 황혼기를 누리고 싶다.

한데 이에 대한 실현의 기회는 무리들로부터 떨어져 나올 때만이 가능해진다. 우리 어머니가 그토록 떨쳐내려 했던 외로움을 나는 감히 반려로 삼고자 하는 이유도 여기에 있다. 자신으로부터 떠나간 것들에 눈길 돌리지 않는 매몰참 없이는 인간은 어쩔 수 없이 자기 연민에나 빠져들고 말 것이다. 하여 언제고 내 어머니 같은 심정이 나를 휘청거리게 할 날이 찾아온다 해도 나는 컴퓨터 앞 자신만의 오지에서 그 상황을 그림 그리듯 적어나갈 수 있기를 희망한다. 60세 이후로 반신불수가 되어 걸을 수도 없었고 손도 경직되어 있었지만 그럼에도 78세로 죽을 때까지 계속 그림

작업을 했다는 화가 르느아르처럼.

  지금은 내 삶의 매직 아워. 여명기나 황혼 무렵엔 햇살의 양이 적절하여 부드럽고 아름다운 영상을 찍을 수 있다고 한다. 마침내 집 서창 너머 북한산엔 해가 삼분의 일 남짓 걸려 있는 중이다. 오늘따라 노을이 붉다. 길지 않은 향수(享受)의 시간, 이 순간을 깊고 짙게 누려야 한다는 긴장이 지금 나를 팽팽하게 당기고 있다.

아듀, 담배학생

  하룻밤 새 우리 가게 맞은편에 담배 가게가 들어섰다. 인도를 점거한 그 가게는 비 온 뒤 맨땅에 불쑥 솟은 버섯만큼이나 난데없었다. 나는 작은 직육면체 안의 남자를 요리조리 뜯어보았다. 빡빡머리에 얼굴 가득한 여드름 때문인가 낯빛은 붉고 구저분해 보이지만 반듯하고 선량한 인상임엔 틀림없었다.

  난쟁이 집 같은 점포 안이 어찌나 궁금하던지 나는 점차 그를 향해 반경을 좁혀나갔다. 가게를 중심으로 반원을 그리며 처음엔 홀끔 바라보기만 했다. 다음엔 눈을 맞추고 조금 더 진도를 내다가 마침내 그의 점포 안으로까지 진입했다. 나는 초등학교 3학년이었고 아버지는 명동에서 전화 상회를 하고 엄마는 남산동 대로변의 상가에서 잡화상을 하던 때였다. 요즘으로 치면 동네의 작은 슈퍼마켓이라 우리 가게엔 만물상처럼 많은 물건들이 쟁여져 있었다.

그와 안면을 튼 뒤 우리 가족은 그를 '담배학생'이라고 불렀다. 그는 시골에서 상경하여 남의 점포 담배를 팔아주고 오후가 되면 야간 고등학교로 갔다. 우리 가게와 서로 마주 보고 있어서 어머니는 하루에 담배가 얼마나 팔려나가는지, 그가 언제 학교로 가는지 손바닥처럼 꿰고 있었다.

나는 가끔씩 가게의 과자나 사탕을 훔쳐다 그에게 건네며 옛날얘기를 해달라고 졸랐다. 어머니는 고학생인 그를 가엾게 여겨 종종 따뜻한 밥을 대접하고 더운물을 끓여주기도 했다. 형제 많은 집안의 장남이었던 그는 삶을 비관해 몇 번인가 한강 다리를 배회하기도 했고 돈이 없을 땐 피를 팔아 학비에 보탠 적도 있다고 했다. 어머니는 그가 세상을 비관해 위험한 생각을 품을까 그에게 종교를 가져보라고 권면하였다. 그 영향으로 담배학생은 어머니가 다니던 명동성당에서 영세를 받았다. 대부(代父)는 경제력이 든든하고 인품도 훌륭한 동네 어른으로 정해주었기에 그는 그 댁에서 입주 가정교사를 하며 대학시절을 보냈다. 촘촘하던 여드름도 자취를 감추어 날로 미끈한 서울 청년으로 탈바꿈 되어갔다.

세월은 흘렀고 우리 집은 가세가 기울어 남산동을 떠났다. 담배학생은 두어 번 우리가 살던 정릉 골짜기를 찾아왔다. 그에게선 예전의 궁기는 찾아볼 수 없었다. 그는 가장 어려울 때 자신을 돌봐준 평생의 은인인 어머니의 은혜를 절대 잊지 않을 거라고 호언했다. 나는 그를 여전히 담배학생이라 불렀다. 오빠 없이 자라선지 혈연도 아닌 그에게 오빠라는 말이 선뜻 나오지 않았고 그도 그 호칭을 싫어하지 않는다고 생각했다.

대학을 졸업하고 그는 꽤 안정적인 직장에 입사했다. 하지만 그쪽 형편이 펴갈수록 우리 집은 쪼그라들었고 그의 발길도 뜸해만 갔다. 이따금 풍문을 통해 그의 소식이 흘러들었다. 결혼까지 했다는데 배우자는 의사 집안의 딸이라고 했다. 어머니는 고생 끝에 낙이 왔다며 진심으로 기뻐해 주었다.

십오륙 년 전쯤의 어느 날이다. 하루는 어머니가 소식 끊겼던 담배학생과 연락이 닿았다는 소식을 전하셨다. 신문에서 그가 쓴 저서 광고를 보게 됐는데 현재 모 대학 교수를 하고 있어 학교에 연락해 통화를 할 수 있었다는 거였다. 어머니는 전화 목소리에 반가워 가슴이 뛰었건만 정작 그는 어물쩍거리며 전화를 받더란다. 내가 어머니께 한마디 했다.

"엄마가 이해하세요. 우리 식구들을 보면 비참했던 그 시절이 상기되어 그랬을 거예요."

어머니는, 이래서 검은 머리 짐승은 구제하지 말라던 옛 속담이 있는 거라고 몹시 서운해하셨다. 이후 그는 우리 관심사에서 하얗게 지워졌다.

지하철 4호선 명동역 1번 출구 부근이 당시 내가 살던 동네이다. 어쩌다 볼일로 명동역을 이용할 때면 나는 더러 그 언저리를 둘러보곤 한다. 나의 모교인 남산초등학교는 아직 그 자리에 있고 학교 입구 피부비뇨기과 의원이 있던 자리엔 오래전에 호텔이 들어섰다. 우리 가게 오른쪽 옆엔 정신 병원이 있고, 왼쪽으로 골목을 가로질러 건너면 한국전력 건물과 '구명당 한의원'이 나란히, 그 맞은편엔 수도여자 사범대학이 있었다. 나는 허구한 날 가게 안의 각종 간식거리를 야금야금 훔쳐(?) 먹으며 동네를 돌아다녔고 이러다 나 때문에 우리 가게가 망하는 것 아닌가 은근히 불안해하기도 했다.

며칠 전 친구와 약속이 있어 명동역을 찾았다가 그 주변을 다시 둘러보았다. 우리 가게가 있던 건물과 그 뒤로 구불구불 좁게 이어지던 골목길이 여전한 걸 보는 순간 탄성이 절로 나왔다. 인걸은 간 데 없어도 골목은 옛 그대로 실개천 마냥 흐르고 있었다. 발길을 옮겨 담배 점포가 있던 그 지점에도 가봤다. 인도는 내 기억 속의 그것보다 좁아 보였고 쌩쌩 차가 달리던 대로 또한 영 시시해 보였다. 어쩌면 담배학생도 이 길을 몇 번쯤은 지나쳤을지 모른다. 그럴 때면 눈물 밥 먹어대며 담배를 팔던 그 시절이 회상되며 내 어머니 생각도 스쳤으리라. 허구한 날 옛날 얘기 해달라고 조르던 가겟집 둘째 딸에 대한 기억도 아주 조금은.

그 날 나는 어머니께 전화를 걸어 담배학생 이야기를 늘어놓았다. 뜬금없는 내 얘기에 어머니는 갑자기 웬 담배학생 얘기냐고 했다.

"정말 속물이 따로 없어! 엄마가 옛날에 담배학생 학교에 전화했을 때 그 인간이 엄마를 서운하게 했었다면서요? 그 생각 하니 새삼 괘씸해서요."

나는 일부러 담배학생에 대한 실망을 강하게 드러내었다. 십오륙 년 전 그날, 어머니의 감정을 받아주지 않고 담배학생부터 변호했던 게 시행착오처럼 여겨졌다. 일단은 그 때 어머니의 씁쓸한 마음부터 보듬어드려야 했다. 한데 웬일로 어머니는 그 때와는 정 반대의 반응을 보이셨다.

"그 시절이 얼마나 힘들고 어려웠으면 그랬겠니?"

세월만 한 약이 없다더니 어머니는 서운함을 다 잊으신 것 같았다. 다행한 일이었다. 한편 나는 우리가 무심코 부르던 '담배학생'이란 호칭이 그에겐 피멍 들도록 아픈 말이었을 수도 있었겠단 자각이 뒤늦게야 들었다. 인간에 대한 이해란 이리 더디 올 때도 있는가. 이젠 그를 놓아줄 때가 된 것 같다. 아듀, 담배학생.

핑크 로즈를 추억함

고등학교 시절 얘기다. 이삿날에 하필 장대비가 난타했다. 비에 젖은 살림 보따리 속엔 다음 날 내가 입고 가야 할 교복이며 교과서들도 있었다. 그 당시엔 이삿날 비가 오면 별 도리 없이 물에 빠진 생쥐 꼴이 되었다. 이제껏 서울특별시 중구를 벗어나 본 적이 없던 우리가 언젠가부터 변두리로 밀려나더니 이번엔 더 먼 변두리로 내몰리고 만 것이다. 이사 며칠 전, 나는 아버지께 우리가 갈 집이 어떤 집이냐고 여쭌 적이 있었다. 아버지의 대답은 간결했다.

"그래도 거긴 우리 집이고 마당도 있다."

'그래도'가 걸렸지만 그래도 일단은 안도했다. 마당이 있다면 꽃밭은 만들 수 있겠지. 이참에 나는 화사한 장미로 화단을 일궈 변두리 삶의 주눅을 상쇄해볼 생각이었다.

차는 비포장 된 양평동의 낯선 공장 지대를 털털거리며 지나가더니 어느 둑 밑으로 진입했다. 길 왼쪽으론 제법 높이가 되는 기다란 둑이 끝도 안 보이게 이어지고, 오른쪽으론 칙칙한 슬레이트 지붕과 천막집들이 촘촘했다. 이제껏 보지 못했던 낯설고 구저분한 풍경에 내 가슴은 지레 주저앉았다.

드디어 차가 한 지점에서 멈추어 섰다. 어느새 비도 다소곳이 잦아들었다. 동네 가옥들은 담장도 없이 어디가 내 집 경계고 남의 마당인지 알 수 없게 분방하게 박혀있었다. 우리 집은 기와도 슬레이트 지붕도 아닌 난쟁이 같은 초가에다 부엌을 가운데로 하여 양쪽으로 나란히 안방과 작은 방이 딸린 지극히 단순한 구조였다.

방으로 들어서자 천정 여기저기에 얼룩진 쥐 오줌 자국이 보였다. 천정 모퉁이에선 벽지가 쳐져 내린 채 간장 빛의 초가 썩은 물이 떨어지고 있었다. 그래도 방이라고 우선은 비에 젖은 가재도구를 닦아 안으로 들이는 게 시급했다. 축축한 방 안으로 젖은 짐들이 건성건성 들어찼다. 엄마는 잿빛 하늘보다 더 어두운 얼굴로 다라(양푼)를 있는 대로 늘어놓고 비에 젖은 옷들을 헹구기 시작했다. 엄마의 얼굴을 점령한 기미 자국은 하늘의 먹구름보다도 짙고 깊어 보였다. 물을 쓰려는데 수도가 없어 마당 한 복판의 펌프 물을 길어야 했다. 펌프는 굵은 물줄기를 시원하게 토해냈지만 받아 낸 물에선 쇳내와 함께 내용 모를 기름기가 무지개 색을 분광하며 리드미컬한 춤을 추었다. 알고 보니 동네 사람들은 저마다 밑동에 작은 구멍을 낸 큼직한 항아리를 마련해 놓고 그 안에 자갈, 숯, 모래 등을 넣어 물을 걸러 사용하고 있었다.

가족들이 잠시 허리를 펴는 사이 나는 혼자 둑으로 향했다. 30도 남짓하게 경사진 둑엔 온통 잡초와 풀꽃들이 어우러져 있었다. 그 너머엔 넓은 들이 펼쳐져 있을 거란 기대감이 일었다. 하지만 둑 너머에서 정작 나를 기다리고 있는 건 콜타르 빛깔로 흐르는 시커먼 샛강 줄기였다. 샛강을 끼고 밭이랑이 보이고, 저 멀리 직립한 공장들 굴뚝에선 구름처럼 희고 풍성한 연기가 하늘로 뿜어지고 있었다. 어디 선가 바람이 불어왔다. 바람은 죽음 같은 샛강이 토해내는 오폐수의 악취와 밭에 부어진 역한 분뇨 냄새를 나를 향해 풀어놓곤 사라졌다. 해태제과 공장에서 풍겨 나오는 바닐라 향기도 은근슬쩍 내 후각을 파고들었다. 그 불협한 냄새들이 그 동네의 체취이자 현실임을 알아챈 순간 나는 실망으로 다리가 다 휘청거리는 것 같았다.

집으로 돌아가려 몸을 돌렸던 그때, 그것이 내 눈에 들어 왔다. 다 낡아빠진 초가집 마당에 생뚱맞게 피어 있는 장미 한 그루, 너저분히 널려 있는 이삿짐 너머의 핑크 로즈 한 송이! 그 때만 해도 장미는 그리 흔치 않았다. 초가엔 채송화나 백일홍 같은 수더분한 꽃이 제격인지라 장미의 출현을 놓고 나는 잠시 혼란에 빠졌다. 가히 피격이었다. 내보라하는 명문 학교에 다니는 내가 이런 '하꼬방' 동네로 흘러든 것도, 이런 집 마당에 피어 있는 핑크 로즈도 불합하게 느껴졌다. 그 무렵 나는 밑바닥까지 추락한 집안 형편을 견디지 못한 나머지 자신을 지구별로 귀양 온 지체 높았던 선녀쯤으로 자위하며 살았는데, 장미를 보는 순간 장미 또한 이곳으로 귀양 온 것 같았다. 내가 장미고 장미가 나였다. 여하 간에 그 장미를 바라보는 순간만은 내 인생이 장밋빛일 수 있었고 우리 집 마당은 장미 정원으로 승격할 수 있었다.

며칠 뒤, 남루한 행색의 웬 젊은이가 삽자루를 메고 우리 집을 찾아왔다. 그는 다짜고짜 장미 나무를 파내기 시작했다. 백주의 무법자는 아버지와 나의 제지에도 멈추지 않고 되레 큰 소리를 쳤다.

"이 집은 우리 아버지 집이었지만 장미를 심은 건 접니다. 제가 이 장미의 주인이라고요."

아버지는 사전에 아무 얘기 없었다며 만류했지만 무뢰한은 아버지를 향해 결정적 일격을 한 방 더 날렸다.

"저는요, 여자 없인 살아도 이 장미 없인 못 살아요."

이 절창의 한마디, 아버지와 나는 그만 전의를 잃었고 장미는 도리 없이 웬 남자의 품으로 돌아갔다. 장미가 있던 자리엔 이내 폭격이라도 맞은 듯 움푹한 구덩이가 생겨났다. 내 가슴에도 그 만큼의 구덩이가 들어앉았다. 장미를 좋아할 사람은 따로 있기라도 한 것처럼 나는 그 남자의 꼴같잖은 장미 사랑을 오래도록 가증스러워 했다. 사라진 장미는 그 집에 대한 내 위안과 환상의 근거를 사그리 거두어 갔다. 밤이면 천정에서 쥐들이 찍찍거렸고, 이웃에선 낮밤으로 아이들 쥐어 패는 소리와 쌈박질 소리가 들려왔다. 아낙들은 남의 파를 왜 뽑아 먹느냐, 그릇은 왜 훔쳐갔느냐 으르렁대다가 결국엔 서로의 머리채를 휘어잡았다. 우리 마당엔 화초밭 대신 닭장이 들어섰고, 그깟 배도 안 부른 꽃밭을 희생한 덕에 날마다 유정란을 먹을 수 있었다. 아버지는 초가를 부수고 새 집을 들어앉혔고 나는 개와 함께 인근 한강변 산책을 즐겼다. 들판에서 야성을 단련한 우리 집 고양이는 날마다 쥐새끼를 볼이 메도록 잡아 물고는 호랑이 인양 기세등등하게 들어왔다.

대학생, 고등학생, 중학생을 둔 우리 집과는 달리 그 동네엔 학생이라곤 눈에 띄지 않았다. 동네의 청소년이라곤 코흘리개들이거나 일찌감치 생활 전선에 나선 공장직공이거나 그도 아니면 무위도식하며 불량기나 풍기는 애들이 주류였다. 우리는 동네 사람들의 관심 대상이 되었기에 집에 들고 날 때마다 선망을 담은 눈빛들이 내 살이라도 뚫어낼 듯 파고들었다. 그 눈빛이 부담되어 나는 늘 고개를 푹 숙이곤 쏜살처럼 걸었다. 하학 길 해 저물녘이면 휘파람 소리와 함께 어김없이 작은 돌멩이가 날아들었다. 돌멩이는 늘 내 종아리를 정확히 겨냥했기에 허구한 날 걸어도 그 길은 도무지 끝이 나지 않을 것처럼 아득하게만 여겨졌다.

그 동네를 떠난 뒤, 핑크빛 장미만 보면 나는 그 시절이 절로 떠오르곤 하였다. 장미를 파내갔던 총각도 그림자처럼 따라왔다. 그 당시엔 그의 치졸한 행동을 용납할 수 없었다. 하지만 이제는 그와 내가 닮은꼴이었음을 인정한다. 우린 다 같이 암울했던 삶의 행간에서 분홍 장미 한 그루에 마음 어르고 달래었던 시린 청춘들이었음을.

훈장

무릎을 꿇은 채 어머니는 방바닥에 엎디어 계셨다. 동그마니 솟은 등이 영락없이 거북등 같다. 구십을 목전에 둔 육신은 세월에 삭아져 고작 초등학교 3학년쯤 돼 보인다. 인기척을 내어도 어머니는 절 올리는 사람처럼 두 무릎을 바닥에 꿇고 계실 뿐이다. 방바닥에 널린 낡은 노트들을 훑으며 내가 물었다.

"엄마, 저 왔어요. 지금 뭐 하시는 거예요?"

그제야 어머닌 "왔냐?" 하더니, "너무너무 슬프다. 내가 친척들한테 가슴 아픈 일을 무진히도 겪어냈더라." 하셨다. 방바닥의 노트들은 어머니가 오십 년 넘도록 써온 일기장이라는 걸 알 수 있었다. 읽어봐야 신산하고 가슴 저릴 기록들, 이제는 다 잊혀 진 칙칙한 옛 사연들, 새삼 왜 들추며 심란해하시나 싶어, 다 지난 걸 뭐 하러 보느냐고 나는 짐짓 심드렁하게 대꾸했다.

"그야말로 산전수전이더구나. 다시 살라 하면 나는 절대 못 산다. 그래서 '너 참 애썼다'고 노트 맨 뒷장에 한 마디 썼다."

얄팍한 회색빛 대학 노트들은 그간의 세월을 말해주듯 빛 바라고 모서리가 닳아져 노모의 육신처럼 초라해 보였다. 어떤 것은 노트랄 것도 없이 달력 뒷장을 이용해 겉표지를 만들고 백지나 남아도는 노트를 뜯어 이불 꿰매는 실로 묶어 만든 일기장이다. 그렇게 해서라도 어머니가 토해내고 싶었던 사연은 뭐였을까. 지난 날 나는, 지성으로 써나가는 어머니의 일기가 궁금해서 몇 번 훔쳐본 적이 있었다. 나만 본 건 아니었을지 모른다. 그래선지 어머니는 일기장에 간간이 '남의 일기를 보는 사람은 도둑'이라는 식의 경고문을 써놓기도 했다. 일기문은 거의가 소리 나는 대로 적어 놓은 거라 더 애잔하게 와닿았다. 1960년대의 어느 날인가는 '엇쩌구젓쩌구 하지만 배곱푼 서룸이 이 세상에서 제일 큰 것이라고 나는 믿는다'로 시작되는 일기도 있었다.

어머니는 젖은 눈매를 손등으로 훔치며 노트를 정리하더니 문갑 안에 넣고 열쇠로 잠갔다. 그런 다음 벌써 수십 번도 더 들었던 소외감을 토로하셨다. 요약하면 늙으니 몸이 아프고 외롭다는 내용이다. 이어서 이웃 할머니의 사연을 들려주신다.

"옆 동에 사는 노인네는 나보다 두 살 아래야. 아들 하나는 목

사라나. 근데 영감 세상 뜨고 나서 목사 아들이 상의도 없이 그 할멈 아파트를 담보로 일억을 빼내갔댄다. 어쩌면 한마디 상의도 없이 몰래 그런 일을 저지른단 말이냐. 살아오는 동안 도둑질 빼놓곤 안 해본 일이 없다더라. 공사장에서 벽돌이랑 자갈도 나르고 해서 온몸이 흉투성이래. 그 노인네는 말이다. 통화료 아깝다고 나한테 전화도 잘 안 해. 그러면서도 내가 전화하면 아주 고마워하며 자기 넋두리를 길게 늘어놓곤 하지. 며칠 전엔 내가 놀이터 옆 벤치에 혼자 앉아 있는데, 그 할멈이 곁으로 오더라고. 날이 푹푹 찌는데도 긴 팔 옷을 입었기에 내가 덥지 않느냐 물었더니 팔뚝이 온통 상처투성이라 남부끄러워 내놓질 못한다는 거야. 그래서 내가 말했지. 부끄러워 말라고. 그건 상처가 아니라 가족들 멕여 살리느라 겪어낸 훈장이라고."

훈장, 어머닌 훈장이라 했다. 어쩌면 아까 어머니가 노트 장 뒤에 썼다는 자신에 대한 헌사 역시도 당신 스스로에게 내린 훈장일 거란 생각이 들었다. 삶의 모습은 사람들의 머릿수만큼이나 다양해도 요약하면 인간관계와 금전의 문제로 귀결되는 것 같다. 이 두 가지가 인생을 울리고 웃긴다.

얘기를 한참 들어드리고 난 뒤 어머니와 장을 보러 나섰다. 그리 먼 거리가 아님에도 장을 보려면 어머닌 지팡이를 짚고도 세 번은 쉬어 가야 한다. 보조를 맞추느라 쉬는 자리마다 나도 걸음을 멈춘다. 횡단보도 가까이 있는 마지막 쉼터 벤치에 앉았을 때였다.

"저기 저 전봇대 옆 할머니 보이지? 나는 저 할망구한테 야채를 자주 사는데, 아들이 불량배라 툭하면 찾아와서 돈을 뜯어간단다. 돈을 안주면 행패를 부려서 할 수 없이 뜯기고 산대요. 어떤 땐 좀 비싸게 판다 싶어 내가 딴 데서 사 오면, 저 늙은이가 자기 것 안사고 어디서 뭘 사 왔나 하는 얼굴로 내 손에 들린 걸 한 번 흘끗 보곤 하지. 그런 날은 내가 말을 걸어도 부루퉁해져갖고는 본체만체할 때도 있어."

어머니는 지팡이를 짚고 먼저 일어나 그쪽을 향해 걸어갔다. 나는 거리를 두고 두 노인을 지켜봤다. 어머닌 근대 단을 손에 쥐곤 할머니와 뭔가를 얘기하며 웃는다. 뒤이어 연둣빛 애호박도 두어 개 고른다. 인생의 마지막 고지를 가고 있는 등 굽은 저들은 삶의 백전노장들일 터, 그들이 살아냈을 평생의 파노라마가 상상으로 눈앞에 어른거렸다. 산다는 건 괴물의 잔등에다 꽃을 피우라는 임무를 부여받는 게 아니겠는지. 저마다의 보따리를 풀어놓으면 그들은 모두가 아홉 대가리 괴물 히드라를 쳐 죽여야 했던 영웅 헤라클레스의 작은 분신들일 것이다.

난전 할머니의 구리 빛 얼굴에 팬 주름이 햇살로 더욱 깊어 보인다. 검은 머리 파뿌리가 되도록 길바닥 장사를 하고 있는 저 어미의 등골을 빼어먹는 아들놈은 대체 어떤 괴물인가. 문득 삶에 대한 울컥함으로 나는 하늘을 바라봤다. 내가 신이라면 진 빠지게 세상살이 마치고 온 목숨들에게 우선은 훈장부터 안겨 줄 것이다. 잘잘못과 흉허물을 셈하기 전에, 예수 파냐 부처 파냐 따지기 전에, 한 생을 사느라고 핍진했을 영혼들을 보듬어 주겠다. 금상이나 은상이 아니면 어떠하랴. 이도 저도 받을 것 없는 구차한 중생이라면 이 풍진 삶 포기 않고 살아낸 것만이라도 가상히 여겨 참여 상이라도 내려주련다.

 젖은 눈매 비비며 어머니를 바라본다. 따가운 6월 햇살이 어머니 머리칼 위에서 반짝반짝 은광을 반사하고 있다. 나는 그 은광을 모아 내 어머니의 머리 위에 은관 하나 얹어드린다.